Эйлат Хаймович

Озеро любви

Эйлат Хаймович

Озеро любви

Contento de Semrik

Эйлат Хаймович

Озеро любви

Eilat Haimovich

Lake of Love

Translated into Russian by Yan Mazor

Главный редактор: Нетанель Семрик

Перевод и редакция: Ян Мазор

Литературная редакция: Александр Львовский

Компьютерная верстка и оформление обложки:
Лилия Лев-Ари

Фотография автора: Дана Кински

22 Moshe Isserlis St.
Tel Aviv, 67014, Israel
www.semrik.com

ISBN: 978-965-550-300-5

Отпечатано в Израиле, 2015 г.
Printed In Israel

Памяти Габриэлы с любовью посвящается

Благодарности

Спасибо всей моей семье, моим дорогим родителям, сыну и сестрам – спасибо за всю ту поддержку, которую я от вас получала, и за всю ту любовь, которую вы мне так щедро дарите. Любовь – это чудесный дар Всевышнего нам, людям, и я чувствую, как она струится от меня к членам моей семьи и подругам, которые мне как сестры.

Спасибо моим прекрасным учителям, от которых я получала знания и благодаря которым учеба стала моим уделом в этой жизни; спасибо вам за книги, обогатившие мой разум и чувства. Спасибо моим спутникам, сопровождавшим меня в духовных странствиях, которые я удостоилась совершить; спасибо всем ангелам и наставникам.

Хочу выразить благодарность д-ру Джеффу Левину, подарившему нам технику целительства Life Alignment, которая стала главным инструментом для помощи людям в моей клинике.

Спасибо Нетанелю Семрику, сделавшему возможным выход этой книги в свет, и Яну Мазору, который перевел книгу на русский язык, приложив немало усилий для того, чтобы она стала доступной для русскоязычных читателей во всем мире. Спасибо Дарье и Александру Львовским, побудившим меня издать книгу на русском языке и принявшим деятельное участие в этом процессе.

Я особо признательна всем моим пациентам и ученикам, от которых многому училась в течение всех этих лет.

Наконец, сердечное спасибо всем тем, кто решил познакомиться с этой книгой и таким образом разделить со мной мысли и чувства, о которых я рассказала.

♌

В путь

Вечер. Мой мальчик уже в постели. По полу всюду разбросаны игрушки, и я аккуратно переступаю через них. Перед сном я читаю ему рассказ из его любимой книжки. Не знаю, получалось ли у него когда-нибудь дослушать его до конца: две-три страницы – и вот он уже уснул. В иной вечер случается, что рассказ увлекает меня, и я не перестаю читать даже тогда, когда сын уже спит. Мне кажется, просто невежливо вдруг оборвать персонажей на полуслове, лишить их голоса и захлопнуть книгу, поставив галочку у пункта «уложить ребенка спать». Я продолжаю говорить за них, придумывая им голоса и интонации, и они будто пробуждаются ото сна на страницах книги, в то время как мой трехлетний сынок окончательно засыпает.

Каждый, кто видит моего славного мальчика, не может оторвать от него взгляд и уделяет ему внимание; я же отдаю ему всю себя. Когда ему исполнился год, муж дал мне развод. За два месяца до того я уехала из Иерусалима. Мое сообщение о желании развестись застало мужа на рынке, и мне до сих пор непонятно, что его так удивило. Бо́льшую часть времени он проводил на работе, а вечерами любил бывать у соседки, с которой и съехался после развода. В свое время я говорила себе, что меня не интересует, с кем именно он проводит время, однако раздражает, что не со мной. Наверное, я просто себя в этом убедила. Истинной же причиной развода стала гигантская задолженность банку, и я чувствовала, что меня все глубже и глубже затягивает в пучину безденежья.

Я постоянно думала, как найти выход из этой ситуации. Однако муж делал покупки только самостоятельно, и вещи, которые он покупал, были мне совершенно не нужны. На свой день рождения он подарил себе сапоги за 400 шекелей.¹ Я сократила свои расходы до минимума, он же любил повторять: «Разве я не заслужил?» Но ведь невозможно жить, настолько игнорируя состояние банковского счета. Я не умею конфликтовать и сердиться. Я могу только сжаться в комок, замкнуться в себе и зализывать раны, надеясь, что они затянутся, мечтая о лучшем. Но есть кое-что еще, что я умею делать просто блестяще: отбросить в сторону все, что меня угнетает, встать и уйти.

«Требую развода, и немедленно!» – заявила я. Для него это явилось полной неожиданностью. Да и для меня тоже. Он злился, пускался на всякие ухищрения. Он сказал: «Хочешь уходить – уходи, но оставь мне квартиру и ее содержимое. И алиментов ты не получишь. И пусть ребенок останется со мной!» Я согласилась со всем – опять-таки, потому что не умею конфликтовать. Со всем, кроме одного: моего мальчика я не отдам никому.

---

¹ Более 100 долларов США *(Здесь и далее - прим. пер.)*

Это уже переходило все границы. Квартира и вещи – ему, но сын остался со мной. А еще мне досталась вся банковская задолженность. По договору, составленному его адвокатом, мне полагались ежемесячные алименты в размере 100 долларов, однако получала я их гораздо реже. Так что по большому счету алименты тоже достались мужу.

И вот мой мальчик заснул. В квартире, которую я снимаю, вещей практически нет; правда, есть горы игрушек – и как только они успевают накапливаться? У меня возникло ощущение, что каждую ночь запас игрушек пополняется еще десятком миниатюрных автомоделей, которые затем, валяясь на полу, так и норовят впиться в босые ноги. Может быть, они размножаются, когда мы спим? Другого объяснения я не нахожу.

Тишина в квартире кажется пугающе звонкой. Белые стены. На полу матрац. Два коврика, купленных в рассрочку на 12 месяцев. Весь первый год самостоятельной жизни у меня не было холодильника. По утрам в соседней лавке я покупала сыну творожок, который он так любит. Обедал он в детском саду, а я – на работе. По вечерам я снова покупала творожок и яйца, которые, как известно, можно хранить, не охлаждая. Так мы и жили. Мне вообще кажется, что если холодильник есть, то его сразу набивают всякой всячиной; потом, когда продукты портятся, их в лучшем случае выбрасывают в мусорное ведро. В худшем случае все это «загнивает» до неузнаваемости и могло бы, как мне кажется, привлечь внимание ученых. Моими чистящими средствами были кипяток и соль.

При их помощи я добивалась отличных результатов. Так как деньги я экономила, то транспортом не пользовалась (правда, мой мальчик ездил в коляске). Передвижение пешком имело явные преимущества: я поддерживала хорошую форму и могла по дороге петь сыну песни.

В течение года я сумела ликвидировать ту огромную задолженность. Мой мальчик подрос, а я обрела душевное спокойствие. Телевизор я решила не покупать: мне кажется, что он заглатывает меня или, по крайней мере, высасывает у меня мозг. Я ненавижу это ощущение и с этим прибором не дружу. А вот радио у меня есть. Мне нравятся песни, которые транслируют радиостанции, освобождающие меня от обязанности решать, что мне слушать. А еще мне нравится, что среди пустых стен моей съемной квартиры раздается хоть чей-нибудь голос, после того как мой мальчик начинает видеть свои детские сны.

Однако сегодня у меня другие планы. Уложив сына, я собираюсь позвонить своей подруге Орне. Я знаю, когда сделаю это – в восемь часов, когда мой мальчик заснет. Он всегда засыпает точно в восемь – хоть часы по нему проверяй. Я спешу в гостиную, усаживаюсь на подушки, лежащие на полу, поправляю одну из них позади себя, чтобы удобнее на нее опереться, и протягиваю руку к трубке телефона, стоящего здесь же, у ковра.

В то же мгновенье я переношусь в совершенно другое место. Вокруг меня деревья. Кажется, это лес. Но что я здесь делаю? Что со мной произошло? Что это за место? Я напугана и ничего не понимаю. Слышу приближающиеся ко мне веселые женские голоса и прячусь за большое дерево. Вижу женщин, которые собирают что-то, что растет в траве у высоких деревьев. Похоже, это их обычное занятие. А вот меня будто бы похитили. Зачем я здесь? Что произошло? Ответа нет. Я пытаюсь перебороть этот ужасный страх, отдающийся звоном в ушах. Только бы успокоиться, страх мне точно не поможет. Через некоторое время мне удается выровнять дыхание и унять сердцебиение. Мне страшно посмотреть вниз: я боюсь, что не увижу своих ног. Но как это может быть? Пожалуй, лучше не смотреть. Женщины приближаются; я пока не могу услышать, о чем они говорят, но иногда слышен их смех. Их пять: три постарше, а две – совсем молоденькие. Вот они уже удаляются, и я, прячась за деревьями, крадусь за ними. Они о чем-то говорят между собой. Мне непонятен этот язык, но от них веет такой сердечной теплотой, что я постепенно успокаиваюсь, хотя страх еще не совсем отступил. Говорю себе, что они не могут меня видеть, но продолжаю перебегать от дерева к дереву, следуя за ними. Мне страшно отдаляться от того места, куда я первоначально «перенеслась» – вдруг не найду дорогу обратно? Правда, это не слишком логично, впрочем, как и все остальное. Страх захлестывает меня с новой силой. Я говорю себе, что малыш мой спит и что обычно он не просыпается посреди ночи, поэтому у меня пока что есть «время» на эту странную прогулку. Мне хочется вернуться к «первому» дереву, но с другой стороны, оставаться в лесу одной тоже не по душе. Женщинам нравится их занятие, я вновь и вновь слышу их смех. Собрав остатки мужества, продолжаю следовать за ними. Становится заметно, что по мере нашего продвижения лес понемногу редеет.

Вскоре они оказываются на вершине холма. Свет, пробивающийся сквозь деревья, становится все сильнее. Женщины начинают спускаться вниз по тропинке. Идя вслед за ними, я тоже оказываюсь на вершине, и передо мной открывается восхитительный вид на деревню, куда они направляются: десятки покрытых соломой хижин, стоящих почти на одинаковом расстоянии друг от друга. Вначале кажется, будто они расположены как попало, но потом становится ясно, что это не так. Между домами пролегают тропинки, некоторые пошире, некоторые поуже. Тропинки сходятся в центре деревни, на своего рода центральной площади. Я остаюсь на вершине холма и сажусь на землю. Расстояние между моими невольными спутницами и мной постепенно увеличивается. Мне нравится наблюдать сверху за жизнью деревни, но я не решаюсь туда спуститься. Совершенно непонятно, как я здесь очутилась и как отсюда выберусь. Я пытаюсь затвердить в памяти порядок расположения хижин в деревне – может, потом пригодится.

Через некоторое время чувствую, что пришло время что-то предпринимать. Нечего мне здесь, наверху, больше делать. По той же тропинке спускаюсь в деревню. Женщин уже не видно – дойдя до деревни, они разошлись каждая в сторону своего дома. Я же решила отправиться в центр деревни, чтобы меня увидели. Только вот видна ли я жителям деревни? Приближаюсь к окраине и начинаю идти по одной из тропинок. Навстречу мне бежит мальчик, но, не заметив меня, проносится мимо. Я снова обретаю уверенность в себе. Продолжая идти, встречаю на пути нескольких девушек, но они тоже не видят меня. Все это начинает мне нравиться. Двигаюсь по направлению к центру деревни уже безо всяких опасений. Навстречу мне идут, разговаривая, двое мужчин. Прохожу совсем рядом с ними – ничего. Прибавляю темп. Передо мной открывается «центральная площадь». На ее дальнем конце, на низких шестах натянут тент. Подхожу ближе, вижу старика, сидящего на подушках. Рядом с ним – девушка. Приближаюсь к старику, пребывая в уверенности, что он меня не видит. Мне становятся видны все более мелкие детали – соломенный цвет его одежды, свободные штаны, ткань, обернутая вокруг туловища. Человек этот сед, и хотя он сидит, видно, что роста он небольшого. Неожиданно он переводит взгляд на меня, и я замираю на месте, лишенная дара речи. Он не просто смотрит на меня, а буквально пронзает взглядом. Это полностью сковывает мои движения, и мне кажется, будто дыхание мое окончательно остановилось. Страх снова захлестывает меня оглушающей волной. Пытаюсь успокоиться. Старик не отводит взгляда от моего лица; чувствую, что он пытается меня успокоить. Девушка, сидящая рядом с ним, о чем-то его проникновенно просит. Ловлю себя на мысли, что я понимаю, о чем она говорит – оказывается, я знаю этот язык.

– Она здесь? Ты же что-то видишь, я знаю! Скажи мне, она здесь? Я так хочу с ней познакомиться! Пожалуйста, скажи мне, это правда? Она здесь?

– Да, моя красавица, она здесь, – отвечает ей старик, – но будь терпеливее, она напугана.

– Но я так жду ее! Неужели она не рада со мной познакомиться, а дедушка?

– Потерпи немного.

Я уверена, что последние слова обращены и ко мне. «Потерпи!»

– Прости меня, дедушка, – произносит девушка, и плечи ее никнут, – терпения мне действительно не хватает. Ведь только она одна может стать моей лучшей подругой, ведь правда? Другие девушки меня сторонятся. Я другая, и только она сможет меня понять. Потому что она – это и есть я. Чего же она боится, дедушка? Мы ведь так хотим с ней познакомиться. Чего же ей бояться?

Я понемногу успокаиваюсь – может быть потому, что пытаюсь понять происходящее и от этого просто забываю о страхе. Не утруждая себя мыслями о том, на каком языке я буду говорить, подхожу к старику и спрашиваю:

– Кто эта девушка? Почему она говорит, что она – это я?

– Спасибо тебе, что пришла, – отвечает он мне.

Его внучка так взволнована, что начинает плакать. Она пытается сдержать слезы, но безуспешно.

Что же говорят в таких случаях? «Спасибо, что пригласили»? «Благодарю за похищение»? Наверное, лучше промолчать. И я молчу.

– Я пригласил тебя, чтобы попросить прощения. Использовал все силы, какие только у меня были, чтобы попросить прощения.

Я слышу его голос внутри себя и замечаю, что его губы остаются неподвижными. Его внучка не слышит, что он говорит – видимо, его слова адресованы только мне. Я продолжаю смотреть на него, ничего не понимая, но уже немного успокоившись.

– Девушка, сидящая рядом со мной – это ты, чувствуешь? Я обнаружил у нее невероятные способности, когда она была еще маленькой. Я холил и лелеял ее, как мог, хотя другие этого не одобряли – ведь такой подход к девочкам у нас не в ходу. Будь она мальчиком – тогда пожалуйста, все были бы только «за». А я совершил страшную ошибку, и это постоянно мучает меня. Я не могу рассказать этой девушке о своей боли, но раз и ты все еще страдаешь от последствий этой ошибки, я вызвал тебя сюда, чтобы попросить прощения.

– В чем же состоит ошибка? – спрашиваю я.

– У нее нет подруг. Вообще никаких. Она невероятно талантлива и то, что она может делать, не под силу многим мужчинам нашего племени. Но ни один молодой человек даже и не пытается за ней ухаживать. У нее просто нет будущего, потому что она плохо сходится с людьми. Она будто лист, оторвавшийся от ветки.

Я смотрю на девушку. Что же я могу для нее сделать? Снова слышу голос старика внутри себя:

– Твои слова, обращенные к ней, и твои чувства по отношению к ней станут ее опорой до конца жизни.

Да, нелегкие задачи ставит передо мной этот старик. Правда, в жизни моей легкого не много.

Я поворачиваюсь лицом к девушке, сажусь прямо напротив нее и раскрываю ей объятия. Я представляю себе, как обнимаю ее и какую силу это ей придает.

– Люблю тебя, – говорю я ей.

Чувства переполняют меня, из моих глаз начинают капать слезы. То же происходит и с девушкой.

– Дедушка, я чувствую ее, – взволнованно говорит девушка, – скажи, дедушка, она говорит, что любит меня?

– Да, моя красавица, она сидит сейчас прямо перед тобой и протягивает к тебе свои руки. Она плачет, как и ты, и говорит, что любит тебя.

– О, спасибо, спасибо, спасибо! – она не перестает благодарить меня, – спасибо, спасибо!..

Вдруг я чувствую, как что-то тянет меня назад, будто обхватив за талию. Меня уносит все быстрее, и я вижу, как удаляется тент, натянутый на низких шестах, хотя на самом деле удаляюсь я. Не делаю при этом никаких движений – так и продолжаю сидеть, раскрыв для объятия руки, а непонятная сила уносит меня назад – назад и вверх. Вначале я вижу под собой удаляющийся центр деревни, а потом и всю деревню. Двигаясь назад в пространстве, я вижу грядущие события, в частности – дальнейшую жизнь этой девушки. Внутренние распри раздирают деревню. Внешние враги не дремлют и берут верх над ее защитниками. Многие погибают, остальных берут в плен и уводят. В плен попадает и девушка. В чужом, далеком племени ее выдают замуж – разумеется, против ее воли. Теперь она должна стать женщиной, но никто не учил ее этому. Женщины ее племени, также угнанные в плен, не благоволят к ней. Вскоре у нее рождается мальчик, который становится смыслом ее жизни, средоточием ее чувств. Она учится быть женщиной. Ей удается все, за что она берется. Память о нашей встрече становится стержнем всей ее жизни. Она знает, что я полагаюсь на нее, на ее силы, которые позволят ей преодолеть все препятствия. Она знает, что я – ее потомок, поэтому ей нужно приложить все усилия, чтобы в далеком будущем я пожала плоды ее трудов, ее успехов. Все, что она делает, она делает ради сына и ради меня.

Как же мне тяжело! Я чувствую ее и свою боль и не могу остановить слезы. Постепенно замечаю, что движение прекратилось. Успокаиваюсь и перестаю плакать. Перестает идти «фильм» о жизни той девушки, и я оказываюсь в пустоте. Что же это? Может, от меня хотят каких-то действий? Но каких? Начинаю ощущать, что я и пустота начинаем понемногу удаляться друг от друга. Между нами возникает некая перегородка. Вдруг ощущаю сзади толчок, вернее даже пинок. В тот же момент меня куда-то бросает. Кажется, будто что-то весом тонн в пятьдесят навалилось на меня – может, я лежу под огромным грузовиком? Изо всех сил пытаюсь дышать, но мешает жжение в груди. Каждое вдох дается с болью. Стараюсь успокоиться.

Постепенно дыхание становится ровным. Начинаю узнавать вещи вокруг себя – пол, ковер под собой, подушку на которой я полулежу. Моя правая рука лежит на телефонной трубке. С трудом поворачиваю голову влево и вижу открытое настежь окно гостиной. Не знаю, как я до него доберусь, но должна добраться обязательно. Мой мальчик просыпается каждое утро ровно в четыре, и до тех пор, пока, пока мне не удастся соскрести себя с кровати, сам играет в гостиной. Так что окно обязательно должно быть закрытым – ведь мы живем на восьмом этаже, а решеток на окнах нет. Падаю на пол и ощущаю щекой холодный пол. Лежу, скрючившись буквой «зю». Делаю над собой усилие и ползу в сторону окна, подтягиваясь на руках. Еще немного – и я у цели, то есть на коврике под окном. Немного отдыхаю, потом собираюсь с силами и продолжаю тащить за собой собственные ноги, которых почти не чувствую. Вот оно, окно; нечеловеческим усилием закрываю его локтем и снова падаю на пол.

Невольно вспоминаю слова моей бабушки, которая с типичным для выходцев из Йемена акцентом говорила: «Грешникам покоя не будет!» Да, действительно, никакого покоя. Но надо жить дальше. В данный момент это означает, что надо ползти дальше, чтобы как-то добраться до кровати. Тащу себя волоком в свою комнату. Игнорирую боль и холод, не обращаю внимания на трудности, абстрагируюсь от собственных мыслей. Вскарабкавшись на кровать, укрываюсь одеялом. Теперь спать, только спать! Слезы стекают на подушку, оставляя на ней разводы. Засыпаю.

На следующее утро просыпаюсь с насморком. Болит все тело. Чихая, пытаюсь восстановить в памяти события прошлого вечера, а главное – их понять. Что это было? Зачем? Чувствую, как тоскую по той девушке, но и это чувство мне не совсем понятно. Помню ужас, охватывавший меня в течение всего моего «приключения». Вспоминаю, что в последнее время происходили странные вещи, которые, наверное, и были предвестниками моего визита в деревню.

В прошлую субботу, ближе к вечеру, я услышала удивительную барабанную дробь. Естественно, я подумала, что кто-то неподалеку играет на барабане. Открыла окно в своей комнате и попыталась услышать, откуда идет звук. Потом сделала то же самое в гостиной и на кухне. Поразительно, но звук был одинаковый, где бы я ни находилась. В конце концов, отправившись в туалет, я поняла, что источник звука находится позади меня, вернее, позади затылка, немного правее и чуть выше основания черепа. В туалете почему-то всегда лучше думается. Однако на этот раз понимание не приходит. Сегодня я была в туалете уже несколько раз, а все равно ничего не понятно.

После случая с игрой на барабане произошло еще одно событие: оттуда же, откуда и в прошлый раз, я услышала, как кто-то вдруг окликнул меня по имени — окликнул громко, резко, да еще и приказным тоном: «Эйлат!» Я помню, как от страха подпрыгнула на кровати, но потом поняла, что этот голос на самом деле раздается внутри меня. После этого успокоилась и снова легла.

Теперь я уверена, что все это было не просто так. Пытаюсь решить, успокаивает ли меня эта мысль. Пытаюсь понять, что имел в виду старик, когда сказал, что даже я страдаю от последствий его ошибки. В детстве у меня, правда, были подружки, но дружба эта никогда не была долгой. Папа был вечно занят исследованиями, мама работала медсестрой в больнице. Когда папа защитил докторскую диссертацию в Институте им. Вейцмана, мы всей семьей отправились в Соединенные Штаты. Я тогда училась во втором классе. Мне пришлось расстаться с любимой школой и с любимой учительницей. Я рассталась с любимым двором, где росли желтые хризантемы, с подружками и с девочками из соседних дворов... Все это было, конечно, нелегко, но я не думаю, что есть какая-то связь между тем, что произошло тогда, в детстве, и страданиями, о которых говорил старик. Продолжаю вспоминать события своей жизни. В Сент-Луисе, куда мы переехали из Израиля, у нас была квартира побольше. Мне как старшей дочери досталась отдельная комната. Я чувствовала себя чужой и не ощущала никакой общности с окружающими меня людьми, но родителям было не до моих проблем – у них хватало своих. Их брак разваливался, домашние ссоры трудно было выносить. Мама страдала, папа сердился. Когда я заканчивала четвертый класс мы снова переехали – в Швейцарию, так как папа получил работу в исследовательском центре в Базеле. Я рассталась с соседским мальчиком, в которого была влюблена, и с еврейской подружкой. Рассталась с любимым классом, в котором были «исследовательские уголки» на разные темы; приходя в школу, я могла выбирать, что именно я хочу изучать сегодня. Рассталась с кружком литературного творчества и с кулинарным кружком, которые очень любила. Наконец, я рассталась с одноклассниками и после переезда в Базель была записана в школу, которая находилась неподалеку от нашего нового дома.

Через несколько дней, когда стало окончательно ясно, что я не знаю ни слова по-немецки, моих родителей пригласили в школу и объяснили, что необходимо определить меня в «особый класс» – для иностранцев, чтобы я могла выучить язык. Особый класс оказался за городом. Чтобы попасть туда к началу занятий, мне приходилось вставать затемно, пугаясь автомобилей, переходить через дорогу, ехать на автобусе в центр города, пересаживаться на трамвай, ехать до окраины города и уже оттуда на еще одном автобусе добираться наконец до школы. В обед мне приходилось проделывать этот же путь до дому, а после перерыва снова ехать в школу – в группу продленного дня. Иногда, вместо того, чтобы возвращаться домой, я гуляла по городу и приходила на берег Рейна или на железнодорожный вокзал, где стоя на мосту, смотрела на проезжающие подо мной поезда.

Иногда я заходила к папе на работу, благо, это было недалеко от школы. Он всегда был рад меня видеть, хотя я знала, что мне не разрешается мешать ему во время работы. Домашние ссоры между тем продолжались.

Немецкий давался мне очень хорошо, и уже через пять месяцев я смогла вернуться в обычную школу недалеко от дома. При этом я рассталась с любимой учительницей, преподававшей в особом классе; она говорила на семи языках, была по-матерински нежной, но когда требовалось – то и строгой. Рассталась с югославской подружкой, с которой мы сидели за одной партой и которую я успела очень полюбить. Рассталась с мальчиком из Ирландии, который разговаривал по-английски очень странно. Настоящий красавчик, он был старше меня, и конечно, я его любила.

Когда я вернулась в обычный пятый класс посреди учебного года, я уже понимала каждое слово, которое произносилось на литературном немецком. Однако это никак не помогало мне понимать моих одноклассников —они-то говорили на базельском диалекте швейцарского немецкого. Этот диалект на литературный немецкий даже не был похож, и поэтому я снова оказалась без друзей. Правда, через некоторое время в школу перешел ирландский мальчик. Он был старше меня на два года и искал меня на переменках, чтобы за мной поухаживать. Я обиделась, так как теперь он искал моего внимания только потому, что рядом не было той моей югославской подружки, которая ему явно нравилась больше, когда мы учились вместе. Он писал мне письма, а как-то раз на перемене попытался меня поцеловать, чем привел меня в замешательство. Испуганная и взволнованная, я не знала, как реагировать.

Напротив нашего дома был парк, где я училась кататься на велосипеде. Однажды я встретила там одноклассницу своего ирландского ухажера, и та спросила, не стала ли я его подружкой. Я ответила, что нет, и добавила, что это он «просто так болтает». При этом мне удалось не свалиться с велосипеда. Узнав о том, что́ он всем рассказывает, я пришла в еще большее смятение. Я боялась быть его подружкой, так как попросту не понимала, что это означает. Мне хотелось домой...

Сегодня я понимаю, что стратегию, к которой я тогда прибегла, можно обозначить емким библейским выражением – одним из тех, что были в ходу у моей набожной еврейской бабушки йеменского происхождения: «И убежал и спасся».[1]

Родители не переставали ссориться. Похоже было, что это никогда не кончится. Мне же хотелось домой, в родной город, к тете, к желтым хризантемам. Домой, где я, как мне казалось, была королевой класса, пусть даже только второго. Одним словом, мне очень хотелось обратно в Израиль.

Именно это я и предложила своим родителям. Я заявила им, что мне очень важно, чтобы последний год начальной школы я проучилась в Израиле, чтобы лучше подготовиться к промежуточной ступени.[2] Ведь мы так или иначе в следующем году возвращаемся, так почему же не отправить меня обратно пораньше? Папа был в восторге от этой идеи, однако мама была против. Опять ссора. Папа говорил, что и он, будучи подростком, без родителей приехал в только что созданное государство Израиль благодаря помощи движения «Молодежная алия»[3], и было ему тогда почти столько же, сколько мне сейчас. Ничего страшного в этом нет. Если девочка хочет,

---

[1] 1 Царств 19:12

[2] В Израиле начальная, промежуточная и старшая ступени средней школы зачастую представляют собой автономно функционирующие единицы общеобразовательной системы.

[3] Сионистская организация, образованная в 1934 г. (изначально) для спасения еврейской молодежи от угрозы нацизма путем ее вывоза из Европы в Палестину (то есть, ее «алии» – «восхождения», как традиционно называют на иврите приезд на Святую землю).

зачем же ей мешать? В общем, папа принял мою сторону. «Пусть она вернется в Израиль до нас, а мы приедем через несколько месяцев», – говорил он. Мама сдалась.

И вот меня отправили к дяде и тете в Раанану.[1] Я поселилась у них и пошла в школу, в шестой класс.

Дома у родственников царил строгий порядок. Завтраки, обеды и ужины – в специально отведенное время. После обеда – приготовление уроков. С двух до четырех шуметь нельзя.[2] Каждое действие требует разрешения старших. Я заскучала по дому, по маме. Мне было очень тяжело. Я вспоминала, как мы с сестрами прыгали на маминой кровати по утрам и как папа баловал нас всякими лакомствами по субботам. Любой из нас мог прийти на кухню, когда ему вздумается, и взять там, что ему вздумается. Отправляясь всей семьей в путешествия на автомобиле, мы всегда пели песни, хотя бывали утомлены сборами. Мама часто обнимала нас с сестрами, ласкала, причесывала. Иногда мы играли вместе. А вот моя двоюродная сестра Рона, в чьей комнате я спала, никогда не играла с братьями. Никто никого не обнимает, никто ни на кого не кричит – все спокойно в этом доме, но по ночам я тихо плачу в подушку.

Наконец-то, задержавшись за границей на несколько месяцев дольше, чем планировалось (и тем самым причинив мне ужасные страдания), мои родители вернулись в Израиль. Шестой класс я заканчивала уже

---

[1] Израильский город к северу от Тель-Авива.
[2] Время традиционной израильской сиесты.

в Реховоте,¹ в своей любимой школе, в которую очень хотела вернуться. Через несколько недель учебный год закончился, и я распрощалась с начальной школой, перейдя в седьмой класс. Седьмых классов здесь было семь, а «дружб» и расставаний – несть числа. И вдруг я кое-что поняла, кое-что очень важное.

В средних, а потом и в старших классах с нами училось четыре мальчика, от которых я постоянно «бегала». И вот тогда в моей голове и появился вопрос: я всегда буду спасаться бегством, если кто-то или что-то будет на меня давить? Даже если придется платить слишком высокую цену? Мне кажется, мной двигает какой-то импульс – я чувствую, как он мощно толкает меня домой, домой, домой – любой ценой!.. Там-то уж я преодолею любые трудности, главное – физически убежать от этой ситуации. Может, это мужское поведение? Может, таким образом я делаюсь похожей скорей на мужчину, чем на женщину? Никогда раньше об этом не думала. Не это ли имел в виду старик, когда сказал, что помог мне развить в себе не женские способности, развив их в той девушке, моем далеком предке? Продолжаю ли я страдать от этого? Или он говорил о чем-то другом?..

---

¹ Израильский город к югу от Тель-Авива.

♌

Черное и белое

Мои соседи, живущие напротив, – молодая пара, у которой недавно родилась дочка. Это очень милые люди. Женщина всегда выглядит занятой и чем-то озабоченной, однако всякий раз, когда она улыбается, ее лицо светится добротой. Ее муж выглядит человеком открытым, проявляет живой интерес к окружающим и к происходящим вокруг него событиям. Он всегда излучает положительную энергию. Эта пара мне нравится, но я опасаюсь идти с ними на сближение.

До моего отъезда из Иерусалима соседка дала мне книгу по основам астрологии. Книга интересная, и тема эта меня привлекает, но мне кажется, что уж очень все запутано и что на самом деле ничего нельзя предсказать. Зато проанализировав уже произошедшие события, действительно можно понять, как повлияли на них те или иные астрологические факторы. Меня забавляет это занятие. Однажды, спускаясь вместе с соседом в лифте, я спросила его, под каким знаком зодиака он родился. Он сразу заинтересовался и без запинки произнес, что сам он Рак, а его жена – Водолей. И тут же поинтересовался:

– А что это значит?

— Понятия не имею, — ответила я, — мне просто интересно.

Этот короткий диалог открыл нам путь к обмену информацией и на другие темы. «Заходите к нам на чашечку кофе», — как-то раз пригласил он меня. Однако из этого, конечно, ничего не вышло. Я боюсь водить своего гиперактивного ребенка в те места, где ему не будет чем заняться, да и трудно вести беседу в его присутствии. Я очень его люблю, но когда он рядом, то должен полностью владеть моим вниманием, и мне приходится оставлять все остальные дела. Когда он спит, я рядом как привязанная, так как мне и в голову не приходит пригласить няню, тем более, чтобы навестить соседей напротив. «Может, лучше вы к нам зайдете?» — ответила я ему как-то раз на очередное приглашение. Это был куда более подходящий вариант, и действительно, однажды, после того как мой сын заснул, они пришли ко мне со своей грудной дочерью. Этап «кофепития» был приятен, но вместе с тем я заметила, что женщине не очень интересна живая беседа на тему загробной жизни между мной и ее мужем. Я, впрочем, тоже не разделяла того воодушевления, с которым он говорил об этом. После этого визита они побывали у меня в гостях еще один раз и больше вместе не заходили. Видимо, мне не хватает той легкости, которая необходима, чтобы развлекать незнакомых людей. Это замечательное качество, но я его лишена. Я не очень представляла себе, о чем с ними говорить.

Сосед потом заходил еще раз, уже один, чтобы опять обсудить столь интересующую его тему. «А знаете ли Вы, что есть врачи, которые зафиксировали, чтó испытали их пациенты во время клинической смерти? И ведь что интересно: сотни людей дают всему этому одинаковые описания! Я до смерти хочу познакомиться с кем-нибудь, кто умер, но потом воскрес и может рассказать об этом. Понятно, конечно, что речь идет о смерти продолжительностью всего несколько минут. Вы просто обязаны почитать эту книгу. Кто-то когда-то дал мне ее почитать, но теперь у меня ее нет, а то бы я дал почитать ее Вам. Сотни случаев! Очень рекомендую. Когда читаешь, нельзя не подумать о том, что будет *потом*. Совершенно очевидно, это – доказательство!»

Воодушевление, с которым он обсуждал все это, никак не иссякало. Я же думала: «Сколько можно говорить об одном и том же?» После этого визита он больше не заходил, а я не очень хотела возвращать его к этой теме, так как, во-первых, немного опасалась углубляться в нее, а во-вторых, чувствовала себя неловко, оттого что его жена сидит дома одна, в то время как он пьет кофе у меня.

Но книгу эту я все же купила, не удержалась. Она была тонкая, в черном блестящем переплете. Очень драматично. Я несла ее домой, и всю дорогу мне казалось, будто это какое-то чудовище, и стоит мне только открыть сумку, как оно набросится на меня оттуда. Поэтому сумку я поставила в угол с твердым намерением забыть о книге – ведь и без того полно дел. Но вот все дела закончены, и я снова сижу в тишине. Сумка по-прежнему стоит в углу, не проявляет признаков беспокойства и никуда не спешит. Плевать она хотела, буду я ее трогать или нет.

Я решила, что и мне торопиться некуда. Удобно расположилась на подушках, лежащих на полу. Машинально поглаживая рукой ковер, я думала, что моему мальчику уже исполнилось три года, а мне вот-вот будет 27. Постоянно увеличивающийся возраст не дает мне покоя уже давно. Еще четыре месяца – и мне исполнится двадцать семь лет! А что же будет с моим мальчиком, когда меня уже не будет на свете? Кто его вырастит?

Однажды, когда мне было шестнадцать, я отправилась в Иерусалим, на ярмарку искусств. Приехала – шум, гам, море прилавков. На многих из них выставлены всякие миленькие штучки, которые я очень люблю. Прямо на мостовой разложил свою потертую циновку молодой парень с длинными волосами. Оказалось – хиромант. Прошлась мимо него несколько раз. Иду вверх по улице, вижу – читает кому-то по руке. Развернулась и иду обратно – опять у него клиенты. Когда я проходила мимо него в третий раз, никого рядом не было. Он понял, что я заинтересовалась, и подозвал меня. Потом взял мою руку в свою и произнес: «Очень интересная натура. Слишком уж не от мира сего. Тебе стоит иногда ходить босиком по земле, чтобы 'пустить корни'. Тебе очень важно ощущать вещи, прикосновение имеет для тебя огромное значение – оно возвращает тебя на землю, в реальность... И жизнь твоя полна интересными событиями. Жить, правда, ты будешь не очень долго, но зато интересно. Наверное, проживешь лет, эдак, до двадцати семи или восьми, но зато успеешь очень многое».

Я никогда никому не рассказывала о его предсказаниях. Я прекрасно понимала, что любой, кто об этом узнает, тотчас же начнет убеждать выбросить из головы эти глупости. Нет, никому не стоит рассказывать, но сама я об этом не забыла.

Парень-хиромант оказался прав по многим пунктам, например, насчет земли. Я помню, как мне нравилось в детстве ходить по земле или по песку – гораздо больше, чем по тротуару. Я любила останавливаться и, оглянувшись назад, любоваться следами, которые оставила. Это меня очень приободряло. Так я понимала, что существую, а не вижу все это во сне – мне часто трудно было провести грань между реальным миром и собственными фантазиями.

Я была уверена, что фантазирую, так как иногда вижу вещи, скрытые от взгляда других. Например, цветное пятно на какой-нибудь однотонной поверхности, которое покружится-покружится перед глазами, да и исчезнет. Или искорки, которые витают в воздухе и начинают беспорядочно кружиться всякий раз, когда кто-то проходит мимо. Иногда я смотрю на кого-то и слышу, что он говорит, хотя губы его сомкнуты. Что же, выходит, я могу «слышать» его мысли? А может, я все это просто выдумываю?

Насчет прикосновений парень этот тоже оказался прав. Как мне нравится иногда осторожно прикасаться мизинцем к листочку, на котором еще видна капелька дождя, чувствовать, как она скатывается на палец. А если рядом никого нет, я люблю прикасаться к дождевым капелькам языком, проводить им по листочку и еще несколько секунд ощущать на нем прохладную влагу. Еще приятнее слизывать капельки с нежных лепестков цветка, которые на секунду будто обнимают язык. Люблю слизывать с тарелки остатки творога, предварительно сдобренного солью или вареньем – не имеет значения. К моим тактильным удовольствиям относится и мытье посуды в теплой воде – при этом я нежно поглаживаю каждую тарелку, каждое блюдце. Конечно, лучше все это делать, когда я одна.

Так что же будет в возрасте двадцати семи лет? «Может быть, девочка моя, – говорю я себе, – потому-то ты и вышла замуж, и развелась так быстро – чтобы все успеть?» Если меня не будет, кто-то должен будет позаботиться о моем мальчике. У него ведь есть хороший отец. Во всяком случае, я должна на это рассчитывать – это все, что мне осталось. Всякий раз, когда этот человек приходит навестить нас, он чмокает меня в щеку. От этого меня переполняет глупое, как мне кажется, желание умчаться на кухню и тщательно вымыть то место, которого коснулись его губы. Мне, конечно, удается перебороть себя и не делать этого – я только стою, улыбаюсь и делаю вид, что все в порядке. Быть отцом моего ребенка – это немало. Пожалуй, это даже самое важное. Нужно поддерживать с ним хорошие отношения.

Ну все, пришло время заняться этой книгой. Надо же, свидетельства людей, переживших смерть и вернувшихся к жизни. Просто мурашки по коже. Набираюсь смелости и открываю сумку. Не кусается. Достаю книгу, открываю, читаю и закрываю. Все, я это сделала. Полученная информация ни о чем мне не говорит, и я ничего не понимаю. Что значит «столкнуться с лучом света»? И что за туннель они видели? Книга полна описаний каких-то событий, но никто не рассказывает о том, что чувствовал. Подумаешь – увидели туннель! А что они при этом ощущали? Некоторые поведали, что почувствовали экзальтацию. Будут ли у меня подобные ощущения, если я буду знать, что где-то там остается без меня мой маленький сынок? Ни за что на свете!

В следующий раз, когда я повстречалась с соседом, я спросила у него, хочет ли он почитать книгу. «Конечно!» – ответил он. Он был очень рад. Я отдала ему эту книгу в черном блестящем переплете. Не желаю ее больше видеть в моем белом доме.

Как-то раз посыльный из муниципалитета рассовал по почтовым ящикам жильцов рекламные проспекты «Городской академии», приглашавшей всех желающих на разнообразные вечерние курсы и кружки. Я изучила проспект и решила, что с удовольствием записалась бы в кружок скульптуры или керамики, а также была бы не прочь освежить свои знания французского или немецкого. Однако больше всего привлек мое внимание кружок чтения по руке. Хватит ли мне храбрости записаться? Это проделает большую брешь в моем скромном бюджете. И ведь не очень-то я это люблю – кружок папье-маше, например, мне нравится гораздо больше. Не то что бы я решилась тратить огромные по своим меркам деньги на вечерние развлечения совместно еще с несколькими женщинами, в то время как мой сын был дома с няней. Это совсем уж нелогично. Но чтение по руке – другое дело, может быть, именно это мне и надо, особенно сейчас?

И я записалась. Милая учительница, 15 человек в группе. Я научилась делать отпечаток ладони с помощью валика и чернил. Узнала, где находятся линии головы, сердца и жизни, а также что означают линии помельче. Однако только через несколько уроков я наконец набралась храбрости и подошла к учительнице, чтобы спросить о линии жизни.

«Длина линии жизни не говорит о том, как долго ты будешь жить, – сказала она, – у тебя, например, «сорокалетняя» линия жизни, однако это типично для тех, у кого она удлиняется по мере взросления. В разные периоды твоя линия жизни всякий раз будет указывать на то, что ты проживешь еще десять лет. Покажи мне отпечаток ладони твоего сына. Видишь? То же самое: его линия жизни остановилась где-то на тринадцати годах. Но и у него, и у тебя линия жизни с годами удлиняется».

Я поблагодарила учительницу и вернулась на свое место. Остальную часть урока я ее уже не слушала. В ушах шумело. Что я чувствовала – волнение? облегчение? злость? удивление? Чтобы успокоиться, я начала глубоко дышать. «Все в порядке, – говорила я себе, – дышу и успокаиваюсь. Сделанного не воротишь».

♌

Мужчины

Когда-то я думала, что выйду замуж, рожу четырех детей и буду жить в теплой семейной атмосфере, полной любви. Все этапы жизненного пути я хотела пройти бок о бок с мужем, деля с ним заботы, связанные с воспитанием детей, да и все остальные – тоже. Делать все это я собиралась совершенно не так, как это делали мои родители. Никогда не думала, что мужчин в моей жизни будет более одного. В старших классах у меня были близкие подруги, все мы читали любовные романы, однако я была шокирована, узнав о первом сексуальном опыте нашей одноклассницы, которая сделала «это» со своим бойфрендом. «Заниматься сексом с мужчиной, который не является мужем? Да никогда в жизни не опущусь до этого!»

Вскоре после того как меня призвали в армию,[1] я познакомилась с Матаном, сверхсрочником. Наша совместная служба проходила на одной из военных баз в пустыне Негев. Папе дали творческий отпуск,[2] и они с мамой уехали в США, оставив мне машину и одну из

[1] Служба в Армии обороны Израиля является обязательной и для девушек.
[2] Оплачиваемый отпуск продолжительностью до 12 месяцев, предоставляемый, как правило, каждые семь лет преподавателям в Израиле и в некоторых других странах.

комнат в нашем большом доме. Остальные были сданы трем студентам, которые по выходным не стеснялись устраивать вечеринки, так что дом гудел, переполненный молодыми людьми. Один из них был очень враждебно настроен – не к кому-нибудь лично, а вообще. Вся эта атмосфера сильно затрудняла мне пребывание дома. Мне совершенно не хотелось делить дом с чужими людьми, пусть даже только по выходным и во время недельных побывок.[1] Куда приятней было ездить с Матаном по выходным к его родителям в Иерусалим, но и там я вскоре почувствовала себя чужой. Поначалу мне казалось, что я попала в теплую семейную обстановку. Однако родители Матана, выходцы из Ирака, разговаривали между собой на своем языке, который называли «арамейским», и не утруждали себя переводом сказанного на иврит, хотя бы даже в общих чертах. Им казалось, что со временем я начну понимать и без того. Этого, однако, так и не произошло. Что же касается Матана, то он, как и подобает рожденным под знаком Скорпиона, принялся обучать меня всему, что, по его мнению, женщина должна уметь делать в постели, чтобы с ней было хорошо проводить там время. Я, как полагается рожденным под знаком Девы, училась всему прилежно, осознавая при этом, что любовные романы, видимо, лгут. Никакого фейерверка, никакой эйфории. Мне было с ним хорошо, и я думала, что мы, наверное, поженимся, поэтому нет ничего страшного в том, что я чувствую по отношению к нему такую привязанность.

---

[1] Многие военнослужащие срочной службы в Израиле приходят домой на побывку один раз в неделю. Приблизительно каждые четыре месяца военнослужащие, как правило, получают недельный отпуск.

После развода и возвращения в Реховот я наладила связь с Орной, подругой, вместе с которой я работала до тех пор, пока не вышла замуж и не переехала. Она старше меня на десять лет, разведена, воспитывает двоих детей. Очень много времени мы проводили вместе. Я приходила к ней по вечерам с сыном, мы вместе готовили ужин; бывало, что после этого я укладывала моего мальчика у нее, и мы вместе отправлялись куда-нибудь приятно провести время. Орна считала, что лучше всего иметь связь с женатым мужчиной. «У такой связи много плюсов, – часто говорила она, – такой мужчина не будет действовать тебе на нервы, не захочет съехаться с тобой для совместного проживания, не будет говорить тебе, что делать и кем быть. Тебе не нужно будет знакомиться с его мамой, стирать, гладить и готовить для него. Он почти как тампон из рекламы – с ним можно бегать и танцевать – совсем не мешает!»

Через некоторое время я действительно познакомилась с женатым мужчиной. Его звали Якир. Он руководил отделом, в котором я работала секретарем. Завязался роман. Какие чувства, и при этом все в тайне! Иногда Якир приходил ко мне домой. Это было просто замечательно! Он постоянно говорил мне, что я должна заняться собой, а также немного «оживить» квартиру.

Вместе мы никуда не ходили – для этого мне хватало Орны. Нишу же чувственных наслаждений заполнял Якир. Однажды, когда мы занимались любовью на подушках в гостиной, я впервые в жизни испытала оргазм.

Это было похоже на серию взрывов внутри меня. Мне казалось, что от них раскалывается мир, а во мне все плавится, и я распадаюсь на части. После «взрывов» и «плавки» я почувствовала себя легким перышком, медленно опускающимся на какую-то тяжелую, колыхающуюся, желеобразную массу, с которой становлюсь единым целым. Ощущение было такое, будто из тела куда-то исчезли кости. В этом состоянии, как мне кажется, я пробыла довольно долго, а Якир целовал, гладил и обнимал меня. Я чувствовала, как меня переполняет изумление.

Каждый день я встречалась с Якиром на работе. Он был обаятельным и ласковым, и мне хотелось прикасаться к нему, целовать его... Но это было невозможно – отношения должны были оставаться тайной. Наш роман продолжался урывками – приблизительно раз в десять дней он приходил ко мне, и мы любили друг друга. Не всегда мне удавалось испытывать взрывной оргазм и чувствовать себя перышком, но это случалось. Оргазм, приводивший меня в «желеобразное» состояние, я ощущала всякий раз, когда мы занимались любовью, но это состояние было мне знакомо и раньше, когда я ласкала сама себя. Правда, мужчинам, которые были у меня до Якира, не удавалось и этого. В него я влюбилась по-настоящему. Жену его я никогда не видела – она никогда не появлялась в офисе. Мне было тяжело видеть, как кто-то заходит к Якиру в кабинет и закрывает за собой дверь. Очень неприятно было слышать, как он смеется, разговаривая с кем-нибудь из сотрудниц по телефону. Я плохо переносила, когда он улыбался другим женщинам в офисе. Мне трудно было видеть его, не имея возможности прикоснуться к нему. Во сто крат труднее мне было слышать его рассказы о своих планах на заграничную поездку с женой. Когда же он уезжал из офиса, я ощущала себя цветком, который забыли полить...

Кстати о цветах: я решила оживить домашнюю обстановку, купив несколько декоративных растений. Может, мне казалось, что если я буду их поливать, то и сама перестану чахнуть? Странные мысли возникают у меня порой. Я приобрела фиговое деревце в горшке. Листьев на нем было немного. Я попросила деревце поддерживать меня на моем жизненном пути и помогать в преодолении всех невзгод. Место ему я определила в своей комнате на высокой табуретке, чтобы хорошо его видеть, лежа на кровати. Когда я плакала, оно меня утешало – тихонько, нежно, одним своим присутствием. Постепенно листьев на нем становилось все больше. «Время у него есть, хотя пространства не много», – думала я. Однако в отличие от дерева, мне держаться было нелегко. Я чувствовала, что мне нужно решиться на отдаление и разрыв. И ведь делать для этого ничего особенно не нужно, но только в этот раз сделать первый шаг было совсем непросто.

Это рабочее место кормит и меня, и моего мальчика. Я должна платить за квартиру, за детский садик и даже за голубой «Фольксваген-жук», который мы купили вместе с моей младшей сестрой Нирит. Она студентка, живет в Иерусалиме. Машиной мы делимся так: неделю пользуется она, неделю – я. От этого удовольствия мне придется, наверное, отказаться. Нирит тоже считает, что эта машина не оправдала наших надежд – уж слишком много мы тратим на ее постоянные ремонты. И вот мы решили повесить на стекло жучка объявление о продаже. Молодой парень, сосед из дома напротив, пришел ко мне покупать автомобиль. На столе в гостиной он заметил книгу по астрологии.

– Может быть, Вы хотите почитать книгу о гадании на картах? – спросил он.

– Я играю только в «Джин Рамми», хотя предпочитаю «Руммикуб».[1] Так что книга о картах мне ни к чему.

– Я имею в виду гадание на картах.

– Что значит «гадание на картах»? Никогда о таком не слышала. Знаю, что гадают по руке или на кофейной гуще, но чтобы на картах?..

– Да, конечно, – ответил он, – не могу поверить, что Вы не знаете об этом!

– Ладно, неси свою книгу, посмотрим, – ответила я.

Парень купил у меня машину и принес книгу в голубой обложке – действительно, о гадании на картах.

В книге приводились толкования обычных карт. Четыре масти по десять карт с числовыми значениями и еще двадцать две с фигурами. Я отправилась в магазин игрушек и купила колоду игральных карт. Затем изучила значение каждой. Я не спрашивала карты, нужно ли мне уволиться с моей нынешней работы – это мне было ясно и без них.

Я отправилась на прогулку в район города, где были расположены компании, специализирующиеся в сфере высоких технологий. Там я выбрала здание, в

---

[1] «Джин Рамми» – карточная игра; «Руммикуб» – ее производная, в которой вместо карт используются фишки с цифрами.

котором, как мне казалось, стоило работать. В фирме по трудоустройству, куда я обратилась, мне дали список компаний, в которых были вакансии. Одна из них находилась в том самом здании, которое я для себя облюбовала. Туда-то я и отправилась на собеседование, после чего меня приняли на работу.

На этот раз я решила не заводить служебных романов. Целых два года я следовала этому правилу. В течение этого времени я заводила романы с мужчинами в пабах, где мы бывали с Орной. Некоторое время я встречалась с парикмахером, уродливей которого никогда не видела, и подруги всё спрашивали меня: «Ну как ты можешь?» Но это было интересно.

В это же время я продолжала практиковаться в гадании на картах. Вначале меня это так напугало, что я забросила колоду в шкаф с теплой одеждой, который не открывала месяцев шесть. Страх преследовал меня все равно; я стала спать, не выключая свет. Когда я достала оттуда колоду, то чувствовала, будто «кто-то» или «что-то» будто извлекает одни и те же карты из футляра всякий раз, когда я задаю один и тот же вопрос. Я чувствовала чье-то почти осязаемое присутствие.

Меня уже не пугали «бестелесные» путешествия, которые иногда происходили. Однако я никак не была готова к тому, чтобы кто-то или что-то разгуливало у меня по комнате и извлекало карты из футляра – это уж слишком!

Все мои сексуальные «искания» этого периода были приятными, но не более того. В начале интимных отношений чувства были сильными, присутствовало волнующее ожидание ярких ощущений, однако оргазма не было. Не было и настоящей привязанности. Но несмотря на это, я все же получала удовольствие. После моего духовного путешествия в ту деревню я всегда закрывала окно в гостиной, прежде чем сын отправлялся спать, а также стелила вокруг себя одеяла, чтобы во время транса оказаться лежащей или сидящей именно на них.

Однажды, расположившись на подушках в гостиной и уютно укрывшись одеялом, я обнаружила тетрадь для рисования и краски. Размышляя о том, что бы нарисовать, я вдруг обнаружила, что нахожусь совсем в другом месте, залитом светом, ярким до рези в глазах. Я закрыла их, но мощный свет продолжал бить сквозь веки, безжалостно ослепляя меня. Я пыталась даже зажмуриться, но бесполезно. Избавление от света пришло, только после того как я сделала движение вперед – очень неловкое: уж больно неудобно двигаться, будучи ослепленной.

Обычно инстинкт подсказывает стоять неподвижно, если ничего не видно, но что-то будто подтолкнуло меня. Собрав все силы, я «подалась» вперед и даже начала получать от движения большое удовольствие. И тут я вспомнила, что подобное ощущение уже испытывала во время оргазма, занимаясь любовью с Якиром. На каком-то этапе почувствовав себя легкой, как перышко, я стала продвигаться вперед – вперед и вверх. Этот подъем, совершаемый без усилий, тоже был очень приятен. Мне так это понравилось, что я забыла, что ослеплена, и открыла глаза. Свет был по-прежнему сильным, но это был не только свет – что-то было внутри него. Я продолжала подниматься, поворачиваясь влево. Было похоже, что я кружусь вокруг того самого «чего-то», что находится внутри света, но я по-прежнему не видела, что же это такое. Я поднималась по спирали. Вдруг я поняла, что это прозрачная труба, по которой идет свет, заливая все пространство вокруг. Я сконцентрировалась на трубе, которую огибала, но вдруг заметила: позади, меня, а также справа и слева есть еще трубы, очень много. Я была так мала – не больше пылинки. Внутри трубы, ослеплявшей своим светом, иногда на огромной скорости мчались сверху вниз неразличимые предметы. Когда я посмотрела на трубу, что была подальше, то сумела различить проносящиеся внутри нее на огромной скорости буквы. Буквы иврита. Я не переставала удивляться. В более дальних трубах иногда проносились и цифры. Ощущение себя перышком было захватывающим. Я взмывала ввысь, лежа на спине, предоставив себя той силе, которая несла меня между трубами то ввысь, то в стороны, то вниз – куда ей заблагорассудится. Сама я при этом просто наслаждалась и вспоминала объятия Якира, его прикосновения – вспоминала без печали, с улыбкой на лице. Все было просто чудесно, и возвращение домой было безболезненным.

Может, я уже научилась совершать мягкую посадку? Или тот, кто отправляет меня на эти прогулки, уже научился возвращать меня домой в целости и сохранности? Я медленно открыла глаза, обнаружив себя лежащей на подушках в гостиной. Меня окружала кромешная темнота.

Я нащупала рядом с собой ковер, подушки, одеяло и поняла, что я дома. Наощупь я пробралась в свою комнату, легла на кровать, надеясь, что к утру слепота пройдет. Все-таки есть у меня в жизни и другие дела, кроме как разгуливать по непонятным местам.

Моя новая работа очень меня увлекает. Все здесь так динамично. Дни летят с быстротой реактивного самолета, и я чувствую, что ничего не успеваю. Сменила уже два места работы – не из-за мужчин, конечно, а просто чтобы продвигаться вперед и заниматься интересным делом. Мне уже двадцать восемь с половиной, а мальчику моему – пять. Я решила перейти на работу в маленькую стартап-компанию. Штат насчитывает шестьдесят человек, большинство – мужчины, все очень милы, а директор – прямо очарователен. Дверь его кабинета всегда открыта, и каждый, кто захочет, может зайти к нему и поговорить. У него очень четкий почерк. Я перепечатываю его письма, предназначенные к отправке. В первый раз, когда я положила их ему в ящик для входящей корреспонденции, он вызвал меня к себе и показал, как подписывает эти письма, не читая их содержимое.

– Я подписываю, а Вы отправляете, – сказал он мне. Это было невероятно.

– Разве Вы не хотите прочесть, что я напечатала? – изумленно спросила я.

– Это не моя работа, – ответил мне директор, – я на Вас вполне полагаюсь и уверен, то адресат получит именно то, что я написал. Это Вам следует проверять, что Вы напечатали.

Впоследствии он возложил на меня и другие обязанности. Почти все, что ему делать не хотелось, делала за него я. Однажды он попросил меня сделать «все необходимое» для получения премии Ротшильда[1]. Я подготовила все бланки. Замдиректора по коммерческому развитию, начальник Отдела финансов и директор должны были заполнить каждый свою часть.

– Ну, что еще? Нет у меня на это времени, – произнес директор, – собери информацию у всех, кого нужно, включая меня, заполни формы, отправь их и удостоверься, что мы получим эту премию.

Он никогда не просил меня приготовить кофе – ни ему, ни даже его посетителям – он вел их на кухню, и там каждый сам готовил себе напиток по желанию. Единственный пункт, по которому моя работа вызывала его нарекания, – сортировка документов по папкам. У меня на столе накопилась огромная стопка неподшитых документов, которая уже достигала высоты монитора, стоящего на горизонтальном системном блоке.

– Что за беспорядок! Как Вы сможете здесь что-нибудь найти? – спросил он как-то раз.

– Найду все, что нужно, – ответила я, – скажите, что Вам нужно, и Вы увидите, как быстро я это достану.

– Ладно – согласился он и попросил какой-то документ. Я засунула руку в стопку и достала то, что он просил.

– Хорошо, – сказал он, – Вы победили – но если бы

---

[1] Престижная израильская премия, присуждаемая раз в два года за достижения, сделанные в одной или нескольких из девяти отраслей промышленности/ научных дисциплин.

кто-нибудь другой здесь что-нибудь искал, то не нашел бы ничего.

– Поэтому просто нужно попросить меня.

Иногда мои необычные способности помогают мне справляться с мелкими и незначительными задачами, вроде этой.

А еще наш директор не мог допустить, чтобы у кого-нибудь в компании был личный секретарь. «Это роскошь, которой нужно избегать, – говорил он мне, – мы должны быть поджарыми и быстрыми, а не рассиживаться в офисах, распивая кофе. Я хочу, чтобы Вы отвечали за все административные вопросы и чтобы все секретари компании находились в Вашем прямом подчинении. Вам вменяется в обязанность следить за тем, чтобы у них у всех – в конструкторском, маркетинговом, инженерном и финансовом отделах – было все, что им необходимо».

Контактировали мы с ним хорошо. Он полагался на меня, а я – на него. Потом он даже познакомил меня со своей женой и стал активно предлагать нам обеим записаться в какой-то кружок. Так мы и сделали и вместе ходили в городской колледж слушать лекции об Индии. Мне это очень нравилось.

То ли дело – начальник инженерного отдела. Все говорили, что он с гонором, мол, потому что одаренный математик. Но однажды, когда он попросил распечатать для него письмо, я обнаружила в нем серьезные ошибки. Он был в изумлении – уж от меня-то он никак не ожидал, что я найду ошибки в его расчетах и тем более – укажу ему на отсутствие последовательности в его формулах. С тех пор между нами началось нечто вроде соперничества. Он всячески пытался меня очаровать. Я чувствовала, что вот-вот могу растаять, но держалась – у него было четверо детей, и он был одним из моих начальников. Меня возмущало то, что он позволяет себе заигрывать со мной, а мне нужно быть сильной и не поддаваться соблазну. Видимо, он не знал, что играет с огнем.

А еще был милый парень из механического отдела. Он тоже пытался сблизиться со мной. Он казался мне просто очаровательным – молодой, холостой. По отношению к нему я чувствовала то же самое, что и к брату своей лучшей школьной подруги. Я ощущала свою ущербность – я не могла решиться на отношения с холостым парнем своего возраста, ведь я же «разведенка», и у меня сын, который страдает эпилепсией. У двух моих двоюродных братьев по отцовской линии тоже была эпилепсия. Один из них умер, видимо, от этого. Так что я тот еще «подарок» для любой свекрови. Я помню, как моя тетя, которую я очень любила, как-то раз на одной семейной сходке сообщила мне по секрету, насколько она обеспокоена тем, что ее сын встречается с разведенной женщиной, матерью троих детей. «Это все из-за секса, – шептала мне она, – она держит его за одно место». К ее радости, сын женился потом на молодой красивой девушке, которая до этого замужем не была. Вот почему я не могла представить себя иначе как бедствием для любой матери, желающей добра своему сыну. Я чувствовала себя ущербной и недостойной. О своих чувствах я никому не рассказывала. Те, кто любят меня, конечно, сказали бы, что все это глупости и что это все неважно, но я не могла так рисковать и сторонилась неженатых. Через два месяца после того как наша фирма приобрела предприятие в Германии, было решено отправить туда на работу начальника инженерного отдела. Это многое для меня изменило. Я решила, что больше мне не нужно слишком себя сдерживать. Если он отправится туда, то можно немножко расслабиться. Наметила себе момент для «атаки». Он готовился к важному совещанию. Инвесторы нашей компании собрались в комнате для переговоров, и он попросил меня устроить им презентацию. Я вошла в его кабинет и закрыла за собой дверь. На нем была белая рубашка, он был полон энергии в ожидании важной встречи. «Я должна тебе что-то сказать, – сообщила я ему, – я не могу больше выносить твоих заигрываний. Если ты хочешь секса, то давай это сделаем прямо сейчас. А если не хочешь, то прекрати, потому что я устала быть сильной и не поддаваться на твои провокации».

Он растерялся. «Мне очень жаль, но я не имел этого в виду. Я и не знал, что Вам так тяжело из-за меня и что кажется, будто я с Вами заигрываю. У меня никогда не было внебрачных отношений, да и не будет». Он был нежен и мил, я полюбила его всем сердцем и порадовалась, что он мне отказал, но при этом почувствовала, что он говорит неискренне и сам это знает. После этого мне еще больше хотелось приходить на работу хорошо одетой и выглядеть женственной и соблазнительной. Я наслаждалась каждой минутой, когда видела его колебания, и чувствовала, что заложила мину замедленного действия. Мы больше не упоминали об этом ни разу, но внутреннее напряжение росло. Через неделю он не выдержал. Наши отношения строились по известной схеме – секс у меня дома и сексуальное напряжение на работе. Как это усиливает остроту ощущений! Кажется, будто жизнь приобрела другие, гораздо более яркие оттенки. К моему сожалению и счастью, он не умел хорошо скрывать свои чувства. На работе мне нравилось видеть на его лице и читать в его жестах то же самое, что он чувствовал, когда мы были в постели у меня дома. Другие тоже это видели. Поползли слухи. Я не придавала им особого значения: хотят говорить – пусть. Я эти слухи ничем не подтверждала. После того как он переехал с семьей в Германию, мы встречались с ним всякий раз, когда он приезжал в Израиль. Я приходила к нему в номер, который он снимал в роскошной гостинице, и мы проводили вместе один наполненный волшебными ощущениями вечер. Всякий раз это была другая гостиница. Меня переполняли чувства к нему.

Я чувствовала, будто оказалось в облаке, пропитанном любовью, хотя мы встречались только изредка. Иногда я снова испытывала тот, полный оргазм, во время которого ощущала себя перышком, медленно снижающимся в густую желеобразную массу, из которой невозможно выбраться...

Через полтора года я познакомилась с Кфиром, которого приняли в компанию на должность инженера. Между нами начался роман. Кфир тоже был разведен, и у него тоже был сын, немного старше моего. Как-то раз, когда я отдыхала с Орной в отеле Club Med на севере Израиля, во мне созрело решение пойти ва-банк в своих отношениях с Кфиром. Мой Янив скоро заканчивает первый класс, и мне казалось, что надо бы, чтобы в доме ощущалось мужское присутствие. Отец Янива навещает нас совсем редко, и мне приходится возить сына в Иерусалим, чтобы они встречались там. Но все равно это не так, как если бы образ отца складывался у моего мальчика дома. В этот период я была очень занята по работе, а по вечерам изредка принимала у себя людей, желавших узнать свою судьбу по картам. Однако мы с Кфиром становились все ближе друг другу, и в интимных отношениях он был очень активен.

Однажды, когда он все никак не останавливался, мне показалось, что я сейчас просто упаду в обморок. Но «большого взрыва» так и не произошло. Вместо этого я стала падать с очень высокой скалы, теряя всякий контроль над окружающим меня пространством. В следующее мгновенье мне показалось, будто внутри меня лопнула труба, и жидкость намочила постель. Я была уверена, что это моча – что же еще? Сначала был испуг, а потом мне было стыдно из-за того, что произошло. Только через много лет я узнала об этом явлении – конечно, это была не моча, а жидкость, выделяемая иногда при женском оргазме. Не могу сказать, что почувствовала при этом особенную привязанность к Кфиру, но сексуальное влечение к нему стало еще сильнее. Однако Кфир набрался предрассудков на работе и разозлился на меня. Однажды вечером он даже устроил мне жуткую сцену и в запале, не владея собой, обозвал меня шлюхой. Потом, когда он успокоился, то очень сожалел, просил прощения, ласкался и был со мной необычайно нежен.

Кфир жил в деревеньке, расположенной прямо посреди плантации пекановых деревьев, в домике, который оставила ему в наследство мать. «Переезжай ко мне, – уговаривал он меня, – зачем тебе платить за квартиру?» Но мне нужно было еще немного времени. Я хотела понять, чтó чувствую по отношению к нему. Но это мне не удавалось. Меня влечет к нему, но при этом он заставляет меня страдать. Бывало, он говорил мне ужасные вещи, а потом сам же терзался от этого, слезно просил прощения и получал его. Я спрашивала карты, стоит ли мне съехаться с ним, и те отвечали, что это было бы крушение всего – карта «Падающая башня» ничего хорошего не предвещала. Однако я была непоколебима и запретила картам решать мою судьбу вместо себя.

♌

Дышать

У меня начался страшный кашель. Я подумала, что простудилась, и ждала, пока это пройдет. Я привыкла к болезням, сопровождающимся высокой температурой и болью в горле, но сейчас это было что-то странное. Я кашляла без остановки и никак не выздоравливала. Пришлось отправиться к семейному врачу. Та решила, что у меня аллергическая астма и мне нужно пользоваться ингалятором – по мере необходимости. Эту маленькую симпатичную штучку я купила в аптеке, толстенькую и голубенькую на конце. Эдакая специальная труба для сломавшихся паровозов, вроде меня. Всякий раз, когда я пользовалась этим устройством, происходило чудо: дыхательные пути открывались, и воздух поступал в мои легкие безо всяких препятствий. Эту магическую трубочку я носила с собой всюду.

Однажды, вернувшись из магазина, я оставила в машине несколько пластиковых пакетов, намереваясь тотчас же сделать вторую ходку. Однако зайдя за сыном, который ждал меня у соседей на шестом этаже, и, добравшись до своего восьмого, я поняла, что покупки, оставшиеся в машине, – туалетная бумага, тряпки для пыли и прочие хозяйственные принадлежности, – вполне могут полежать в машине подольше – ничего страшного. Правда, вместе с этими вещами в машине остался и ингалятор, мой маленький волшебник...

И вот мы с сыном поднялись домой, поужинали, и мой мальчик, зевая, отправился спать. Ровно в восемь, после колыбельной и двух предложений из книги сказок, он уже сладко спал, мерно посапывая. Он погружался в глубокий сон, а я еще некоторое время оставалась рядом, чтобы удостовериться, что у него не начнется эпилептический припадок. Но в эту ночь, наверное, и сама эпилепсия отправилась на покой. Дома было темно и тихо. Я решила порисовать в гостиной. Где-то далеко монотонно бормотало радио. После полуночи я поняла, что слишком устала, и отправилась спать.

Некоторое время спустя, не помню, когда именно, я проснулась из-за того, что меня душил кашель, и никак не могла остановиться. Попытки дышать в короткие перерывы между приступами помогали слабо. Страх охватил меня, и из-за этого кашель усилился. Я вспомнила, что ингалятор остался в машине, и встала с кровати. Ноги плохо слушались. Шаг за шагом – и вот я уже за пределами комнаты. В коридоре мой кашель отдавался громким эхом. «Только не кашлять! Только не кашлять!» – приказывала я себе, но все без толку, только паниковала все сильнее. Вдруг я упала – ноги меня больше не держали. Я лежала в коридоре, как коврик – прямо на пороге в детскую...

Я очнулась все там же и почувствовала, что мне мокро. Оказалось, что я лежу в луже мочи – видимо, мочевой пузырь опорожнился непроизвольно. Я уже не кашляла, но дыхание давалось очень тяжело. «Надо вдыхать, стараться изо всех сил, еще, еще немного!» – кричу я себе. Дыхание мое было настолько шумным, что мне заложило уши. Эхо по-прежнему раздавалось в коридоре, только теперь звуки походили на какой-то ужасный хрип.

С каждой минутой свист звучал все страшнее. Каждый вдох, казалось, сотрясал весь дом до основания, но воздух в легкие почти не поступал. Я знала, что мой мальчик от шума не проснется – когда он спит, можно смело устраивать танцевальные вечера. Янив, мой родной сынок! Мои глаза наполнились слезами, я плакала и не могла остановиться. Он проснется утром, как всегда, резво вскочит на ноги, полный бодрости и энергии. Что же он увидит, открыв дверь своей комнаты? Свою мертвую маму, лежащую на полу в луже мочи и слез... Если бы я только могла продержаться еще несколько часов – может быть, тогда он еще застанет меня в живых. Не исключено даже, что ему удастся добраться до телефона и позвонить бабушке или позвать на помощь соседку. Из последних сил я пыталась дышать, но вместо вдоха горло издавало жуткий хрип, а воздуха не было. Мне грезился Янив, мой сыночек. В промежутках между попытками вдохнуть перед глазами вставали отдельные эпизоды нашей жизни. Я видела, как везу его в коляске – это очень приятно и полезно для меня. По дороге напеваю ему песенки и рассказываю разные истории. Мне вспомнился наш поход к врачу; по дороге сын попросил меня купить ему печенье. «Конечно, я тебе его куплю» – говорю я ему, а еще через две песни мой малыш спрашивает меня:

– Но мама, у тебя найдутся две денежки?

– Почему «две денежки», малыш?

– Одна для печенья, а другая – для тети доктора, – отвечает он мне.

– Да, радость моя, у меня есть две денежки, на печенье хватит, к тому же доктору платить не надо.

Это его удивило. С тех пор, как ему исполнилось три годика, я рассказываю ему, сколь важную роль в нашей жизни играют числа. «Числа – наши друзья, они помогают нам описать, все, что нас окружает. Например, мы живем на восьмом этаже, а Нили, к которой ты ходишь после садика, – на шестом. От шестого до восьмого – два этажа». Все числа мальчик мой знает! «Вот идет 15-й автобус, – сообщает он мне из коляски, приводя в изумление людей на остановке, – а за ним – 15А». Буквы он, понятное дело, тоже знает.

– Мама, это же наш автобус, правильно?

– Да, малыш, он довезет нас прямо до бабушкиного дома.

Я вспоминаю, как он начал ползать – я тогда еще была замужем, мы жили в Иерусалиме. Как-то раз он приблизился к «субботней» электрической панели[1] на кухне и прикоснулся к ней. Я с трудом сдерживала себя, чтобы не помешать ему. Панель еще не очень нагрелась;

---

[1] Металлическая панель с нагревательным элементом, выделяющим постоянное количество тепла. Используется по субботам, чтобы можно было употреблять теплую пищу, не нарушая заповедей иудаизма.

хотя я запретила ему приближаться к ней, он все равно подполз и протянул свою ручку. Я надеялась, что он почувствует, что она горячая, немного поплачет и усвоит урок на будущее. Но этого не произошло. Мой сын плакал и сердился на панель за то, что та обожгла ему руку, однако, несмотря на это, продолжал трогать горячий электроприбор. Сидя мягким местом на полу, а вернее – на подгузнике, он рыдал и сердился все сильнее. «Видишь, зайка, это горячее. Нельзя трогать!» – объяснила я ему. Но мой мальчик сердито смотрел на меня и протягивал руку к панели, будто сражался с ней и ни за что не хотел сдаваться.

Подобное происходило и когда мы были на пляже. Волна сбивала моего сына с ног и накрывала его с головой, но он пытался войти в море снова и снова. Он хотел победить «плохие волны», которые не давали ему сохранять вертикальное положение, и без устали забегал в море снова и снова, и если бы не я, он бы так и шел, пока вода не покрыла бы его по самую макушку. В отличие от других родителей, я не могу отдыхать на пляже, потому что мой мальчик просто погиб бы, сражаясь с волнами. Другие дети строят замки из песка и сидят в маленьких безопасных надувных бассейнах, но моему сыну это неинтересно. Ему подавай сложные или даже невыполнимые задачи. На одной из экскурсий от работы кто-то сказал, что если он будет выбирать правильные большие задачи, когда вырастет, то очень преуспеет в жизни. Он сказал мне это, после того как мы – вместе с двумя его взрослыми детьми – пытались спасти моего, четырехлетнего, который пытался вскарабкаться на кривую стену пещеры. Он все время скатывался вниз, но с упорством, злостью и слезами лез наверх снова и снова.

Что же будет с ним завтра утром, когда он, встав с постели, обнаружит свою маму мертвой, лежащей на полу в луже? Сможет ли он справиться с этой психологической драмой? Сумеет ли он реализовать свой потенциал? Как будет расти? Может, мне все-таки удастся остаться в живых? Все вокруг стало расплываться перед глазами. Я знала, где нахожусь, но ничего перед собой не видела. Все тело окоченело, и кровь будто застыла в жилах. Все это время я не переставала слышать тот ужасающий шум, который издавала, пытаясь вдохнуть. Шум этот был тем страшнее, что отдавался гулким эхом в пустом коридоре. Вот задача столь же трудная, как и те, которые ставит перед собой мой сын. И я, как и он, должна настроиться на победу. Я не готова к тому, чтобы он, встав поутру, обнаружил свою маму мертвой на пороге своей комнаты. Этого не будет! Этого не будет! Я сумею. Но как? Я и пошевелиться не могу. Телефон – на расстоянии восьми шагов. Я, конечно, попробовала поползти к нему, но без толку. Все мои силы уходили на попытки дышать, заставить горло пропускать воздух в легкие. Мне стало ясно, что я не могу одновременно пытаться дышать и двигаться. Не могу – и все. Но что же делать? Только думать, думать логически. Двигаться я не могу, дышать через горло не очень-то получается. На это ужасное дыхание уходят все силы. Конечно, некоторое количество воздуха попадает внутрь, иначе я не смогла бы думать о моем мальчике со слезами на глазах, но просто лежать тут и продолжать в том же духе не имеет смысла. Должен же быть другой способ спастись! Единственное, что представлялось логичным, было найти орган, который мог бы подменить горло. Другой орган, который мог бы справиться с функцией дыхания. Ведь вокруг меня так много воздуха, нужного моим легким! И не может быть, чтобы у него был только один путь попасть внутрь моего тела, только одна трубка, только одно отверстие. Значит, нужно найти другое отверстие, другой канал, по которому воздух будет попадать ко мне более эффективно.

Я начала исследовать свое тело в поисках такого отверстия, но поняла, что совершенно окоченела и ничего не чувствую – как будто нахожусь где-нибудь в другом месте. Что ж, по крайней мере, боли я не чувствую тоже. Единственным местом, где ощущения не пропали, было... темя. Стало быть, воздух должен будет проходить через него. С настойчивостью, на которую только была способна, я стала говорить своему телу, что отныне дыхание будет осуществляться через темя. Теперь сама голова будет всасывать воздух и переносить его в легкие.

Я перестала принуждать тело дышать через горло и начала направлять воздух в организм через темя. Воздушный поток был очень слаб, но через некоторое время я почувствовала, что я все же дышу. Благодаря моему упорству воздух продолжал поступать. Я лежала с закрытыми глазами, но видела, как он попадает через темя в легкие, насыщая кровь кислородом. Тело слушалось меня, и постепенно количество «вдыхаемого» воздуха увеличивалось. Темя отлично справлялось со своей новой ролью. Я не помню, когда перестала слышать страшный хрип, сопровождавший мое дыхание; помню только, как вдруг поняла, насколько тихо вокруг. Никакие звуки больше не отдавались эхом в совершенно темных стенах коридора. Темнота и холод удивили меня, но еще более неожиданной была звенящая тишина. Я не понимала, «вижу» ли я темноту, или же мне темно просто потому, что глаза мои закрыты. Поскольку прояснить этот вопрос я так и не сумела, то решила, что не очень это и важно. Важно то, что я слышу тишину, а не хрипы, и легкие мои наполняются животворным воздухом. Мне было мокро и холодно. Постепенно темнота отступала – свет наступавшего утра проникал через окно гостиной, доходя и до коридора. На глаза мои снова навернулись слезы, когда я увидела пол. Никогда не думала, что меня охватит такое волнение при виде простых плиток, которыми он был выложен. Это были маленькие квадратики «двадцать на двадцать», на которые по мере вступления утра в свои права попадало все больше и больше света. Я чувствовала, как частички света неуклонно приближаются ко мне, а слезы все текли и текли. Я подумала, что теперь стоит взять себя в руки и действовать, а не пополнять лужу физиологическими жидкостями. Пошевелилась и заставила себя собраться, устроить «перекличку» остальным частям тела и начать движение. Подняться с пола, наконец! Я помню, что после долгих и болезненных усилий мне удалось поставить себя на четвереньки. Намокшая ночная рубашка волочилась по полу по мере моего нелегкого продвижения к телефону. Я позвонила маме – она сразу поспешила мне на помощь. Когда мой сын встанет утром, он обнаружит мокрый пол у двери в свою комнату – ничего страшного – это намного лучше, чем найти там мертвую мать, неизмеримо лучше!

Спасшись от смерти, я решила узнать, на что же у меня аллергия. Оказалось – на пыльцу орехового дерева пекан. Да, у меня начинается аллергия, когда цветет пекан, а дом Кфира находится прямо посреди целой плантации этих деревьев. Однако это не изменит моего решения переехать к нему. Присутствие мужчины в доме очень нужно моему сыну. Ничего, как-нибудь справлюсь. Никогда не буду расставаться с ингалятором и уж конечно, не буду впредь так неосмотрительно забывать его в машине.

И вот я переехала к нему. Моя сестра-студентка и другие близкие получили от меня при переезде кровать, диван, холодильник и кое-что еще. У Кфира эти вещи уже были и потому стали мне не нужны. Грузовичок, перевозивший мои вещи, был совсем маленький – большего не потребовалось. В преддверии нашего переезда Кфир начал собственноручно пристраивать к дому еще одну комнату. Каждый из детей – его сын и мой – получили по отдельной комнате.

Мне нравилось наблюдать, как он работает. Было видно, как при разных видах работ напрягались соответствующие группы мышц. Было просто загляденье смотреть, как умело он пользовался электрической пилой и другими инструментами.

Каждый вечер и каждое утро мы занимались сексом, хотя спали в гостиной – наша пристраиваемая спальня была все еще не закончена. Меня тянуло к нему, хотя мешали постоянные звонки от женщин, у которых был абонемент в телефонной службе знакомств – он не удалил оттуда свои данные. Ему очень нравилось отвечать им, что, мол, это все уже не актуально и что он уже наладил свою личную жизнь. Он был очень мил с этими женщинами. А у меня никогда не было абонемента в службе знакомств.

Свое фиговое деревце я посадила перед домом и поблагодарила его за всю помощь, которую получала от него в течение всех этих лет, пока оно стояло в горшке у меня в комнате и даже плодоносило.

Я попросила Кфира покрасить дом в лиловый и желтый цвета. Он согласился – он вообще соглашался выполнять все мои просьбы. Впервые в жизни я почувствовала, что получаю реальную помощь от мужчины, с которым живу. Проявлялось это и во время эпилептических припадков Янива, моего сына. Однажды, когда он заболел и проснулся с плачем и высокой температурой, что повышало вероятность припадка, я побежала к нему, держа в руках влажный компресс и термометр, думая, что, возможно, придется сейчас держать его из-за припадка. Кфир тоже пришел; он обнимал моего сына и успокаивал его, пока я ходила за другими вещами, которые могли пригодиться. Никогда не доводилось мне видеть мужчину, который с такой любовью держал в своих объятиях моего мальчика и давал мне почувствовать, что поддерживает меня и поэтому все будет в порядке. Вид Кфира, обнимающего

Янива, навсегда остался в моей памяти. Даже когда мои подруги помогали мне во время эпилептических припадков сына, они так боялись, что мне приходилось успокаивать их, сохраняя самообладание и производя все необходимые действия.

Яниву очень нравилось жить в деревне. Ему нравился простор, и я ничем не ограничивала его свободы – он был там, где хотел. Иногда он бежал вдоль плантации, увертываясь от гусей, которые несколько одичали и иногда преследовали его. Я смотрела на него, пока он не скрывался из виду. Там, за плантацией, по ту сторону дороги, была детская площадка. Эпилептические припадки начинались, только когда он засыпал или пробуждался, поэтому в течение дня волноваться было не о чем. Я неустанно искала лекарство, которое остановило бы припадки, но ни один врач не мог мне ничего посоветовать, хотя я справлялась во всех больницах.

Через некоторое время Кфира уволили, и он начал получать пособие по безработице. Когда я возвращалась с работы, он ждал меня дома. Однажды, забрав сына из группы продленного дня детского сада, я отправилась в магазин. Делать покупки я предпочитала сама, чтобы не усложнять финансовые обстоятельства Кфира. В тот день я вернулась домой позже обычного. Мешков с покупками было много. Кфир был на грани нервного срыва без всякой видимой причины. Немного придя в себя, он все-таки помог мне перенести покупки из машины домой. Я знала о его привычке огульно обвинять других, и вечером она дала о себе знать. Кфир выплеснул на меня весь свой яд, который только у него был.

– Ты опоздала! – кричал он мне, – ты мне изменяешь! Где ты была?

– Где же я могла быть? – потрясенно ответила я, – забрала мальчика из сада и отправилась за покупками. Покупок было очень много, ты сам видел. Да и вообще, чем еще я могла заниматься в супермаркете, когда рядом сын?

Но ничего не помогало. Ревность Кфира была слепа. Временами им овладевал такой гнев, что он переставал контролировать себя.

Однажды приехал мой бывший муж. По своему обыкновению, он чмокнул меня в щеку. Кфир сразу помрачнел. Было ясно, что вскоре начнется очередной приступ гнева. Я просто не понимала, что должна делать в такие моменты. Ничего рационального в этом, разумеется, не было. Казалось бы, образованный человек, защитил диссертацию, так как же он может позволять этому своему разрушительному началу сводить на нет наши отношения? Я никогда ему не изменяла, и у меня нет потребности кого-нибудь завоевывать. Зато у меня есть потребность быть любимой. Есть потребность заниматься сексом.

Навязчивые идеи Кфира становились все более невыносимыми. Если в одну из ночей я была слишком уставшей и не хотела заниматься сексом, для него это сразу становилось признаком измены. Я поняла, что секс у нас должен быть каждую ночь, а желательно – и каждое утро, потому что иначе у Кфира рано или поздно будет приступ гнева. Это было очень тяжело, и я уже не получала удовольствия от близости, вообще перестала этого хотеть – в первый раз в жизни. Я соглашалась на секс, чтобы избегать ссор, и даже не пыталась получать удовольствие – как можно наслаждаться чем-то, когда над головой завис такой дамоклов меч. Я совершенно запуталась. Что же делать?

Однажды гнев Кфира оказался обращенным на моего сына. Я села за стол в кухне, Кфир стоял у меня за спиной. На кухню пришел Янив, но остановился на пороге. Кфир злился, его злость росла с каждой минутой и вся без остатка досталась моему мальчику. Конечно, он никогда не поднимал ни на кого руки, но мишенью его беспричинного гнева мог стать кто угодно из находившихся в непосредственной близости. Я на секунду даже почувствовала облегчение, оттого, что на этот раз такой мишенью стала не я. Однако посмотрев на сына, я сразу устыдилась этого чувства. Видимо, на этот раз я сломалась.

В своих снах незадолго до этого я видела себя выходящей из дома. Затем я поворачивала налево, шла по улице, доходила до перекрестка, а затем поворачивала направо, в сторону выезда из деревни. Выйдя из деревни пешком, я снова поворачивала направо и начинала идти по шоссе в южном направлении, в сторону Реховота, моего города.

Когда я рассказала об одном из таких снов Кфиру, он снова рассердился, обвинив меня в желании уйти от него. Буквально во всем он мог найти причину для нападок, даже в снах. Его бесило, например, что я не записала сына в местную школу. Я действительно записала Янива во второй класс в ту же школу, где он закончил первый. По утрам я отвозила его в школу, а оттуда уже ехала на работу. Что же мне теперь делать? Может, приступы гнева – вполне нормальное явление во всех семьях? Ведь сама я тоже выросла в такой семье. Может, это такая жизненная норма? Может, это у всех так?

Однажды, рассердившись в очередной раз, Кфир ушел из дому, не сказав мне, куда. Просто взял и исчез. У меня заняло немало времени осознать, что даже если это нормально и происходит у всех, я так больше не могу. Упаковав немного вещей и взяв с собой сына, я отправилась к маме. Там и заночевали. Моя сестра Михаль тоже пришла к маме в тот вечер. Недавно она развелась и уехала из кибуца на севере Израиля, где они жили с мужем. Теперь она не знала, что предпринять. Я предложила снять квартиру вскладчину. У нее есть маленькая дочь, ей всего три года, и мы вполне могли бы найти в Реховоте квартиру, достаточно просторную для меня с Янивом и для нее с дочерью.

Квартира нашлась всего за неделю. Снова был нанят маленький грузовичок, который перевез мои вещи на новую квартиру из деревни, где я прожила с Кфиром семь месяцев. Семь месяцев, которые меня ослабили, в течение которых состояние моего сына ухудшилось, моя астма усугубились, а отчаяние стало еще сильнее. Мне казалось, будто меня окружает черное облако, сопровождавшее меня всюду, куда бы я ни пошла. Я не знала, сколько еще времени это будет продолжаться, сколько еще времени со мной будет эта депрессия. Несмотря на нее, мне трудно было отказаться от секса с Кфиром, и это время от времени подпитывало меня энергией. Кфир не хотел разрывать со мной отношения, несмотря на то, что я жила теперь не с ним. Это продолжалось еще некоторое время, пока я не поняла, что перестала получать удовлетворение от этой связи. И все закончилось. Мне казалось, что у меня больше никогда не будет секса, что я больше никогда не смогу наслаждаться близостью. Я ходила, будто в тумане, делала все, что от меня требовалось, но меня будто погасили. Черное облако, окружавшее меня, содержало в себе все слезы, которые я не выплакала, все крики, которые не вырвались из моей груди. Оно скрывало от меня мои чувства и, конечно же, мою память. Немало обязанностей было у одного маленького и упрямого облака.

♌

В ванной

Моя сестра Михаль – человек хозяйственный. Если уж она решила сделать уборку в доме, то все берут под козырек и выполняют все ее приказы. В армии она служила командиром отделения на Четвертой учебной базе. Муж моей младшей сестры, Нирит, утверждает, что был в ее отделении, когда проходил курс молодого бойца. Когда она делает уборку, она без устали расставляет все по местам и отовсюду оттирает грязь. Когда же уборка окончена, все кругом сверкает чистотой. Я не очень умею возиться с тряпкой и шваброй. Никто не становится по стойке «смирно» по моей команде. Совершенно непослушная вода растекается во всех направлениях даже тогда, когда я говорю ей, куда течь.

Я записала сына в третий класс школы, находившейся недалеко от новой квартиры, которую мы с сестрой сняли в северной части Реховота, рядом с Институтом им. Вейцмана. Просторная квартира в симпатичном доме, расположенном в престижном районе. Предыдущая квартира, в которой я жила до переезда в деревню, находилась на восточной окраине города. Теперь, когда у одной из нас были дела, другая оставалась с обоими детьми. Работы по дому и прочие обязанности мы тоже делили между собой. Через некоторое время я помогла Михаль устроиться на работу в компанию, где работала сама.

Мне помнится, что ее дочь была к ней очень привязана. Всегда очень плакала, когда я приходила забирать ее из садика вместо сестры. «Где моя мама? Куда она ушла?» – рыдала она всю дорогу домой. Однажды вечером я сказала ей, что ее мама отправилась на Луну. «Видишь Луну там, на небе? Не волнуйся, мама вернется оттуда утром. Поездка на Луну и обратно занимает очень много времени. Но она вернется». На время она замолчала – ведь это логично, и делать нечего. До Луны далеко, но мама уже едет обратно. Но малышка все равно не сомкнула глаз до прихода сестры, которая «вернулась с Луны» еще до наступления утра. Быстро это у нее получилось!

Время продолжало свой бег, и я становилась сильнее с каждым месяцем. Я разделила свою комнату на две почти равные половинки при помощи белой, немного прозрачной занавески. Внутренняя служила спальней – там, на полу, я положила двуспальный матрац. Во второй половине расположился столик для гадания на картах. Я снова начала заниматься этим, добавив к картам индейскую мистику, которую начала изучать.

Однажды по нашей улице проезжал фургон – я как раз возвращалась домой, проводив сына в школу. Парни из фургона убедили меня купить у них книгу «Зоар».[1] Они

[1] Главная книга каббалистического учения

были очень разочарованы тем, что никто не покупал ее у них. «Что это за район такой? – спрашивали они меня, – все такие недружелюбные!»

При ближайшем рассмотрении выяснилось, что книга «Зоар» – это 24 тома, стоившие 800 шекелей[1]. Для меня – куча денег. Но я не могла не помочь хоть как-нибудь людям, которые были так разочарованы. Оба парня так радовались, когда я согласилась купить у них книги! Лица их осветились. «Может быть, здесь все-таки еще остались евреи», – сказал один из них.

Но что мне делать со всеми этими книгами? Да и не понятно ни слова. Я предпочитаю работать с индейскими картами, которые столь многому меня научили и теперь указывают мне путь. Поэтому я поставила все тома на нижнюю полку этажерки. Очень солидно.

Однажды утром я спешила на работу. Мой мальчик был уже в школе, а сестра вела дочь в детский сад. В последнюю минуту я решила развесить белье, лежавшее в стиральной машине, чтобы оно не заплесневело. Непросто справиться с таким количеством белья в доме, где живут четыре человека – совсем не то, что в доме, где их всего двое (тьфу-тьфу-тьфу, чтоб не сглазить!) Хозяйственный балкончик, где я развешивала белье, примыкал к ванной комнате, выложенной коричневой плиткой; там были душ и ванна. Вдруг краем глаза я увидела женщину, которая стояла посреди ванной и смотрела на меня. Она была в белом и будто бы прозрачная. Ног ее я не видела – только лицо и белое платье. Лицо женщины излучало

---

[1] Ок. 230 долларов США

спокойствие. Длинная черная коса лежала на правом плече. Я испугалось, сердце мое забилось часто-часто. Хотя она смотрела на меня с нежностью и любовью, мне стало очень страшно. Спустя несколько мгновений, она медленно растворилась в воздухе. Глядя на пустую ванную, облицованную коричневой плиткой, я вздохнула. Потом вздохнула еще раз. Казалось, я стояла так уже целую вечность, а ноги будто приросли к полу. В конце концов, мне удалось сдвинуться с места. Я говорила себе, чтó мне нужно делать. Только простые действия. Произношу – и сразу делаю. Нагнуться. Вытащить предмет одежды из стиральной машины. Взять его двумя руками, расправить. Повернуться, взять две прищепки. Повесить одежду на веревку. Закрепить ее прищепками. Никогда еще эти действия не были для меня столь трудны, никогда еще я не выполняла их так медленно. Но мне же нужно на работу! Все, стиральная машина пуста, что теперь? Как мне отсюда выбраться? Как пройду через ванную? Я, конечно, видела, что она растаяла, но может быть, она все-таки еще там? Может быть, только я не вижу ее сейчас? Стало быть, мне придется пройти сквозь нее?! Правда, она смотрела на меня с любовью, но похоже было, что ей было что-то от меня нужно, а я не знала, что, да и вообще не знала, кто это.

Через два года, когда мое душевное состояние улучшилось, я опять встретила эту женщину. Это была очень волнующая встреча. Я сидела на кровати, вытянув ноги и облокотившись на подушку, прислоненную к стене, и была погружена в простую дыхательную медитацию.

Просто слушала свое дыхание. Вдруг я увидела ее перед собой. Она стояла спиной ко мне и была чем-то занята. Рядом стояла кушетка, похожая на ту, которой пользуются массажисты. На ней лежал кто-то, кем она занималась в этот момент. Видимо, почувствовав, что я смотрю на нее, она повернулась ко мне и улыбнулась. От волнения я перестала дышать. Она была так уверена в себе, так решительна! Вокруг нее было много света, и на этот раз она была в голубом платье. «Так теперь ты знаешь, кто я, – спросила она – и уже не боишься? Очень хорошо. Я полагаюсь на тебя. Ты на правильном пути. Ты ведь понимаешь, что я – это, в сущности, ты? Помни о том, что я существую, и проделай путь ко мне. Ты сможешь. Я буду охранять тебя». Закончив говорить, она снова повернулась ко мне спиной и продолжила заниматься человеком, который лежал на кушетке.

♌

Без тела

Квартира, которую мы снимали с моей сестрой, была просторна и вытянута в длину. Моя комната расположена на одном ее конце, а комната Михаль – на другом. Вдоль по коридору находились комнаты детей. В комнате Михаль есть туалет, рядом с комнатой моего сына расположена ванная – та самая, выложенная коричневой плиткой. Рядом с моей комнатой, прямо у входа в квартиру, есть еще один маленький туалет.

Николь, моя племянница, – девочка маленькая и нежная. Ее папу зовут Джонни, он американец, приехал с Аляски. Михаль познакомилась с ним, когда он был волонтером в кибуце на севере Израиля; она в это время училась неподалеку, в колледже «Тель-Хай». Сестра оставила учебу и уехала с Джонни в маленький городок Ситка на Аляске, где жили его родители и брат. Там Джонни и Михаль поженились. Папа Джонни родился в индейской резервации, он из племени сиу. Мама – австрийская иммигрантка. Когда Николь исполнилось два месяца, ее перевезли в индейскую резервацию в штате Монтана, где жила бабушка Джонни. Там Николь получила индейское прозвище, которое в переводе звучало как «Перышко».

Откуда знали индейские бабушки, будет ли вес Николь соответствовать ее прозвищу, когда она вырастет? Например, и у меня, и у моей сестры есть склонность к избыточному весу, что требует постоянной диеты. Джонни, папа Николь, высок, и кажется, будто он занимает собой все помещение, но Николь действительно маленькая и легонькая.

По пятницам мы с сестрой не работаем[1], и утром я позволяю себе поваляться в постели и ничего не делать. Одним таким утром я проснулась и услышала, как Михаль моет на кухне посуду, черпая энергию из громко передаваемой по радио песни. Николь тоже встала – я слышала, как она зашла в туалет рядом с моей комнатой. Я продолжала лежать без движения, с закрытыми глазами, и слышала все, что происходило в доме. Я слышала, как Николь безуспешно пытается выйти из туалета – не получалось открыть дверь. Позвала маму, однако Михаль, будучи на кухне, не услышала ее. «Я уже иду, малышка», – сказала я и быстро встала с постели, чтобы прийти на помощь девочке. Несколько шагов – и я уже у двери туалета, протягиваю руку, пытаюсь открыть дверь, но и у меня не получается. Дергаю за ручку снова и снова – все без толку. Николь начинает плакать. Я пытаюсь ее успокоить, но она на меня просто не реагирует. Ничего удивительного – Николь очень привязана к маме, и как правило, никто, кроме Михаль, не может ее успокоить. Побежала на кухню. Михаль в красной футболке, с

---

[1] Пятница в Израиле – как правило, выходной день; трудовая неделя начинается в воскресенье.

распущенными волосами энергично моет посуду под шумные вопли радио; весело бежит вода из-под крана. Первая мысль, которая пришла мне голову при виде нее была о том, как же она, встав утром с постели, может первым делом заняться мытьем посуды, да еще и в ночной рубашке. «Михаль, сестренка!» – позвала я ее, когда вошла на кухню, но ответа не получила. «Миха-аль!» – крикнула я, но она даже головы не повернула. Не понимаю, что с ней. Почему она меня не слышит? Оглохла, что ли? Я подошла ближе, прикоснулась к ней, потрясла ее за плечо, сильно дернула ее за рубашку – никакой реакции. Я немного испугалась: почему она меня не замечает? Почему не реагирует? Может, что-нибудь случилось? Может, она сошла с ума? Сумасшедшей она не выглядела, но почему тогда она меня игнирирует?

Я расстроилась, но продолжала свои попытки обратить на себя ее внимание. Кричала во все горло, трясла ее, что было сил – все без толку. Отчаяние душило меня. Я чувствовала, как слезы текут по щекам – это были слезы бессилия. Я присела на кухонную полку позади Михаль и не знала, что предпринять. Вдруг моя сестра что-то услышала. Во время небольшой паузы между песнями Михаль уловила крики Николь из туалета. «Стало быть, она не теряла связи с реальностью, – сказала я себе, – свою дочку она слышит, но не меня...»

Михаль ринулась выручать дочку из запертого туалета, а я осталась на кухне, не понимая, что же все это значит. Слезы продолжали катиться по щекам, и я вытирала их рукой, ощущая, правда, некоторое облегчение.

Вдруг я почувствовала, что лежу на своей кровати под одеялом, голова – на подушке. Как же я сюда попала? Я снова вытерла слезы и медленно села, все еще не придя в себя после пережитого. Михаль заглянула ко мне и мимолетом сказала: «Как же ты можешь спать, когда вокруг так шумно?! Я не понимаю! Ты что, даже Николь не слышала?»

Это уже слишком! Я начала так смеяться, что из глаз снова полились слезы, хотя отчаяния – как не бывало. Поскольку я все никак не могла успокоиться, Михаль подумала, что у меня не все дома. Я попыталась объяснить, но могла только смеяться. Встала, оделась. Да, драматично начался день!

Потом, успокоившись, я рассказала сестре, как трудно мне было отпереть дверь и как страшно было, когда она меня не слышала. Судя по всему, все это происходило, когда я была в бестелесном измерении. И ведь мне даже не показалось странным, что я смогла усесться на маленькую кухонную полочку с пряностями, но при этом ощущала, будто у меня есть тело – с руками, ногами и всем прочим. Я даже плакала! Правда, поскольку тела у меня на тот момент все же не было, я помнила то страшное отчаяние, которое тогда пережила.

Михаль посмотрела на меня и с усмешкой произнесла: «Ну-ну, значит, в следующий раз, когда придет твоя очередь мыть пол, а ты этого не сделаешь, то сможешь сказать, что вымыла, только в бестелесной ипостаси? А как насчет того, чтобы в следующий раз, когда у тебя не будет тела, отправиться в банк и стереть нашу задолженность? Главное, не рассказывай обо всем этом людям, которые тебя не знают. Я-то тебя все равно люблю, хоть ты немного не в себе. Хорошо еще, что на работе никто не знает».

Михаль всегда находит, над чем посмеяться. Я уверена, что она гораздо умнее большинства людей на планете, просто не очень заостряет на этом внимание. Она не хвастлива и, как правило, держит свое мнение при себе. Только когда ее заставляют высказаться, обнаруживается, что у нее есть свой, особый взгляд на вещи, казавшиеся простыми.

Я тем временем пытаюсь понять, что все это значило. Есть ли смысл у всего того, что со мной происходит? Не являются ли эти «приступы» признаками какого-нибудь нарушения мозговой деятельности? У моего сына эпилепсия, и два моих двоюродных брата тоже ею страдали. Может, это тоже какой-нибудь вид припадка. Но что же мне делать? Обратиться к врачу? Тут я подумала, что странные ощущения, которые я испытываю, – это часть моей нормы. У меня нет панических страхов, нет резких перемен настроения; не страдаю я и от ПМС. Была, правда, подавленность из-за разрыва с Кфиром, но и тогда я не чувствовала, что должна обратиться к врачу и не собиралась принимать какие-либо препараты. С другой стороны, то, что происходит со мной, трудно считать нормой.

Мне, конечно, удобно считать, что есть некая направляющая сила, заставляющая меня испытывать все эти ощущения, и что эти ощущения что-то означают

– пусть даже мне пока непонятно, что именно. Это предпочтительнее, чем считать себя больным человеком, который страдает от приступов, требующих лечения. Но вместе с тем я знаю, что сама решила именно так смотреть на вещи. А еще мне не очень нравится понятие «направляющая сила». Если бы я рассказала обо всем этом своему отцу, преподавателю медицинского факультета в университете, или любому другому врачу – «нормальному» человеку – они непременно захотели бы поставить мне диагноз, чтобы помочь вернуться в норму при помощи какого-нибудь лекарства, которое прекратило бы мои «приступы». Интересно, признали ли бы они это формой эпилепсии? Хотя я, конечно, никогда ни с кем из них не буду об этом говорить.

И все-таки, что означает этот «бестелесный» инцидент? Что мне следует из этого вынести?

Получается, что я могу жить, быть здесь, среди людей, не имея тела, однако они меня при этом замечать не будут. Они не только не видят меня, но и не ощущают моего присутствия. Из-за этого меня охватывает ужасное отчаяние и чувство бессилия. Может быть, именно это происходит с некоторыми умершими, которые не знают, что они уже умерли? Я, например, не знала, что мое тело во время бестелесных перемещений лежит в постели. Как здорово, что у меня было тело, в которое я смогла вернуться! А что происходит с теми, кому некуда возвращаться? А с теми, которые не знают, что уже умерли? Надеюсь, что когда я умру, то буду знать об этом, и мое существование продолжится в иной ипостаси. Индейцы называют это продолжение «голубой путь ветра»; по нему идут те, у кого уже нет тела, а есть только дух. Хочется верить, что умерев, я не стану бестелесно блуждать среди живых, будучи не в силах хоть что-нибудь сделать. Если таковые существуют, если пытаются повлиять на живущих и быть рядом, мне жаль их. Я чувствую, что в мире есть колоссальная энергия любви, радости и света. Мне кажется, что это полная противоположность тому, что у нас было с Кфиром. Во время отношений с ним я испытала мрак, черную силу, стремящуюся поглотить все остальные цвета. Я чувствую существование большого света, хотя никогда не соприкасалась с ним. Не уверена, правда, что готова познакомиться с той самой «направляющей силой», обитающей «по ту сторону».

♌

Перелет

Я проснулась только что. Началось еще одно замечательное утро, полное шумного щебетания. Солнце еще не встало, а мы уже раскричались вовсю. Все мы – в беленьких платьицах, нам уютно и приятно. Взрослые иногда прилетают к нам и заталкивают в наши клювики еду. Они постоянно чем-то заняты, не галдят, как мы. Мы, малышки, болтаем без умолку и все время очень радуемся. Иногда мы расправляем крылышки и стряхиваем капельки росы с наших беленьких платьиц. Мы растем дня ото дня, и день ото дня в нашем гнезде становится все теснее, а наш гомон – все громче. Через несколько часов обычного приятного времяпрепровождения взрослые меняют свое отношение к нам и начинают выталкивать нас из гнезда! Зачем они это делают? Я не могу этого понять, но через некоторое время они улетают – видимо, чтобы снова принести нам еды. Не знаю, чего они от меня хотели, но вскоре перестаю беспокоиться об этом и возвращаюсь к приятному занятию – галдежу вместе с такими же малышками, как и я сама.

Но вот взрослые вернулись и снова начинают выталкивать нас. Чего же им надо? Я видела, как моя сестричка все-таки выпала из гнезда в результате их действий. Она стала падать вниз, но расправила свои маленькие крылышки и не без труда сумела присесть на нижнюю ветку дерева. Я сразу перестала шуметь. Было страшно. Страшно даже смотреть на нее. Взрослые снова улетели – полегчало. Но вдруг стало тихо и немного грустно – большинство малышек перестали шуметь. Вернулись взрослые и на этот раз вытолкнули меня. Я очень стараюсь не упасть, мои крылышки расправлены, и я хлопаю ими изо всех сил. Еще выше, еще дальше – иначе упаду и разобьюсь. Удалось сесть на ветку. До гнезда довольно далеко. Как же я напугана! Сердце стучит так сильно, что я даже не слышу, как радуются взрослые – радуются моему успеху. Стук сердца отдается в ушах. Плечам легче – уже не надо так сильно расправлять крылья в обе стороны. Еще немного – и я успокаиваюсь.

Что же теперь делать? Я далеко от гнезда, как мне туда вернуться? «Не возвращаться!» – слышу я от взрослых. Они не галдят, как маленькие, и все, что они сообщают, отчетливо слышно. Свои сообщения они передают нам посредством «трансляций». Эти трансляции я улавливаю позвоночником. Звуки, издаваемые моими сестричками, я слышу, а вот сообщения взрослых доходят через позвоночник. Они командуют, и я сразу получаю соответствующую «трансляцию». Команда, которая пришла только что, гласит: «Возвращение запрещено». Вместе с тем они не оставляют нас на произвол судьбы и иногда подкармливают.

«Теперь, – говорю я себе, – когда я немного успокоилась, нужно перелететь на другую ветку». Но сделать это страшно: что если я не смогу как следует расправить крылья? А еще это больно, очень! Но выбора нет. Подоспевшая «трансляция» от взрослых отдается эхом в позвоночнике, и я должна повиноваться. Я вижу, как моя сестричка перестает держаться за ветку и несколько секунда падает, но затем, расправив крылья, все-таки оказывается на следующей ветке. Может, и у меня получится? Надо попробовать.

Страх велик, но команда взрослых требует действий. Мои лапки отпускают ветку, и я тоже падаю, но расправляю крылья и останавливаю падение. Все мои силы уходят на махание крыльями, так что я даже забываю посмотреть, где ветка, на которую мне нужно сесть. А вот и она, прямо передо мной. Я направляюсь к ней и хватаюсь за нее своими маленькими лапками. Все, крыльям можно отдохнуть, слава Богу. Оказывается, летать мне трудно и больно. Теперь нам уже не до галдежа. Нам страшно и больно – ведь мы еще совсем маленькие. Неприятная ситуация, сразу успокоиться не удается. Но только-только успокоившись, чувствую позвоночником новую команду: «Еще раз!» Может, хватит? Может, больше не нужно? Никакие отговорки не помогают. «Еще раз, еще раз!» Но мне же больно! Снова я вижу, как моя сестричка делает то, что ей «сказали». Ладно, значит, и я могу. Снова отпускаю ветку, снова изо всех силу машу крылышками, которые переносят меня на следующую ветку. Всякий раз, когда я взлетаю, они болят все меньше и меньше. Всякий раз, когда я достигаю следующей ветки, сердце колотится не так сильно, как раньше. Когда уже вечер? Эта новая игра мне совсем не по душе. Я хочу вернуться в гнездо и весело щебетать, как раньше, со своими сестричками. Но запрет на возвращение не отменен, я по-прежнему ощущаю его позвоночником. Еще несколько упражнений – и наконец-то наступает вечер. Мы, малышки, собираемся вместе на одной ветке. Как и прежде, нам хочется быть вместе, прикасаться друг к дружке. Никто не щебечет. У нас нет сил, и хочется спать. Только спать и забыть обо всем этом.

В учебе проходят еще несколько дней. Мы уже умеем ловить насекомых. Они довольно вкусные, так что это занятие мне как раз нравится. Постепенно я привыкаю к упражнениям и даже начинаю получать от них удовольствие. Все прекрасно, пока не наступает следующий этап...

Взрослые отдают новую команду: «Летите до того места – и обратно!» Теперь уже нельзя перелетать с ветки на ветку. Я смотрю на «то место» и ужасаюсь: это ведь так далеко, да и лететь надо над полем! Очень страшно, очень далеко и вообще невозможно. За рощей, в которой я родилась, есть большое поле. На краю поля стоит строение, кажется, церковь. Туда и надо лететь. «Туда и обратно!» – страшно отдается в позвоночнике. «Невозможно! Не могу!» – упрямлюсь я. Но команда подталкивает меня к действию, хоть я и сопротивляюсь. В конце концов, я вижу, как моя сестричка начинает движение к далекой цели, и понимаю, что выбора нет – надо подчиниться и выполнить задание. Сейчас успокоюсь, вдохну поглубже. Если она в силах сделать это, тогда, наверное, смогу и я? Но мне все же не верится. Я не решусь! Спокойно, спокойно. Неподвижно и молча сижу на ветке. Но вот я вижу, что сестричка уже над полем, и пускаюсь в полет. Лечу и пытаюсь смотреть только на нее, а не на далекую цель. «Я всего лишь следую за ней, а не лечу туда, – говорю я себе, – еще немного, еще чуть-чуть – и я ее догоню». Но она прилетает первой, находит место, чтобы сесть, а потом подлетаю и я. Стараюсь восстановить дыхание и не верю, что я так далеко от дома, от родных высоких деревьев. Через несколько минут отдыха во мне звучит вторая часть команды: «И обратно»! Сестричка отправляется в обратный путь, я – следом. Теперь я уже верю, что, видимо, сумею добраться домой. И вот мы на месте. Садимся на ветку, хочется только спать. Закрыть глаза и забыть. Ужасно болят плечи. Как приятно сложить крылышки, прижать их к телу и согреться.

Надвигается вечер. Все мои сестры уже вернулись. Взрослые стали как-то напряжены. Вообще, с каждым днем они все тише и все больше напряжены, все больше уходят в себя. Это напряжение угнетает. Я предпочитаю не находиться рядом с ними. Время от времени я слышу, как они говорят о «большой воде» и о том, что скоро наступит время. Я не понимаю и не спрашиваю. Маленькие ни о чем не спрашивают, они только слушают и подчиняются, а сейчас я хочу только спать. Я очень горда собой. Чувство гордости распространяется по всему моему тельцу. Вот не верила, что долечу до далекой церкви, а все-таки долетела, да еще и вернулась обратно. Может быть, я сильнее, чем мне кажется? Пожалуй, я подумаю об этом завтра и попробую выполнять команды, не сопротивляясь так сильно. Пока что я ни разу не потерпела неудачу, так почему же я всякий раз думаю, что не справлюсь? Большие мысли у такого маленького создания. Все, расслабиться, отдыхать, спать! Утро настает слишком быстро. А потом сразу завтрак – пока что нет ничего важнее, чем еда.

Дни идут за днями, и от взрослых не поступает никаких новых указаний. Они говорят нам только «Есть, есть, есть!» Мы сами себе находим пропитание, хотя иногда нас подкармливают. Вернулись беззаботные дни, однако взрослые не дают нам щебетать, как раньше. «Еда, еда, еда!» – только и слышим мы от них. Они совсем притихли, и только иногда мы ощущаем послания, которыми они обмениваются: «Большая вода. Скоро наступит время». Всякий раз, когда я слышу эти слова, которые они произносят с ужасом, мне становится не по себе, но я не зацикливаюсь на этом. Они постоянно заставляют нас есть и сами не отстают. Мне приходится есть, даже когда я не голодна.

Вот уже несколько раз я слетала к церкви и обратно, получив команду. Не жаловалась и не боялась. А сейчас никаких других команд, кроме как поесть, не поступает. Видимо, остальные мои навыки вполне удовлетворяют их – я показала, на что способна. Моим сестрам по-прежнему приходится летать к церкви и обратно, однако меня оставили в покое – только заставляют побольше есть.

Наконец-то это произошло. Я проснулась и не услышала никаких звуков – кругом гробовая тишина. В воздухе ощущалось напряжение. Я перепугалась: эта тишина была так неестественна! Вся наша стая собралась вместе, никого не забыли. Мы отправляемся в далекое путешествие. Поднимаемся вверх и делимся на группы. В нашей группе, кроме меня, еще только двое маленьких. Мое место в клине – с правого края, предпоследняя. С левого края, третьей с конца, летит моя сестричка – та самая, благодаря которой я отважилась лететь из гнезда к церкви. Я чувствую облегчение, оттого что могу лететь, видя ее перед собой слева. Интересно, они расположили нас так специально? Растет напряженность. Еще один из птенцов оказался с моего края, третий спереди. Я рада, что вижу его не очень хорошо – у него плохой характер, и он не раз задирал нас, когда взрослые не видели. Напряженность влияет на меня, и я чувствую, что настроение мое портится. Я смотрю на сестричку слева – так хочется с ней пощебетать! Мне бы это очень помогло. Я набираюсь смелости и издаю короткий писк, который нарушает нависшую над нами тишину, и сразу получаю от вожака ответную «трансляцию»: «Во время перелета не общаться!» Эта четкая и агрессивная команда заставляет все мои перышки трепетать от страха. Я сразу же замолкаю и, конечно же, не позволю себе больше никакого щебетания. Очень неприятно получать такие команды от вожака.

Я решаю смотреть вниз и наблюдать за пейзажем, который раскрывается под нами. Проплывают поля, леса, замки, деревни. Я вспоминаю, как мне было страшно лететь в первый раз через поле. А сейчас мы летим так высоко, что все внизу кажется маленьким и совсем не угрожающим. Перед нами – горный хребет. Интересно, а что позади него? Наш клин поднимается еще выше – видимо, для того, чтобы перелететь через горы. Чем выше мы поднимается, тем сложнее мне думать. Кажется, будто все это – часть сна, который привиделся не мне. Трудно объяснить, как это – «сложно думать». Но еще труднее объяснить, почему я не могу отклониться от той позиции, которую мне определили в клине. Я лечу с правого края, второй с конца, и ничто не в состоянии меня оттуда сдвинуть. Я будто прикреплена к этому месту, как фишка в игре, которую дети ставят в специально отведенное ей углубление, и никакое движение в сторону невозможно. Мне просто ни о чем не нужно думать. Взмахи крыльями я делаю машинально. Мое местоположение в клине постоянно. Чем выше мы летим, тем меньше у меня мыслей, которые раньше постоянно возникали у меня в голове. Мы перелетаем через хребет – мы намного выше него. Пейзаж внизу так далек, что никакого значения не имеет.

На самом деле, не имеет значения ничего, кроме машинальных взмахов крыльями. Мы летим в полной тишине. Наш клин снова снижается, и чем мы ниже, тем интенсивнее роятся в моей голове мысли. Я снова начинаю рассматривать пейзаж, и мне он нравится – такой красивый! Интересно, когда мы доберемся до «большой воды». Внизу проплывают зеленые луга, озера и реки. В поверхности водной глади отражаются лучи солнца, выходящего из-за облаков. Мне нравится, что мы снизились — так много красивых мест! А вдалеке завиднелся тем временем еще один горный хребет. Мы приближаемся к нему. Может быть, «большая вода» позади него? Наверняка наш клин снова поднимется выше, чтобы перелететь через него.

Но вдруг происходит нечто, совершенно не связанное со всем происходящим, нечто, что просто не может происходить — уж, во всяком случае, не во время перелета, не тогда, когда я совершенно не могу покинуть свое место в правом ряду клина, а именно: мой сын пришел домой. Он вернулся из бассейна. Мои крылья расправлены, я лечу с остальными по направлению к «большой воде», а мой сын пытается попасть домой, но не может открыть дверь. Я вижу проплывающий под нами пейзаж, а еще я вижу своего сына у входной двери. На нем красные шорты и желтая майка. Это крепкий и прекрасно сложенный девятилетний мальчик, тем не менее входную дверь он открыть никак не может. Я со страхом смотрю на своих товарищей по клину, но они ничего не чувствуют и не видят того, что вижу я. А я уже не могу взмахнуть крыльями и не могу помочь моему мальчику...

Что же теперь делать? Я не могу продолжать перелет, когда мой сын стоит за дверью. Мне нужно начать двигаться и покинуть формацию, но я не могу: меня будто привинтили. Одновременно с этим я вижу своего сына, который в расстроенных чувствах садится на ступеньку. У меня должно получиться. Я напрягаюсь так, что чувствую, как разрываюсь. Сломаны крылья, тело рассыпалось на кусочки от страшного усилия оставить свой клин и помочь сыну. Я уже не вижу под собой пейзажа, как, впрочем, не вижу я ничего другого, а только слышу, как мой сын снова и снова пытается открыть дверь. Как хорошо, что я лежу на матраце на полу. Я стаскиваю себя с него, ничего не видя. Ног нет, а есть только крылья, которыми я пытаюсь воспользоваться, чтобы передвигаться по полу, волоча тело вперед. Я почти у двери, еще одно маленькое усилие!

Усилие, на самом деле, огромное. Я доползаю, но дверная ручка расположена слишком высоко. Как же мне добраться до нее? Я карабкаюсь по двери, опираясь на нее крыльями. Левым локтем мне удается нажать на ручку. Дверь приоткрывается, и я валюсь на пол. На глазах у меня слезы, все тело болит из-за страшных усилий. Чувствую себя совершенно ослабленной. Янив входит в квартиру, видит меня на полу и ложится рядом. Я обнимаю его, тепло его тела постепенно отогревает мое крыло, и оно превращается в руку – обычную руку с суставами, ладонью и пальцами. Чувствую облегчение. Вздыхаю и обнимаю своего мальчика. Какое счастье, что мне не нужно сейчас лететь птицей в теплые края. Янив помогает мне подняться и лечь на кровать. Вместе мы как следует укрываемся одеялом. На дворе – середина лета, но у меня всегда наготове пуховое одеяло – на случай, если придется отогреваться после какого-нибудь путешествия в иное измерение. Как хорошо, что я во всеоружии. Янив встает, заботливо укрывает меня и идет играть в компьютерные игры, предварительно принеся мне стакан воды. Я пью и успокаиваюсь. Пытаюсь согреться и вернуться к себе самой, к своим рукам и ногам. Я вспоминаю упражнение, которому научила меня моя двоюродная сестра Рона, – упражнение, которое помогает прийти в себя, возвратиться в свое измерение. Нужно сгибать и разгибать пальцы ног, затем сомкнуть ладони в кулаки и обратно. Повторить несколько раз. Понемногу мне становится теплее, и руки функционируют снова. Тем временем я снова думаю о колоссальном усилии, которое мне пришлось совершить.

С Ципи мы дружим с седьмого класса. Ципи и Моше поженились незадолго до моей свадьбы с Матаном. Они остались моими друзьями на протяжении всех этих лет, и я их очень люблю. Мы с Моше часто спорим, но Ципи на каком-то этапе просто обрывает эти споры, так как они совершенно бесплодны. Полгода назад Моше решил посетить филиал движения Хабад[1], и Ципи страшно испугалась. «Он станет религиозным, – сказала она, – и нам придет конец».

Я предложила ей подтолкнуть его к изучению Каббалы, аргументировав это тем, что тот, кто изучает Каббалу, не всегда обращается к религии.

Финансовые дела Ципи и Моше обстояли не очень хорошо. И вот, погрузив в большой таз для стирки все тома книги «Зоар», стоявшие без дела на моей книжной полке, я отправилась к ним. Ципи согласилась принять книги скрепя сердце. Однако сегодня можно сказать, что они избежали опасности «религиозного опиума»;

---

[1] Религиозное движение в иудаизме, относится к хасидизму.

Моше активно изучает Каббалу, и мы с ним по-прежнему устраиваем дискуссии.

Вспоминаю, что как раз на прошлой неделе у нас с Моше возник спор. Я заявила, что не чувствую ответственности ни за что. Я никому ничего не должна. Моше решил, что это неправильно и что на меня возлагается большая ответственность, а я ответила, что он не понимает, чтó я чувствую, когда говорю, что не несу никакой ответственности ни за что. Да, я трудоустроена – у меня даже постоянная работа. Да, я мать, это верно, но это все равно не означает, что я ответственна за что бы то ни было! С работы я могу уйти, когда мне заблагорассудится. Я снимаю квартиру и могу съехать с нее, если захочу. В какой-то мере я ответственна за сына, но это временно, так как у него свой жизненный путь, и однажды он окажется только в своем собственном распоряжении. На сегодняшний день он при мне, и куда бы я ни пошла, он будет со мной. Так что не очень уж это и ответственность, а скорей некое агрегатное состояние. Эдакий независимый концерн «мать и сын» без какой-либо ответственности!

Моше спорил до тех пор, пока не отчаялся меня переубедить. Нет смысла спорить с человеком столь упрямым, самоуверенным и глухим к чужим доводам.

Сейчас я думаю, что понимаю, что он имел в виду, и от этого понимания у меня болит все тело. Я понимаю, что такое ответственность, испробовав на себе перелет; что такое ответственность матери по отношению к ребенку, который пришел домой из бассейна и не может открыть дверь. Все мое тело разрывалось, тем не менее добраться до двери и впустить его – ответственность высшего порядка. Выдернуть себя из косяка собратьев и доползти до порога со сломанным крылом. Тело болит, а я улыбаюсь – что за неразбериха! Уж на что я упряма, а все же «направляющая сила», которая иногда берет бразды правления в свои «руки», упрямей меня и заставляет переживать разные ощущения, чтобы научить меня. Сейчас эта сила показала мне, что такое ответственность, что такое упорство и сколь мощным может быть коллективное усилие. Я не хотела быть в коллективе и с пеной у рта доказывала Моше, что не ответственна ни за что. Я не принадлежу своим родителям, своему спутнику жизни, даже своему народу – ведь иудаизм допускает дискриминацию женщин, так что только они меня и видели.

То, что я еврейка не имеет никакого значения. Чистая случайность. А сын принадлежит мне временно, и продлится это лишь до тех пор, пока он не начнет принадлежать самому себе.

Чувствую себя так, будто разрываюсь на куски из-за совершённых усилий. Видимо, тот, кто не понимает по-хорошему, должен получить свой урок через боль. Все тело болит...

И тут я поняла, что мне нужно делать. Обнаружив, что у меня есть ноги, вполне послушные мне, я отправилась в ванную, наполнила ванну горячей водой и добавила туда приятного эфирного масла. Ванная комната, выложенная коричневой плиткой, напоминает пещеру. Я окунулась в горячую воду, как в источник, скрытый от глаз в темной пещере. Свет я не включала. Ополоснула лицо. Как здорово снова стать самой собой! Ответственность больше меня не пугает. Видимо, я могу больше, чем от себя ожидаю, и я сильнее, чем кажется. Может быть, это благодаря сыну, а может – благодаря мне самой. Когда я была рядом со своими сестричками в белых платьицах, взрослые неотступно требовали реализовывать весь скрытый в нас потенциал, а мы ведь даже не знали, какими способностями обладаем. Я не знала, что смогу не упасть и не разбиться о землю, что смогу долететь до церкви и обратно, и, наконец, что смогу обязать себя отправиться в теплые края, однако все это произошло, и эту ответственность я чувствовала позвоночником. А теперь я погрузилась в горячую воду, и ощутила, как по позвоночнику проходит теплой, ласкающей волной удовольствие.

Приятно. Я вспоминаю, как отдавались в позвоночнике команды взрослых, и вдруг понимаю, что теперь я сама взрослая и сама теперь «транслирую» команды. Может, мне следует помочь сыну реализовать скрытый в нем потенциал? Какая ответственность! Сумею ли я? Не знаю, но это не значит, что я не буду стараться. Надеюсь, что у меня получится, хотя это совсем не просто. Он тот еще упрямец, мой сын. Я думаю, что этот подход прямо противоположен тому, который практиковал мой отец. Он перенес тяготы Второй мировой, а его отец, мой дед, был заключенным трудового лагеря в нацистской Германии, Моя бабушка работала портнихой у немцев, и они давали ей немного еды. Эту еду она приносила своим детям, с которыми ютилась в жалкой лачуге. Мой отец всегда боролся за свое выживание, и я существую благодаря ему, благодаря этой борьбе. Однако он никогда не заставлял нас, своих дочерей, напрягаться, чтобы мы смогли чего-то добиться. «Делайте то, что вам приятно», – говорил он нам. Когда я жила у родственников в городке Раанана, в то время как мои родители жили в Швейцарии, в тамошней школе меня определили в группу с самым низким уровнем изучения математики[1]. Когда отец приехал из Швейцарии в Иерусалим на конференцию, он, конечно же, навестил меня у родственников. Зашел он и в школу – поговорить с классной руководительницей. Та рассказала ему, что я хромаю по математике. Он поинтересовался, каковы мои знания относительно знаний других детей в группе. Учительница ответила, что я «где-то посередине». Отец был доволен и не увидел в этом проблемы. «Если она 'где-то посередине', значит, уровень этой группы ей подходит. А классная руководительница была поражена тем, насколько не обеспокоен мой отец – университетский профессор – «средними» знаниями своей дочери по математике.

Отец всегда нас поддерживал, но никогда ничего от нас не ожидал и не направлял нас к цели. Он предпочитал не вмешиваться хотя бы потому, чтобы мы, не дай Бог, не выбрали неправильную дорогу вследствие его совета. Все должно исходить от нас самих – мы сами решаем, что для нас правильно. Так что же правильнее: получить от родителей «вольницу» или наставление? Как ответить

---

[1] В израильских школах классы иногда подразделяются на группы, в которых обучение тех или иных предметов ведется на разных уровнях сложности.

на такой вопрос? Существует ли вообще понятие «более правильно»? Если я получила в детстве свободу, следует ли мне воспитывать своего ребенка путем наставлений, как делали взрослые в стае? Или может, ему нужно дать такую же свободу, какую я получила от своего отца, – чтобы выбор был всегда за ним?

♌

Учеба

Директор компании, в которой я работала, попросил меня организовать корпоративный вечер и пригласить лектора. Я ответила, что если он доверяет это мне, то лекция будет на ту тему, которая интересует меня, в то время как физики, инженеры и программисты компании могут оказаться к ней равнодушны. Я позвонила в магазин эзотерики в Тель-Авиве и заказала лекцию на тему «Аура человека».

Было очень интересно смотреть на четыре десятка специалистов по высоким технологиям, сидящих полукругом и недоуменно взирающих на женщину, с энтузиазмом призывающую их хорошенько сконцентрироваться, чтобы увидеть ауру у нее над головой. Иногда они бросали на меня непонимающие взгляды, будто спрашивая: «Это еще что такое?» Но они были людьми вежливыми и уважали меня и директора, который, кстати, сидел тут же и делал то, о чем его просила наша духовная наставница на сегодняшний вечер. Никто и не подумал жаловаться. Меня их вид очень забавлял, однако я старалась, как могла, сохранять каменное лицо.

Сначала говорила только наша гостья, однако на какомто этапе она почувствовала, что так дальше продолжаться не может, и раздала всем индейские карты. Каждый получил по карте с изображением животного, а в придачу – толкование, связанное с этим животным. Люди оживились, стали называть друг друга соответственно полученным картам. Директор получил карту с бабочкой и сразу стал задавать вопросы: «Что это значит? Я что, бабочка?» Лектор объяснила, что бабочка символизирует постоянное изменение, так как жизнь бабочки на каждом следующем этапе выглядит совершенно иначе, по сравнению с предыдущим.

Вопреки опасениям, вечер удался. Под конец я поинтересовалась у нашей гостьи, как мне изучить «индейскую мистику». Мы договорились, что я буду посещать уроки, которые она будет проводить вместе со своим спутником жизни (эту пару я решила для себя обозначить буквами М. и Д.) В течение двух уикендов я изучала животных, изображенных на картах, и индейскую цветовую палитру. К концу курса я вдруг будто вспыхнула. От охватившего меня жара мне захотелось разорвать на себе всю одежду. Я задыхалась. Д. заметил, что со мной что-то происходит. «Я горю», – сказала я ему. Он прикоснулся ко мне и сразу почувствовал, что это правда. «Перейдите, пожалуйста, в центр комнаты, – попросил он меня, – а мы встанем вокруг Вас. Протяните к нам руки, чтобы мы могли получать текущую сквозь Вас энергию». Однако это не помогло – я продолжала гореть. М. присела рядом со мной и попросила, чтобы я протянула руки к ней, а именно – к ее лбу. «Я хочу поехать в США на учебу, – объяснила она, – но у меня нет достаточного количества денег. Может быть, если я получу Вашу энергию, то они появятся». Я не очень поняла, что она имела в виду, а только хотела избавиться от постигшей меня напасти и протянула руки к ее лбу. После этого она сняла ленточку, которая была повязана вокруг ее головы, и все увидели у нее на лбу четкую светлую полоску, будто мои руки были солнцем, а она загорела. Это заняло почти час, и я обессилела. Никто в группе не объяснил мне, что это, видимо «посвящение». Только через несколько лет мне довелось узнать об этом понятии больше. В частности, я прочитала, что человека можно энергетически настроить, направив энергию из высшей сферы в любой духовный канал. А когда я стала самостоятельно работать с индейскими цветовыми палитрами, которые сделала для подруг, М. усмотрела в этом измену и разозлилась, после чего мы отдалились друг от друга. Как много энергии у этой женщины! Я обычно слишком ленива, чтобы злиться на кого-нибудь.

Я же продолжала учиться по книгам, которые купила. Главным образом, мне хотелось найти объяснение тем явлениям, которые со мной происходят. В одном из книжных магазинов продавщица рассказала мне об индейском гуру, который должен вот-вот приехать из США, и посоветовала принять участие в тренинге, который он проведет у спокойных берегов Мертвого моря. Я отправилась туда на уикенд. В группе было тридцать человек, съехавшихся со всего Израиля. Мы сидели в открытой бедуинской палатке, разбитой посреди пустыни на холме, откуда открывался вид на Мертвое море. М. и Д. тоже приехали. Насколько я заметила, ни одного из их учеников здесь не было, хотя они постоянно ведут уроки в больших группах. Индейский гуру по имени Хаймийостс Сторм попросил, чтобы каждый из присутствующих посвятил весь семинар одной из четырех сторон света. В течение всех церемоний, которые он проводил, мы не должны были никому рассказывать, что выбрали. Я не знала, какую из сторон выбрать, колебалась, правда, только между югом и западом. Я знала, что восток олицетворяет озарение, а север – изобилие, однако юг и запад привлекали меня больше. Во время одного из перерывов я заглянула в «освященный уголок», где были расставлены индейские барабаны – по одному на каждую сторону света. Я поняла, что барабаны помогут мне сделать выбор. Я ударила в «южный» барабан, затем – в «западный». Запад сразу же меня покорил. Я почувствовала, будто полностью поглощена звуком барабана, представляющего запад. Итак, решение принято. Хотя я знала, что запад олицетворяет смерть, выбор был сделан в его пользу.

По окончании семинара Сторм попросил, чтобы каждый стал согласно выбранной стороне света. Оказалось, что я была единственной, кто выбрал запад. М. и Д., не колеблясь, заняли позиции в «северной» группе – ясное дело. Теперь понятно, почему в течение всего этого уикенда у меня такие головные боли, хотя обычно у меня их не бывает. Мне нужно было самостоятельно удерживать энергию для всей «западной» группы. А теперь никто ко мне не присоединился.

Домой я вернулась совершенно обессилевшей. Ехала сама, в темноте, надеясь, что мой потрепанный автомобильчик не застрянет посреди дороги. Ведя машину, я то и дело посматривала на обожженную землю пустыни и кричала во весь голос: «Ахима!» На одном из индейских языков это означало «мать-земля», и мне очень нравилось громкое звучание этого слова. «Ахима! Ахима!» Это очень раскрепощало.

Когда я наконец-то вернулась домой, то чувствовала себя, как выжатый лимон. Присев к столу, услышала телефонный звонок: звонила подруга. Она стала упрашивать меня отправиться с ней на лекцию, которая должна была состояться в кибуце Наан неподалеку от Реховота. Из слов подруги я поняла лишь, что лекция «для начинающих», но, даже не зная, о чем именно там будут рассказывать, ответила, что у нее нет никаких шансов сдвинуть меня с места этим вечером. Она давила, уговаривала, умоляла, и тогда я спросила – просто так, чтобы выиграть время, – о чем, собственно, лекция. «О технике целительства BAT[1]». Во время разговора я небрежно выводила что-то на бумаге, записала я и ее слова. Буквы BAT смотрели на меня с листа, и я поняла, что выбора у меня нет – я просто должна оторвать себя от стула и отправиться на эту лекцию. Дело в том, что летучая мышь[2] – то самое животное, которое, согласно

---

[1] Body Alignment Technique
[2] Одно из значений слова *bat* в английском языке

индейской карте, ассоциировалось с западом, которому я себя посвятила. Не я ли кричала матери-земле, чтобы она указала мне путь? Вот она и указала мне путь – на лекцию, узнать о технике целительства, название которой, «летучая мышь», соответствует моему «западному» животному. И вот я на лекции. Меня сразу очаровало то, что наша наставница, Шанти Робинзон, пользовалась маятником для демонстрации техники, и ее совсем не заботило, что могут сказать об этом двадцать присутствовавших здесь людей.

Один из них улегся на кушетку, и Шанти начала показывать на нем, что представляет собой техника ВАТ. Она была так непринужденна и мила, что казалось, будто все это происходит в каком-то другом измерении. Я сказала себе, что овладею этой техникой. Человек, который ее изобрел, Джефф Левин, приедет в Израиль через несколько месяцев. Это время я решила посвятить изучению рэйки у той же Шанти. Между рэйки и ВАТ нет никакой связи, но пока Джефф Левин не приехал, мне захотелось узнать, что же вообще представляет собой целительство.

До сих пор я никогда никого не лечила. Мне доводилось, главным образом, гадать на картах и давать людям соответствующие советы. Однако во время этого занятия между мной и «пациентом» всегда есть стол. Шанти же очень непринужденно занималась человеком, лежащим перед ней. Для меня такой подход был в новинку – видимо, и этому требуется учиться.

По прошествии некоторого времени Джефф Левин стал моим учителем. Он остается единственным человеком, которого я, не колеблясь, могу так называть – «мой учитель». Ну, не считая, конечно, моей учительницы в старших классах, с которой я до сих пор поддерживаю близкие отношения.

Классная руководительница моего сына вызвала меня в школу, в которую он недавно перешел. «Мальчик не может вписаться в коллектив, – сказала она, – и часто прибегает к силе. Недавно он сильно ткнул одного из детей острым карандашом». Учительница говорила холодным и осуждающим тоном. Я несколько раз приезжала в школу во время переменок, чтобы посмотреть на то, что там происходит. Оказалось, что к насилию склонны многие дети. А ведь такого не было в предыдущей школе, в которую ходил мой сын. Мы живем теперь в хорошем районе, а в школе, как выясняется, так много драк. Более того, это совсем не интересует учителей, которые, вместо того чтобы следить за порядком на переменках, предпочитают ни во что не вмешиваться. Во время беседы я ничего не ответила учительнице, однако поняла одно: мой мальчик в этой школе учиться не будет. Я зарегистрировалась по адресу своей мамы и записала сына в ту школу, в которую когда-то ходила сама. Может быть, там ситуация лучше? У моего сына кожа темнее, чем у большинства детей в классе. Мой бывший муж – сын выходцев из Ирака, а во мне смешалась кровь румынских и йеменских евреев. Я получилась светлее, чем мои сестры, но мой сын цветом кожи больше пошел в отца.

Конечно, никто не скажет, что он стал изгоем в классе только из-за этого, но мне не нужны ни объяснения, ни конфликты. Меня интересуют только решения. Поэтому, не дожидаясь окончания учебного года, я перевела Янива в школу им. Вейцмана рядом с домом своей матери, в ту самую, в которой когда-то училась сама.

Директор этой школы взглянула на табель моего сына, прочитала отчет о его поведении и сказала мне, что возьмет его на испытательный срок. Если он будет давать волю рукам, то она исключит его и будет рекомендовать соответствующим инстанциям зачислить его в особую школу.

На входе в школу был живой уголок. В одной из клеток жили два кролика, один белый, другой черный. По соседству находились хомячки и другие грызуны. В школе были кружки музыки и хорового пения. И мой сын отлично вписался в новый коллектив. Он полюбил животных, ему нравилось ухаживать за ними. В его классе, да и во всей школе было много смуглых детей, поэтому он не выделялся.

В один из дней, когда я привезла моего мальчика в школу, меня подозвала директор. Я испугалась и попыталась избежать разговора, но она догнала меня и сообщила, что должна поговорить со мной. Внутри у меня все сжалось от волнения. Однако все обошлось. «У Вас замечательный сын, – сказала она мне, – я просто влюблена в него, давно хотела Вам признаться. Он один из лучших детей в школе, и я очень рада, что он к нам попал». На глазах у меня выступили слезы, я с трудом могла говорить. Я поблагодарила ее, хотя мне хотелось ее расцеловать. Слезы лились у меня из глаз несколько часов после этого признания. Наконец-то, я плакала, плакала, не сдерживаясь. В прошлом году у моего сына произошел эпилептический припадок, самый тяжелый из всех. После этого он в течение семидесяти двух часов не мог толком выровняться, не мог полностью закрыть рот и разговаривал так, будто у него легкая умственная отсталость. В больнице врачи сказали мне, что таким он может остаться навсегда. Но кто разберется в хитросплетениях человеческого мозга! Они даже не знают, чего ожидать. Этот кошмар наконец-то кончился, но Янив забыл многое из того, что выучил в школе. Он вдруг не сумел читать и считать и даже перестал понимать материал, а ведь по математике он был отличником. В конце третьего класса нам пришлось учиться всему заново. Учился он быстро и скоро почти нагнал сверстников. Я была очень благодарна тем силам, которые помогли уберечь нас с ним от бо́льших несчастий. Слава Богу, что он забыл «всего лишь» школьный материал. А что было бы, если бы он забыл меня? Или забыл, как ходить? Любые приобретенные знания могут быть потеряны вследствие эпилептического припадка. По мне, если и суждено ему что-нибудь забыть, так пусть это будет школьный материал.

Мы с сестрой продолжали жить вместе в северной части Реховота, и каждое утро я подвозила сына в школу, которая находилась в западной части города. Оно того стоило – школа была отличная. В коридоре на стенах

весели фотографии школьных выпусков прошлых лет.
Нашлись там и фотографии моих сестер – я показала
их Яниву. Мой выпуск был еще раньше, и фотографии
моего класса мы не нашли ни в одном коридоре.

Во время нашей совместной жизни с Михаль та была
в постоянном поиске «того самого мужчины». Больше
месяца ее отношения ни с кем из них не длились. «Все
они скучные», – говорила она. Я же снова сошлась с
начальником инженерного отдела. Мы проводили с ним
одну ночь в номере роскошной гостиницы, когда он
приезжал в Израиль.

Сестра наконец-то встретила мужчину, с которым
встречалась уже два месяца. Парень переехал к нам. Я же
сказала себе, что мой сын, пока не повзрослеет, не увидит
меня больше ни с одним мужчиной. Травм, которые мы
пережили, хватит на всю оставшуюся жизнь, а ведь сын
– это самое главное, что у меня есть в жизни. На работе
я познакомилась с женщиной, которая вышла замуж во
второй раз. У нее двое детей, мальчик и девочка. Так вот,
мальчик сразу стал скатываться по наклонной плоскости,
пристрастился к наркотикам. В конце концов, у него
возникло тяжелое психическое расстройство. Так что мне
кажется, что мальчики более хрупки, чем девочки. Как
бы то ни было, больше я не буду стараться добиваться
«присутствия мужчины в доме».

Когда парень Михаль «продержался» больше месяца,
с тех пор как переехал к нам, я почувствовала, что нужно
попытаться дать их отношениям окрепнуть. Поэтому я
решила переехать с сыном в западную часть Реховота,

поближе к его школе и к маме. Я нашла квартиру на съем в хорошем районе, и в субботу мы с хозяином квартиры отправились ее смотреть. Жившие там люди должны были скоро съехать.

Я надела длинный черный плащ и намотала вокруг шеи изящный шелковый шарф. Выглядела я очень солидно. Дверь нам открыл молодой парень, и я быстро осмотрела квартиру – гостиную, ванную, кухню и еще одну из комнат. Показать последнюю парень не смог, так как в тот момент там спала его жена. Я спросила его, смогут ли они продать мне шкаф, и он дал мне номер своего телефона, предложив позвонить и договориться, что из мебели я у них куплю.

Я сразу договорилась об аренде, хотя до выезда нынешних жильцов оставалось еще полтора месяца. Когда я позвонила, чтобы договориться о продаже мебели, парень, который показывал мне квартиру, предложил мне прийти еще раз, чтобы я могла спокойно осмотреть всю мебель и выбрать то, что меня интересует. Когда я снова пришла туда, он был в обтягивающей футболке и таких же обтягивающих брюках. На вид ему можно было дать года 24; он был загорелый и мускулистый, с черными гладкими волосами и бирюзовыми глазами. Я с трудом могла сосредоточиться на том, что он говорил, и пыталась реагировать, как реагируют нормальные люди (а не те, у кого зашкаливают гормоны). Вдруг он сказал: «Можно тебя соблазнить?»

Он сказал это вежливо и спокойно, но поскольку я ничего не смогла ответить, он воспринял это как положительный ответ и стал касаться меня языком, нежно покусывая, будто пробуя. «Не волнуйся, – сказал он мне между прикосновениями, – жена уже в Австралии, мы здесь одни». Через несколько секунд на мне из одежды не осталось ничего. Это был профессионал. В постели он делал со мной то, что ему нравилось, и я обнаружила, что это возбуждает меня больше всего. Все мужчины, которые пытаются выяснить, приятно ли мне, и стараются добиться этого во что бы то ни стало, только портят удовольствие. Этот же не проверял, как я себя чувствую, а просто ловил кайф, и это было умопомрачительно. Каждый квадратный сантиметр его тела занимался любовью с моим. Я полностью отдалась его наслаждению и вскоре достигла невероятных высот. Просто не хотелось возвращаться на нашу грешную землю. Я чувствовала себя перышком, которое, казалось, никогда не приземлится – настолько легким оно было. Ни о каких мерах предосторожности я и думала, так как мозг, которым обычно это делают, весь, похоже, улетучился. Мне казалось, что прошли долгие часы, хотя на самом деле, я потеряла счет времени, его просто не существовало.

Потом мы заговорили. У меня было много вопросов, и он ответил на все.

– Работаю оператором тяжелого оборудования, – рассказывал он, – сейчас мы прокладываем шоссе. Познакомился с будущей женой, и сразу поехали вместе на Кипр. Там и поженились. Она работает с высокими технологиями, и в компании ей предложили поработать в австралийском филиале. Мы уже подали заявления в австралийское посольство, чтобы мне как мужу дали визу. Она уже уехала – ей нужно было начать работать, а я жду визы. А еще я работаю у одного типа в качестве жиголо, только об этом жена не знает. Тот звонит мне и дает адрес. Я приезжаю на место, делаю работу, возвращаюсь домой, а потом получаю на руки две штуки. Но не думай, что это так просто, иногда приходится ездить очень далеко.

– А как насчет предохранения? Сейчас ты ничем не воспользовался, ты обычно тоже так делаешь? – потрясенно спросила я.

– Не беспокойся, сладкая моя, с тобой – это для души. Тебе не о чем волноваться. В посольстве я сдал все анализы. СПИДа у меня нет. На работе я всегда пользуюсь нужными средствами, днем – каска, вечером – презерватив. Я защищен.

Я попробовала заставить свой мозг думать или беспокоиться, но все без толку, так как все еще не окончательно спустилась на землю, и ничто не могло меня пронять.

Я стала встречаться с ним три-четыре раза в неделю. Однажды ночью он позвонил и стал умолять меня прийти.

– Я только что вернулся из Мицпе-Рамона[1], – сообщил он мне, – там была парочка, а я был третьим. Муж купил меня на вечер – в подарок жене. Обалденная чувиха. Может, придешь? Пожалуйста, ну и что, что поздно?

– Не понимаю, зачем я тебе нужна, если ты только что вернулся с «работы».

---

[1] Городок в 150 км к северу от Эйлата

– Сладкая моя, чего же тут непонятного? Ты – это для души!

Ничего из того, что он говорил, не заставило меня обеспокоиться, мне хотелось только быть с ним – и больше ничего. Иногда я пыталась немного отстраниться – только для того, чтобы эта связь не занимала слишком большого места в моей жизни. Ведь через некоторое время он уезжает в Австралию. Кроме всего прочего, мне еще нравилось приходить в квартиру, в которую я в скором времени должна была переехать. В день переезда мы в последний раз занимались любовью. Он уезжал, и я в течение всего этого времени знала, что это произойдет.

Он оставил мне несколько вещей на память о себе. Ничего особенного: чай, сахар и кофейный набор, которым я пользовалась, когда приходила к нему. Это была моя «обязанность» – готовить кофе «сразу после». Сдав анализы после его отъезда, я убедилась, что все в порядке. Он был прав, беспокоиться было не о чем. Невероятно: именно уже «занятые» мужчины могли доставлять мне ни с чем не сравнимое удовольствие. Может быть, оно усиливается из-за того, что приходится преодолевать препятствия? Или потому что нет ощущения необходимости выстраивать совместные отношения? А может, тот факт, что они заняты на другом «фронте» заставляет их привносить в отношения со мной всю свою раскрепощенность? Точного ответа я не знаю. Ясно одно: именно с такими мужчинами я вся «растекаюсь».

♌

Дворец символов

Джефф Левин наконец-то прибыл в Израиль. Взяв небольшой отпуск, я и еще двадцать один человек целых шесть дней с утра до вечера изучали технику BAT дома у Шанти. Материал семинара был поделен на две части.

Во время одного из перерывов между уроками к нам зашла жена Джеффа. Тот расположился на кушетке перед тремя рядами сидевших на стульях учеников. При виде жены наш учитель просиял. Он представил ее нам, и я сразу увидела, что он очень ею гордится. Это была действительно замечательная женщина, и я получала большое удовольствие, наблюдая, с какой любовью он смотрел на нее, каким счастьем он светился. Я очень порадовалась, что выбрала Джеффа своим учителем. Вернее, это мать-земля выбрала его мне в учителя. В группе были интересные люди, и после семинара я поддерживала отношения с некоторыми из них, включая Сэма Левина, который, в свою очередь, преподавал рэйки и медитацию.

По окончании учебы я начала проводить сыну удаленные сеансы по только что изученной методике BAT. Моего гиперактивного мальчика нельзя уложить на кушетку не то что на час – даже на десять минут. Однако Джефф сказал, что если воспользоваться листом бумаги, на котором пациент что-нибудь написал, или его волосом, то эффект будет такой же, как если бы мы проводили сеанс непосредственно с пациентом – целительная энергия достигнет человека, на которого она была направлена. Все в этой методике выглядело странно, но именно это мне и нравилось. Как это получается: я делаю нечто простое и символическое – например, кладу несколько волос сына на его фотографию, лежащую на кушетке, – а получается, будто на кушетке лежит он сам? Будет ли эффект от такого сеанса? До сих пор ни один врач не нашел для него лекарства, и я уже привыкла к тому, что каждые три-четыре недели у него случаются припадки, после каждого из которых он чувствует себя «не в фокусе» в течение одного-двух дней, и только потом вновь становится самим собой. После каждого припадка я знаю, что у меня будет как минимум две с половиной недели спокойствия. Итак, до следующего припадка время еще есть.

Постепенно я начала замечать, что мои сеансы приносят плоды. Чем больше сеансов ВАТ я проводила Яниву, тем реже становились припадки; теперь их частота была не каждые четыре недели, а каждые шесть. Постепенно и этот период увеличивался. Я, конечно, радовалась тому, что состояние здоровья Янива улучшается, но не понимала, как это происходит. Я знала, что делаю все так, как меня учил Джефф, тем не менее тот факт, что сеансы производили эффект, поражал меня. Казалось, что происходило чудо, о котором лучше не рассказывать, чтобы оно не улетучилось.

Янив начал играть в футбол на площадке перед домом, куда мы переехали. Я все глубже изучала эпилепсию. Оказалось, что ему нельзя и прикасаться к алкоголю. Тяжелый припадок, который у него был в третьем классе, произошел потому, что он сделал маленький глоток вина, которое пьют во время встречи субботы. Он попросил тогда, чтобы мы провели обряд «Кидуш»[1], как у бабушки с дедушкой в Иерусалиме. Я тогда не знала, что ему нельзя, а в поликлинике никто не рассказал мне о профилактических мерах и не объяснил, чего больным эпилепсией делать не стоит. Уже потом я ходила в Тель-авивский университет на лекции для медработников. Там рассказывали, что занятия спортом уменьшают вероятность припадков, а вот употребление алкоголя, резкая смена температуры (как, например, при вхождении жарким летом в бассейн с прохладной водой) или мерцающий свет могут стать причиной припадка. С этого момента самым важным делом для Янива стали занятия спортом. Это было даже важнее, чем учеба. Мой гиперактивный мальчик был этому только рад. Велосипед, скейтборд, роликовые коньки и футбол – все это стало его хобби. А в школу по утрам он бегал, а не ходил – так ему было гораздо удобнее, моему мальчику...

Сэм предложил мне продолжить осваивать рэйки – у него. Хотя я не собиралась заниматься этим – техника ВАТ

---

[1] Обряд освящения субботы, осуществляется над бокалом вина в пятницу вечером и в субботу утром.

была мне гораздо ближе – я приняла предложение, чтобы поучиться в свое удовольствие. Утром в субботу я очень быстро приехала в город Петах-Тикву[1] по совершенно пустым дорогам. Клиника Сэма находилась в доме его матери. Я присоединилась к группе, изучавшей целительную технику «рэйки сэйким». Эта методика предполагает использование многих символов. Всякий раз мы детально изучали один из них. Сэм заряжал для нас энергией каждый из них, чтобы их использование было эффективным. Мы практиковали символы друг на друге и иногда посвящали им медитацию. Мало-помалу мы изучили целую брошюру с символами и ознакомились с их функциями.

Закрыть глаза, удобно усесться, почувствовать, как спокойствие обволакивает тебя, ощутить символ, его силу и предназначение, отвести ему место в своем существовании, ощутить присутствие людей, сидящих рядом. Потом потренироваться в передаче символа, почувствовать, как его воспринимает другой человек. С одной стороны, уроки мне нравились, но с другой стороны, бывало немного скучно. Я забавлялась вопросами, которые задавала сама себе. Разговаривает ли символ или молчит? Есть ли у него своя воля? Я задавала вопросы и сразу чувствовала ответы. Нет, у символа нет воли. Я чувствую, что у него есть только свое неповторимое свойство, определенное предназначение в чистом виде – безо всяких сложностей или соображений. Чувствует ли та, которой я передаю символ, постоянство его свойства? Я

---

[1] Город примерно в 10 километрах к востоку от Тель-Авива.

спрашиваю и сразу получаю ответ: иногда – да, иногда – нет. В области плеч – вполне. В области таза и бедер – нет. Над глазами это свойство усиливается, а в ступнях оно «текучее».

У человека, сидящего с другой стороны от меня, символ сразу «попадает» на живот, который притягивает его, как магнит притягивает металл. Не существует закономерности ни при передаче символа, ни при его получении. Сохраняется только его неповторимость и чистота. Символ всегда четкий и прозрачный, как кристалл, его суть и свойства никогда не меняются. «Судя по всему, он может быть передан тому, кто в нем нуждается, но не перейдет туда, где в нем нет необходимости», – объясняла я себе – у него нет воли, но есть интуиция. Так откуда же он берется?»

Сэм говорит название символа, показывает его форму, демонстрирует, как его «духовно нарисовать» и как с ним обращаться, и, наконец, рекомендует, когда его применять во время сеанса. Большинство учеников старательно конспектируют его слова в тетрадке. А у меня ее нет. Я вообще не люблю учиться. Я стараюсь сосредоточиться на своем внутреннем диалоге и снова спрашиваю себя, откуда же берется символ? Что это такое? Откуда он появляется на свет, кто его родители? Ответов нет. Я прислушиваюсь к своему сердцу, но слышу лишь тишину. Может быть, потому, что вопросы мои слишком приземленные? Может быть, я спрашиваю, как моя йеменская бабушка, которая, встретив нового человека, справлялась у него: «Ты чей?» Может быть, все это здесь просто неприемлемо? Наверное,

неправильно задавать символам такие вопросы, но это
будто запись на лазерном диске, которую не изменить.
Эти вопросы задаются внутри меня, будто сами собой,
правда, ответов я не получаю. Я не чувствую, что на меня
кто-то сердится за это; просто пока что вместо ответов –
пустота. С каждым новым символом, с его «усвоением»,
всплывает и вопрос, но ответа не поступает, а мы, тем
временем, переходим к следующему. Стирается прежний,
знакомимся с новым, освящаем, осваиваем и упражняемся.

Когда пришло время перерыва, я поняла, что он мне
очень нужен. Во время перерыва я обычно пью чай
в маленьком садике, примыкающем к дому. Тут свое
хозяйство. Петухи соревнуются за внимание кур, которым
до тех и дела нет. Резвятся котята, случайный голубь
присядет отдохнуть на провода линии электропередачи,
проходящей над садиком. Обычнейший день на природе.
Жаркое солнце быстро согревает меня всю. Я закрываю
глаза и чувствую себя как обычно. Обычно – и больше
ничего. Это «обычно» мне очень нравится. Ничего
особенного. Обычен мир вокруг меня. Он никуда не
торопится, не ждет ничего революционного. Обычный
мир, который не слишком много думает, ничему не
удивляется и скуп на чувства. Как же мне приятна эта
«обычность»!

Я возвращаюсь в помещение для последней на сегодня
медитации. Глубокое дыхание, медленные вдохи и
такие же медленные выдохи, еще раз и еще раз. Тело
успокаивается и становится тяжелым. Слышу голос
Сэма как будто издалека, кажется, что он постепенно

затихает. Тело мое становится настолько тяжелым, что я перестаю его чувствовать. Дыхание исчезает, и вот я стою на какой-то белой поверхности, на которой играют блики приятного нежного света. Передо мной – уходящая далеко-далеко вверх широкая лестница. С легкостью начинаю я восхождение по ней...

Оказывается, это обычный день, и я поднимаюсь по лестнице на работу. Вместе со мной поднимается много других людей. Некоторые позади, у самой «лестничной площадки», а некоторые – далеко впереди. У всех нас одна цель – добраться до работы. Тесноты нет, подниматься легко и приятно. Но вот восхождение окончено, и я вижу перед собой коридор с колоннами из сверкающего белого мрамора по сторонам. Этот коридор ведет к очень большому круглому залу. Но видимо, он не круглый, а овальный, так как его стены закруглены, но уходят вперед, и края я не вижу. Несколько ступенек ведут вниз, и по ним я спускаюсь в зал, где рядами расставлены стулья и кресла. Ряды не сплошные, можно выделить несколько зон, каждая из которых оформлена по-разному и очень красиво. Люди спускаются в зал и рассаживаются, где им заблагорассудится. Я смотрю на все это и спрашиваю себя, где бы мне хотелось сидеть, где бы мне хотелось работать. Группа, расположенная слева поодаль, кажется мне весьма приятной. Здесь мало мест, меньше, чем в других местах. Я направляюсь туда и усаживаюсь в удобное синее кресло, третье слева. Лицом я оказываюсь к входу; кресло зафиксировано, и повернуть его невозможно.

Зал понемногу наполняется; заняты все места и в

моем уголке. Я улыбаюсь людям, которые садятся рядом, здороваюсь. Все это очень приятно. Никаких сомнений: это самый обычный день, еще один прекрасный рабочий день.

Но вот воцаряется знакомая тишина, и день начинается. Наши стулья и кресла опускаются немного ниже пола. Мы закрываем глаза и направляем дыхание и саму нашу сущность так, чтобы создать треугольник: от каждого плеча и от темени опускаются невидимые линии и встречаются в центре грудной клетки. Возникает трехмерный треугольник. Вся наша сила сосредотачивается в центральной точке, откуда вырывается луч света. Лучи света всех сидящих в моей «рабочей зоне» сходятся и формируют геометрическую фигуру, которая поднимается вверх, становится мощнее и уплотняется. Наше дыхание – это дыхание одного организма. Каждый вдох придает нам все больше сил. Каждый выдох происходит сам по себе, без усилий, в едином темпе – так же, как льется песня. Наша трехмерная геометрическая фигура, такая красивая, кажется знакомой, но я не помню, где я ее видела. Она мне очень нравится. Я смотрю вверх и восхищаюсь. Фигура полна ярких красок, звуков и... чистоты. Она пленяет меня своей красотой – сердце мое принадлежит ей и работает ради нее. Немного замедлив свой ход, фигура затем поднимается к потолку, который вдруг исчезает. В луче света, общем на всех, с каждым нашим выдохом в унисон вновь и вновь создается та же фигура. Уже не замедляя своего движения, она взмывает вверх по светящейся траектории и исчезает.

Итак, наш совместный труд приносит свои плоды – геометрические фигуры, но куда они отправляются? Куда они так торопятся? А мы все работаем, и работа доставляет нам удовольствие. Я думала было спросить одну из фигур, куда она направляется, но это было невозможно. Они не разговаривают, и я не знаю, потому ли это, что они торопятся, или просто потому что не умеют. Может быть, потом спрошу об этом кого-нибудь из нашей группы. Наверное, посреди рабочего дня останавливаться нельзя, да и разговаривать – тоже. Я усаживаюсь с еще большим удобством и продолжаю следить за быстрым гипнотизирующим полетом постоянно возникающих фигур, исчезающих в луче света над нами. Постепенно я начинаю слышать голос, который говорит вернуться в комнату, вернуться «сюда». Чей это голос? Какая комната? И куда это – «сюда»? Голос повторяет эти слова снова и снова. Я где-то его слышала, но не могу вспомнить, где. «Возвращайтесь в комнату, возвращайтесь «сюда»!

Это голос Сэма. Он звучит все сильнее, и я вдруг ощущаю страшную тяжесть. Легкость исчезла, и все стало очень тяжелым. Дыхание тоже перестало быть легким. Я чувствую свои руки, лежащие на шероховатой обивке дивана. Люди вокруг меня откашливаются, двигаются, слышно, как на пол упала чья-то тетрадь. Моя соседка пьет воду. Я пытаюсь разомкнуть веки, но пока что не получается. Черт бы побрал эти возвращения назад в тело всякий раз! Почему это должно быть так трудно, почему такие тяжкие ощущения? Группа начинает обмениваться впечатлениями. Одна из участниц рассказывает другим о том, что испытала несколько минут назад. Я слышу ее слова, но все еще не могу окончательно вернуться. У каждого были свои ощущения. Некоторые слышали, что говорил Сэм, а некоторые, как и я, существовали вне каких-либо правил. Я все это слышу, но вернуться по-прежнему не могу. Трудно открыть глаза, трудно пошевелиться. Чувство тяжести не покидает меня, что за безобразие! Ведь я уже бывала в таком состоянии. Нужно сделать над собой усилие и вернуться полностью, а не наполовину. Нужно снова почувствовать свое тело, сконцентрироваться на каждой его части, особенно на руках. Так, вот они, руки, нашлись! Можно попробовать пошевелить ими. Если я сумею это сделать, если смогу сжать и разжать пальцы, сумею вернуться окончательно. Этому меня научила Рона, двоюродная сестра, которая тоже иногда «улетала» и не могла приземлиться, пока кто-то в ашраме[1] не научил ее этому приему. Постепенно тело мое меняет свойства, и свинец, которым, казалось, оно было заполнено, исчез, уступив место жизненной силе. Тяжесть уходит, я открываю глаза и понимаю, что обмен впечатлениями уже закончился. Меня не стали тревожить – и правильно сделали.

– Мы переходим к последней на сегодня группе символов, – сказал Сэм, – одного из них в брошюре нет, поэтому я раздам вам отдельный листок с информацией о нем. Листы бумаги переходят из рук в руки, и один из них ложится на мои колени. На нем изображена столь знакомая мне геометрическая фигура, которую я создавала

---

[1] Духовная или религиозная община в Индии

сегодня с остальными членами группы там, во дворце. Я смотрю на листок, улыбаюсь и не могу произнести ни слова, не могу отвести глаз от этого символа. Я не очень слушаю, что говорит Сэм, и у меня не очень получается выполнять упражнения. Я только смотрю на фигуру, а фигура, как мне кажется, смотрит на меня. «Ладно, – слышу я голос Сэма, – у нас стало одной участницей меньше. Надо разделиться на группы по-другому. Ничего страшного, это случается.

Остальные продолжают упражнения, а я просто сижу. Сижу и смотрю на лист бумаги. Все как обычно. И сижу я совсем как обычно, насколько это вообще сегодня возможно.

После этого семинара я поняла, что высшая сфера поддерживает все символы, которые мы, люди, изобретаем для целительства. Поэтому зал, в котором я работала, был настолько велик, что не было видно, где он кончается. Когда есть намерение, создается фигура, к помощи которой, допустим, мы прибегаем для исцеления. Тогда это возымеет эффект, так как во дворце символов сразу возникнет новый «рабочий уголок». Дворец сгенерирует целительную силу этой фигуры, и она будет отправлена в нижнюю сферу, чтобы мы, люди, могли ее пользоваться. Фигура, или символ, – это мост, который используется для передачи божественной энергии жизни в нашу современную реальность.

Всякий раз, когда я узнаю, что еще один учитель создал технику, основанный на символах, я убеждена, что символы эти эффективны и что в замечательном

дворце символов, где мне довелось побывать, возник еще
один «рабочий уголок». Я ощущаю, как крепнет во мне
чувство благодарности, и мне хочется с любовью обнять
всех учителей. Я хочу выразить свою благодарность всем
удивительным целебным силам. Спасибо и за то, что в
конце концов я получаю ответы на все свои вопросы. Я
начинаю чувствовать, что между мной и тем, что я когда-
то назвала «направляющей силой», есть диалог. Я могу
задать вопрос в своем сердце и получаю на него ответ.
С этой «силой», видимо, можно беседовать. Я также
уверена, что ощущения приходят ко мне по мере моего
развития. Можно развиваться и при этом оставаться
вменяемой. Слава Богу, я боюсь все меньше и дерзаю все
больше. И если ты, Бог, существуешь, то в этот момент
я очень тебя люблю.

♌

Учить других

Моей работы в высокотехнологичной компании вполне хватает, чтобы удовлетворить мои нужды. Зарабатываю я и гаданием на картах. Одни люди приходят ко мне, чтобы узнать о своем будущем, другие учатся у меня на курсах, где я преподаю это искусство. Я даже попросила нашего директора позволить мне официально оформить эти занятия как вторую работу и получила от него соответствующее разрешение в письменном виде. Вторая зарплата уходит на всякую «роскошь», которую я себе позволяю.

Начала заниматься самостоятельно по аудиокурсу «Разбуди тело света» Санайи Роуман и Дуэйна Пакера. Мне порекомендовала его одна из участниц семинара ВАТ. Я медитирую, слушая кассеты, и испытываю множество ощущений. Поначалу я колебалась, покупать ли мне этот курс. Размышляла, сидя дома на диване и держа в руках бланк заявки, куда уже были внесены все мои данные, кроме номера кредитной карты. Полный курс стоил шестьсот долларов, деньги немалые. Размышления заняли некоторое время, но потом я почувствовала, что созрела, и внесла данные для оплаты. Сразу же, без какого-либо предупреждения, сверху возникла гигантская спираль и «пригвоздила» меня к дивану. Она прошла сквозь меня, взболтав все мои внутренности, словно в центрифуге, – наподобие тех, что установлены у моего отца в Институте им. Вейцмана. Дышать было трудно, а тут возникла еще и вторая спираль, которая вращалась в обратном направлении и снова разметала мои внутренние органы. Когда все это прошло, я просто улеглась на диван, закрыла глаза и слушала свое дыхание. Свое тело я не покидала. Весь мир вокруг меня немного изменился – все как будто посветлело.

Этот курс читал Дуэйн Пакер, муж Санайи Роуман. Оба они были связаны с духовными наставниками Орином и ДаБеном. Дуэйну Пакеру принадлежал только голос, которым начитывался материал. Вел же курс главным образом ДаБен; Орин иногда к нему присоединялся. Получается, мне даже не нужно было отправлять заявку, чтобы Орин и ДаБен поняли, что намерения мои серьезны, и энергетический курс начался еще до того, как я получила кассеты.

Этот курс для меня в новинку, однако в новинку для меня и то, что многие из моих друзей просят, чтобы я их обучала. Чему? Я могу научить гаданию на картах таро и делала это неоднократно. Мне это уже наскучило, заниматься этим не хочется. И тогда я решила попробовать обучать выходу из тела. Собрала маленькую группу, состоявшую только из женщин, и сразу предупредила, что, возможно, из этого ничего не выйдет. Но почему бы не попробовать?

Одной из участниц была Яэль, моя подруга из Хайфы.
Я познакомилась с ней, когда несколько лет назад она
приехала ко мне, чтобы взять у меня интервью и выяснить,
смогу ли я участвовать в «вечерах ведьм», которые она
устраивала. Мы разъезжали по всему Израилю с Яэль и
еще шестью-девятью девушками. Я занималась гаданием
на картах, остальные – другими вещами: астрологией,
нумерологией, хиромантией...

На занятия по выходу из тела, проходившие у меня дома,
Яэль пригласила еще нескольких своих знакомых. Уже к
середине нашего курса все, кроме Яэль, умели выходить
из собственных тел и возвращаться обратно, а потом
рассказывали о своих ощущениях. По окончании одного из
уроков я «задала» ей упражнения для тренировки дома, но
все было без толку. Я, как обычно, продолжала проводить
вечера медитации в разных местах, и Яэль всегда старалась
принимать в них участие, но выйти из тела ей все равно
не удавалось. И вдруг я поняла, как ей можно помочь.
Я попросила ее сесть, скрестив ноги и руки. Руки при
этом нужно было держать как можно ближе к телу. Это
– поза, обратная той, которую обычно принимают при
медитации. Но в случае с Яэль это сработало. Видимо, ее
тело чувствовало себя в безопасности, когда она «уходила
в себя», и тогда у нее получалось «выходить наружу». Она
была мне очень признательна. Я решила пойти за ней,
чтобы посмотреть, куда она попадает, тем более что моя
мама очень волновалась, узнав, какие именно тренинги
я провожу. «А что если кто-то не вернется? Что ты тогда
будешь делать?» – спрашивала она.

Маме моей все это действительно не нравилось. Я была спокойна относительно остальных, однако насчет Яэль я не была уверена. У нее была непростая история. Во время Войны Судного дня она, еще совсем молодая женщина, овдовела, будучи на последних сроках беременности. Со своим мужем она познакомилась, когда ей было четырнадцать лет. У нее была копилка, которую она наполняла монетками все время, пока была подростком, и когда пришло время свадьбы, оказалось, что в копилке собралась точная сумма, необходимая для покупки свадебного платья.

Мужа она любила безгранично, и после его гибели это чувство не угасло. Я помню, как однажды она приехала ко мне, вся сияя, держа в руке крохотную газетную вырезку. Там говорилось, что какой-то раввин постановил, будто во время воскрешения мертвых[1] вдо́вы воссоединятся со своими первыми мужьями. Она была на седьмом небе от счастья, несмотря на то, что была вторично замужем, и в этом браке у нее родилось двое замечательных сыновей – кроме дочки, родившейся от первого брака. У меня, правда, было ощущение, что второй муж подавляет ее и издевается над ней. «Ты не понимаешь, – говорила она мне, – я не могу уйти от него! Я очень его боюсь и не знаю, что он может сделать, если я скажу ему, что хочу развестись».

Я тогда подумала, что, наверное, делать здесь нечего. Нужно только искать пути, чтобы сделать Яэль сильнее.

---

[1] В иудаизме: признак наступления «последующего» мира, который будут населять только праведники.

Давить на нее нельзя. Когда она почувствует себя сильной, то сама решит, что ей нужно предпринять, чтобы улучшить свою жизнь. Но это будет выбор самой Яэль. Моя задача – укрепить ее дух. А сейчас, когда она научилась покидать свое тело, я беспокоюсь, что если она повстречает своего возлюбленного, то возвращаться не захочет, о чем и предупреждала моя мама.

И вот она выходит из тела, и я иду за ней и вижу, что она заходит в помещение, напоминающее зал ожидания на вокзале. Перед нами – стойка регистрации, белая и длинная. Люди, находящиеся в зале, постоянно куда-то идут, их поток нескончаем. В правой половине зала направление их движения совпадает с нашим, в левой они двигаются в противоположном направлении. Все эти люди носят национальную одежду разных народов. Регистратор у стойки, будто паря по воздуху, подходит к Яэль, смотрит на нее и говорит: «А я тебя знаю». Это молодой и энергичный человек, правда, лысый. Он довольно мил. Бросив мимолетный взгляд на меня, он понимает, что не должен выдать Яэль факт моего присутствия здесь. «Я видел тебя здесь много раз, – продолжает он, обращаясь к Яэль, – стало быть, пришла нас навестить? Спасибо, что заглянула, приятного тебе возвращения». Яэль отступает назад и возвращается «к себе», на диван в моей гостиной. Я возвращаюсь следом. Слава Богу, что ей не позволили перейти в «транзитную зону».

Когда все участницы нашей группы возвращаются в свои тела, каждая рассказывает о своем путешествии. Яэль

тоже рассказывает, но начинает запинаться, и я продолжаю
ее рассказ вместо нее. Тогда она вспоминает все больше
и больше подробностей. Как я и опасалась, все, чего
она хочет, – это встретиться со своим возлюбленным, с
первым мужем. После этого путешествия она поняла, что
не сможет этого сделать. Может быть, в следующий раз
она сможет удовлетвориться путешествиями попроще?

Знакомые Сэма попросили меня научить их «индейским
практикам». Но чему я их буду учить? Не знаю. Сама я
училась по животным, изображенным на картах, а еще – у
Михаль и у Д. «Вы тоже можете у них поучиться, – говорю
я им, – а можете и у кого-нибудь другого. Обычно я учусь
сама, по книгам, и вы можете делать то же самое». Я даже
порекомендовала им несколько книг, но они настаивали
на своем: «Ни в коем случае, мы хотим учиться у тебя».
«Но ведь существует так много материала, – отвечала я, –
понятия не имею, чему вас учить». Но и это не помогло.
Мы назначили встречу через неделю. Я колебалась и не
знала, что делать.

Утром, когда я встала с кровати, чтобы собраться и идти
на работу, передо мной оказалась пожилая пара, мужчина и
женщина. Оказывается, они просто ждали, пока я открою
глаза. Обычно, пока я не проснулась окончательно, я
вижу цветные облака. А тут были эти пожилые люди,
которые ждали, пока я открою глаза. После этого они
ждали, пока я успокоюсь, увидев их. Когда они решили,
что я, наконец-то, успокоилась, женщина выступила
вперед и стала говорить со мной. Мне показалось, что
это индейцы. И действительно, женщина все говорила,

а я не понимала ни слова: она говорила на своем языке. Увидев, что я ничего не понимаю, она расстроилась и даже вышла из себя. Я не знала, что делать. Тогда она замолчала, и вперед выступил мужчина и стал показывать мне картинки, объясняя с их помощью то, что женщина хотела выразить словами. Я видела, что он хочет научить меня чему-то, что связано с серым цветом – одним из цветов индейской палитры. Посмотрев на картинку, которую он мне показал, я, наконец-то, поняла, о чем они говорили. Это был совершенно новый материал! Замечательно! Теперь я знала, чему буду учить моих знакомых. Я спросила у пожилого мужчины, как его зовут и как зовут его спутницу. Теперь он меня не понял. Я показала на себя, произнесла свое имя – Эйлат – и снова спросила: «А Вас как зовут?» Мужчина показал мне картинку с изображением горы и засвистел. Я улыбнулась. «Вас зовут 'Свист-на-Холме'?», – уточнила я. Теперь улыбнулись они, конечно, не поняв меня. Тем не менее, мне показалось, что у нас наладился хороший контакт. Получается, у меня два новых учителя. Я назвала их «дедушка и бабушка Свист-на-Холме». Странно, что я не понимаю их языка, а они не понимают моего. Я никогда не сталкивалась с этой проблемой, когда была вне тела, правда, сейчас я в нем. Да, я в своем теле и опаздываю на работу. Я спешу встать с кровати, принять душ и бежать навстречу новому дню.

♌

Песня для красавицы

Иногда, по вечерам, я провожу время дома одна и читаю в свое удовольствие. Это занятие мне очень нравится, я узнаю много нового из книг. Читаю я, главным образом, по-английски – мой иврит недостаточно хорош для чтения. Я начала читать «Тибетскую книгу жизни и смерти» Согьяла Ринпоче. В одной из глав автор рассказывал о той большой любви, которую он испытывал к своему учителю – настоятелю монастыря, в котором он жил. Читая эту главу, я плакала навзрыд – настолько грустной и трогательной была эта история, наполнившая, в свою очередь, любовью и меня. Все, книга закрыта. Читаю маленькими порциями, так как боюсь, что могу не выдержать эмоций.

Однажды вечером, читая книгу, я обратила внимание на помещенную там фотографию статуи Падмасамбхавы, основателя тибетского буддизма, жившего в VIII веке. Я смотрю на него, а он, как мне кажется, смотрит на меня, лежащую на кровати, прямо со страниц книги. Согьял Ринпоче рассказывает, что Падмасамбхава поклялся всегда помогать всем, кто попросит его о помощи. «Ничего себе, клятва, – думаю, – дело непростое. И как он поможет?

Интересно!» Глядя ему в лицо на фотографии, я задала ему вопрос – не сформулированный, а так, большой знак вопроса без содержания. Мне показалось, что этот знак вопроса просто вырвался откуда-то из недр моего горла, из глаз, вырвался наружу в виде перевернутой пирамиды, увеличивающейся в размерах по мере отдаления от моего лица и постепенно заполняющей все пространство комнаты. Пирамида будто бы наполнялась содержанием, и ее контуры постепенно исчезали. На самом деле это смеющееся и в то же время серьезное лицо Падмасамбхавы заполнило комнату до самого потолка. Его голова обрамлена черными блестящими локонами, глаза сверкают. Он казался полным жизненной силы и выглядел совсем не так, как на репродукции из книги. Я была настолько поражена его видом, что лишилась дара речи и просто смотрела на него, не будучи в силах оторвать взгляд. Меня немного смутил тот факт, что он был так близко, казался таким настоящим, и все это происходило у меня в спальне. Признаться, я не ожидала его появления, не думала, что он будет смотреть на меня, в то время как я лежу на кровати. Его глаза источали столько добра, что я не испытывала страха или паники, но все-таки определенно пребывала в растерянности. Он же, со своей стороны, просто ждал, заполняя собой всю комнату, все ее пространство – от кровати до потолка, а его огромные добрые глаза просто смотрели на меня. Я смотрела на него в ответ, но не находила содержания для своего вопроса или просьбы. Чего же мне попросить? Я все думала, думала, но никак не могла придумать.

Я смотрела на него и размышляла о том, что, наверное, в течение долгих веков люди призывают его, моля о помощи, а теперь, когда он пришел сюда, я не знаю, о чем его просить. Я смотрела на него и вдруг решила, что если у меня нет просьб, может быть, я пошлю ему свою любовь? Потом рассудила, что моя любовь, может быть недостаточно чиста для него и вовсе ему не нужна. Что ж, если не подхожу, заранее прошу прощения. Я передала ему всю свою любовь, на которую только была способна, и пожелала мира и спокойствия.

Проснувшись утром, я обнаружила рядом с собой закрытую книгу и вспомнила обо всех событиях минувшего вечера, кроме того, что произошло после преподнесения Падмасамбхаве моей любви. Будто бы опустился гигантский занавес и отсек все воспоминания о том, что было потом. Я осмотрелась – моя комната не изменилась, здесь все те же шкаф, кровать и картина на стене. Встала, отправилась в гостиную и уселась там на диван.

Пробуждение дается мне по утрам нелегко. Все действия я делаю обычно, как во сне, на автомате: чищу зубы, бужу сына, готовлю ему с собой в школу бутерброд. Но в то утро я все сидела и сидела на диване в гостиной, силясь вспомнить, что случилось потом, чем все кончилось. Сказал ли он мне что-нибудь? Как исчез? Когда я заснула? Ничего этого я не знала. Окончательно запутавшись, я посмеялась над собой и решила включить радио, чтобы все-таки проснуться. Дикторы, мужчина и женщина, рассказывали о пробках на дорогах. Я снова уселась на диван, и вдруг до меня дошло, меня буквально потрясло осознание того, что следующая песня, которую сейчас передадут по радио, предназначена мне, она от Падмасамбхавы. Это и был ответ. Я сидела и слушала информацию о пробках на разных автомагистралях страны и уже вся сжалась в напряженном нетерпении – хоть бы уже закончились эти дурацкие дорожные новости! И вот на секунду в эфире повисла пауза, а потом, безо всякого объявления, начала звучать песня, которую я прежде никогда не слышала. Она начиналась словами «Ты самая красивая девушка на земле! – Вот почему Господь создал девушку. – Когда наступит последний день всех времен, – То я надеюсь, что ты будешь в моих объятьях. – А когда наступит ночь в преддверии этого дня, я заплачу – Я пролью слезы радости, так как, обняв тебя, я смогу только умереть. – Ты самая красивая девушка на земле! – Вот почему Господь создал девушку». Песня продолжала звучать, но я уже не слышала слов, а только, совершенно растерявшись, сначала засмеялась, потом заплакала, смеялась и плакала одновременно. Я была очень тронута и с трудом выполнила все обычные утренние дела.

Придя на работу, я сразу поспешила в кабинет сестры. «Михаль, сестричка, я должна тебе рассказать, – с порога заявила я ей, – Падмасамбхава назначил мне свидание в последний день всех времен. Я получила от него весточку сегодня утром. Вчера вечером он был у меня в комнате, и я послала ему всю свою любовь, а теперь он сказал мне, что ждет меня. Ты слышишь? Я так взволнована, даже не могла усидеть на месте. Как мне дотерпеть до вечера? Это было так романтично!»

Михаль посмотрела на меня, и я почувствовала, будто меня окатили холодной водой, что иногда мне, без сомнения, очень нужно.

— Только не говори мне, что теперь ты будешь ждать его до последнего дня всех времен. Эйлат, опомнись! Свидание тебе нужно сейчас! Передай этому – как там его, Падма-что? – чтобы шел куда подальше и что тебе нужно продолжать жить своей жизнью, ты меня понимаешь?

— Да, да, конечно, я понимаю, – ответила я, – ладно, не буду тебе мешать, пойду поработаю. Хорошего дня.

Вечером я рассказала о произошедшем девушкам в нашей группе по медитации, и Яэль решила во что бы то ни стало отыскать эту песню и, проявив упорство, нашла диск Принса The Gold Experience. Продолжение той самой песни, которая называлась The Most Beautiful Girl in the World, я нашла на вкладыше, вставленном в футляр диска. И ведь Принс даже не знал, что передал мне песню от Падмасамбхавы, который, кстати, «тоже» был принцем – тибетским принцем, жившем в VIII столетии. Это было очень романтично. Никогда еще за всю свою жизнь я не испытывала такого. Мне казалось, что так за мной еще никто не ухаживал, что никогда я еще не чувствовала себя такой желанной.

Вся неделя была просто замечательной. Я была очень горда собой. Как жаль, что простые смертные не могут так ухаживать! И ничто другое так не наполняет женское сердце радостью. Хорошо быть умной, успешной и респектабельной, но самое главное – это быть желанной, видеть, что волнуешь кого-то. Это мое мнение, и может быть, я заблуждаюсь, но я уверена, что так считает каждая женщина. Ничто не сравнится с этим чувством. И плевать я хотела на феминизм!

♌

Потоп

Вечер. Слушаю музыку. Приготовила себе айс-кофе,
декофеинизированный. Смакую каждый глоток вкусной
прохлады. Из всех органов чувств язык – мой самый
любимый. Я думаю, к органам чувств стоило бы добавить
еще и орган удовольствия. Что может быть приятнее, чем
спокойствие в доме, запах благовоний, простая музыка
и айс-кофе? Ничего не хочется делать. Пустота в мире,
пустота в голове. Все просто. Телефон, разумеется,
выключен. Думаю, что со времен первобытнообщинного
строя мы очень продвинулись. Я полностью контролирую
свою пещеру (то есть квартиру), в которой три комнаты.
Квартира ничем не примечательна, но с точки зрения
первобытного человека, это, наверное, огромное
королевство. Все это королевство – в моем распоряжении.
У меня здесь есть даже персональный источник в виде
душа. Незадолго до айс-кофе я там поплескалась.
Было много мыльной пены, пахнувшей лучше, чем
большинство видов мыла с цветочными ароматами.
Вытиралась я мягким розово-желтым полотенцем, и
фактура, и цвет которого мне очень понравились. Что бы
сказал первобытный человек при виде такого полотенца?

Наверное, он был бы готов сражаться не на жизнь, а на смерть за право обладать им.

Сколько же людей действительно умеют получать удовольствие? Например, такое: я ступаю босиком по гладкому полу, недавно натертому до блеска – это и приятно, и щекотно. Снова подумалось, как хорошо, когда голова пуста, когда в ней нет никаких дел. Никаких мыслей, кроме мысли о наслаждении.

Вдруг я вспомнила, что на следующей неделе в Израиль прилетает Джефф Левин! Да, неделя будет загружена: три дня интенсивной учебы с Джеффом и три дня работы, в течение которых мне нужно будет наверстать упущенное за три дня отпуска. Но пока что – пустота... Не хочу думать ни о чем. Опираюсь на стену и закрываю глаза. Айс-кофе выпит. Все хорошее кончается в конце концов. Хорошо, что и плохое – тоже. Ничто не стоит на месте, и нет ничего, что было бы навсегда. Может быть, такое положение вещей возникло, когда мы были изгнаны из рая? Если бы я сейчас была в раю, то вкус айс-кофе на языке и ощущение от ходьбы по гладкому полу, от соприкосновения с нежным полотенцем – все это осталось бы навсегда, а не только на одно мгновение, которое безвозвратно улетело бы, уступив место следующему?

Движение вместе с Вселенной, со временем, от секунды к секунде – не этой ли наукой нам пришлось овладеть, когда нас изгнали из рая? А как быть тем, кто не умеет танцевать, с легкостью переходя из одного мгновения в следующее? Что насчет тех, кто пытается схватить, задержать, сохранить это мгновение, навсегда желая законсервировать все его содержимое? Не это ли называется страданием? Мы хотели бы «удержать» отношения, заморозить их в нынешнем состоянии, чтобы они оставались на одном и том же месте и никуда не развивались; «удержать» спутника или спутницу жизни, чтобы были такими, как они сейчас, и, не дай Бог, не изменились бы в следующую минуту; «удержать» детей, чтобы они никуда не девались, чтобы всегда были рядом, были защищены – как в данный момент. А мы бы точно знали, что ничего плохого с ними не случится. Танцевать или страдать. Сделай выбор – и получишь желаемое. А в рай не вернуться... По крайней мере, не сейчас. Движение не останавливается, хорошо это или плохо. Возврата нет – и это закон, закон божественный. Учись танцевать, или придется страдать. Учись получать удовольствие, будучи в движении. Учись находить рай в каждом мгновении этого движения. Не останавливайся и не плачь по ушедшим минутам. Как можно жаловаться на то, что они миновали? Жалоба просто неуместна.

– Ладно, – говорю я себе, – ты думала, что хочешь свободную от мыслей голову, а теперь там уже полно мыслей только потому, что у тебя закончился айс-кофе? Это не повод.

Надо вернуться в состояние «пустой головы». «Но ведь вернуться-то как раз и нельзя», – отвечаю я самой себе. Что ж, ладно, если нужна такая точность, снова создай эту пустоту. Я думаю, что слово «снова» здесь неуместно, но не хочу злить самое себя, поэтому замолкаю и предоставляю второй половине себя «снова» создать что-то – пусть занимается, чем хочет. Спокойствие восстановлено. Тишина в доме, тишина и в голове. Удовольствие возвращается – без какой-либо видимой причины. Просто удовольствие из-за пустоты в голове. Постепенно я все глубже и глубже погружаюсь в это удовольствие. Пустота, ничего нет. Еще пустота. Пустота продолжается. Вакуум. Пустота и вакуум. Никаких волн, никакого движения. Тотальная пустота, глубокая. Глубокая пустота и вакуум.

Вдруг я оказываюсь в каком-то бараке, высоко над городом. Вместе со мной еще люди, всего нас человек семь. Все мы стоим, не двигаясь. Сам барак немного подергивается. Никто ни с кем не разговаривает – каждый погружен в свои мысли.

Я стою, опираясь на подоконник справа. Напротив меня – открытая настежь дверь. Собственно, двери нет – только проем. И то окно, которое справа, на самом деле без стекла. По ту сторону оконного проема стоит кто-то, кого я не знаю, как, впрочем, и остальных, стоящих внутри. Глубокая грусть охватывает меня и оседает в грудной клетке, на плечах и на спине. Грусть и горе, которые никуда не исчезают. Я смотрю через окно и понимаю, что нахожусь на расстоянии двух дней пути вверх по рассыпающейся лестнице – над городом, в котором я выросла. Множество людей проживает в этом городе, десятки тысяч. Город бурлит, все разноцветное и привлекательное, вверх возносятся небоскребы, коммерция процветает, фирмы конкурируют друг с другом, плоды технического прогресса налицо, все заняты своими столь разнообразными делами; есть детские сады, школы, колледжи и университет; всюду магазины, торговые центры и развлечения. Но скоро все исчезнет. Через несколько минут от всего этого великолепия не останется ничего. Я была доставлена сюда, не имея возможности кого-нибудь спасти или забить тревогу. Нет никого, кому можно было бы сообщить об этом. Только ждать конца, не будучи в силах ничего изменить. Другие люди в бараке предпочитают не смотреть на все это. С того места, где я стою, видны и дверной, и оконный проемы, и я смотрю на происходящее будто бы через иллюминатор пролетающего мимо самолета. Барак кажется вполне устойчивым. Его стены – из необработанного шероховатого дерева. Строители, правда, не успели вставить двери и окна – только вырезали проемы. Тяжелое молчание повисло в бараке, никто из нас не произносит ни слова. Мы все знаем что-то, чего не знают горожане. И вот, начинается. Мы видим, как издалека к городскому пляжу приближается гигантская морская волна. Она затапливает город, а за ней надвигается следующая. Уровень моря все выше. Мы настолько далеко, что до нас не доносится городской шум. Да и видно все только «в общих чертах». Хорошо видно только массу воды, заливающую город. Я представляю себе крики людей, их ужас и всеохватывающую панику, попытки удержать, спасти и спастись. Слезы текут у меня по щекам, и я не стараюсь их скрыть. Мои товарищи по бараку, как женщины, так и мужчины, советуют мне отойти от окна.

– Лучше не смотреть, – говорят они мне.

– Я не могу, – отвечаю я, всхлипывая.

Волны усиливаются, и море накрывает город. Небоскребы еще некоторое время выглядывают на поверхности воды, но вскоре и они исчезают. Стихия неистовствует – даже барак закачался. Слева от меня, у стены нашего строения стоит скамья, а на ней – старое линялое одеяло. На скамье лежит человек; он кашляет, выглядит слабым и будто бы высохшим.

Волны столь высоки, что почти достают и до барака. Может быть, и нам суждено погрузиться в глубины бушующего моря? Вода все прибывает, и мы уже чувствуем, как волны раскачивают наше пристанище. Последняя волна уже оросила пеной край койки через дверной проем, намочила одеяло, которым укрывался человек на койке, и наши ноги. «Следующая волна, наверное, захлестнет нас полностью», – проносится мысль. Я спокойно жду ее, думая, что нас сейчас смоет, но больше ничего не происходит. Больше волн нет. Я опираюсь на стену, стоя лицом к дверному проему, и вижу, как сходит вода. У меня совсем нет сил, чтобы пошевелиться, но я все же оборачиваюсь назад, чтобы посмотреть на море и через окно; окончательно убеждаюсь, что вода убывает. «Может, будет видно то, что осталось от города», – думаю я. Проходят часы, уровень воды перестает снижаться, но от города не видно и следа. Поверхность моря сделалась гладкой. Люди, стоявшие у дверного проема, сообщили, что до линии горизонта ничего, кроме воды, не видно. «Из окна тоже», – отвечаю я. Ладно, остается только ждать. «Но ждать чего?» –

спрашиваю я себя и чувствую, что есть нечто, чего мы должны дождаться. Даже если я не знаю, чего именно. Просто ждать. Мне кажется, что я хочу заснуть и никогда не просыпаться. Невыносима мысль о том, что города не стало. Хочется только спать, но негде. Я стою рядом с оконным проемом, прислонившись спиной к стене, и у меня нет сил пошевелиться. Проходит несколько часов, и люди в бараке несколько оживились. Один из них сообщил, что увидел что-то небольшое вдалеке. Остальные пошли посмотреть. Я же остаюсь равнодушной, и у меня нет сил. «К нам что-то приближается», – сообщили люди. Наконец-то и я собираюсь с силами и подхожу к дверному проему. Действительно, к нам приближается лодочка, похожая на ореховую скорлупку. А еще я заметила, что цвет воды изменился, и теперь она стала бирюзово-голубой. Но пока и это не может поднять моего настроения. «Ореховая скорлупка» все приближается. Чувствую, что это все-таки пробудило во мне какой-то интерес. Что же теперь?

А лодочка приближается, и оживление в бараке растет. Я тоже начинаю все активнее проявлять признаки жизни. Похоже, что эта лодка имеет большое значение. Люди в бараке сообщают, что «он» все ближе.

– Кто «он»? – спрашиваю я, и все с удивлением посмотрели на меня.

– Как это «кто»? Тот, кто заказал потоп, разумеется. Он же решил, что мы будем спасены, разумеется, и что все нужно будет начать заново – в новом мире, разумеется.

Так много «разумеется» – это для меня уже слишком. Если «он» заказал потоп, я совсем не уверена, что хочу

с ним познакомиться. И все-таки любопытство берет
верх. Интересно, как «он» выглядит? Всеобщий страх
тем сильнее, чем ближе встреча. Воцаряется гробовое
молчание, мы в напряжении. Снаружи до нас доносятся
шорохи, мы чувствуем, как закачался барак, и вот «он»
возник в дверном проеме. Я смотрю на него и волей-
неволей, широкая улыбка возникает на моем лице, хотя
тело оцепенело от страха. Выясняется, что «он» – это
большой, даже огромный жук высотой мне по колено,
а шириной – с дверной проем. Тело у него овальное и
плотное; сложенные за спиной два крыла разделены
двумя глубокими округлыми щелями, расходящимися
от центра в стороны. Энергетика в бараке невероятная.
В присутствии огромного жука-Творца трудно дышать.
«Но может быть, это всего лишь маскарад?» – думаю я.
Жук подходит к каждому из людей в бараке и изучает его.
Изучив и оставшись довольным, он наделяет человека
довольно глубокой миской среднего диаметра. Подошел
он и ко мне, и я волнуюсь все сильнее. Своими нежными
лапками он прикасается к моим открытым ступням,
прикосновение это нежное и прохладное. Молчание
сделалось сейчас еще более пронзительным, чем было
раньше. Мне совершенно не волнует перспектива того,
что «он» признает меня «недостойной». Однако этого
не происходит. Я не чувствую, как странная коричневая
миска оказывается у меня в руках, сжимающих ее крепко,
так как весит она немало. Я смотрю на ее содержимое и
вижу круглые шарики, на первый взгляд напоминающие
орешки в шоколаде, но это нечто другое. Похоже, что это

огромные семена, напоминающие по виду кипарисовые шишечки.

Эта процедура производится со всеми из присутствующих, и все оказываются «достойными». У каждого в руках по миске. Жук направляется к выходу; на секунду он останавливается, смотрит на нас и уходит – без объяснений, без каких-либо инструкций. Исчезает с пустыми «руками». Все мы сгрудились у выхода и видим, как его похожая на скорлупку лодочка удаляется от нас в сторону горизонта, становится меньше и исчезает совсем.

– Что же теперь? Кто-нибудь знает, что мы должны делать? – спрашиваю я остальных.

– То есть как это? – отвечает мне одна из присутствующих женщин, – мы же получили семена нового мира. Нужно идти и сеять их. Сейчас спустимся и посмотрим, как там обстоят дела.

У меня возникают опасения. Выходить мне еще не время. Пусть первым выйдет кто-нибудь другой – я не хочу. Люди начинают покидать барак и исчезают. Но последней я быть тоже не хочу, поэтому продвигаюсь к выходу. Мы спускаемся по ступенькам. Они немного трясутся, поэтому нужно тщательно координировать движения, тем более что миска тяжелая.

Спускаюсь я медленно и задерживаю двух людей, идущих за мной. Неожиданно я останавливаюсь, чувствуя, что хочу бросить семечко. Подчиняюсь этому мощному желанию, беру одно семечко и бросаю его вниз. Видимо, оно попало на благодатную почву, так как почти сразу же возникает огромная ветвь, которая с огромной же скоростью поднимается откуда-то снизу и продолжает расти вверх, пока ее верхний край не скрывается из виду. На ветке возникают листья в форме сердца насыщенного зеленого цвета; потом начинается цветение – настоящее буйство красок и размеров. Прямо на наших глазах цветы превращаются в плоды. Взволнованная до глубины души, я продолжаю спускаться по ступенькам. Теперь рядом с ними оказалась огромная ветка, на которой продолжают расти плоды. Люди, идущие рядом, сообщают, что плоды вкусны, и я тоже отрываю себе один на пробу. Мой рот наполняется кисло-сладким соком, красные брызги которого попадают мне на лицо. Очень вкусно. Я решаю посеять еще одно семечко, на этот раз – подальше и в другую сторону. Снова появляется огромная ветвь, и все повторяется. Люди, стоящие рядом, предостерегают меня, чтобы я не тратила все семена сразу, так как несколько нужно сберечь для «последующего» мира.

– Сберечь для чего? – интересуюсь я.

– Как это, «для чего»? – спрашивают они – разумеется, для создания нового мира. Ты не можешь просто так разбросать все семена еще до того, как мы спустимся вниз и решим, что нужно с ними делать и где именно.

Они призывают меня к порядку, и это мне начинает не нравиться. Я буду делать, что захочу. А хочу я посеять их все до единого. Пусть дают жизнь многочисленным новым цветам и плодам. Не хочу я их «беречь». Кроме того, без тяжелой миски с ее содержимым было бы удобнее спускаться по ступенькам.

Таким образом, к неудовольствию некоторых из присутствующих, которые обращают на меня свои гневные взгляды, я всякий раз беру семечко и бросаю далеко, насколько хватает сил – и так, пока в моей миске не осталось больше ни одного. Некоторых впрочем, весьма позабавили мои «проделки». Опустевшая миска начинает отливать зелено-голубым, пожалуй, даже бирюзово-голубым светом. Этот свет делается все ярче, затем становится белым, и миска исчезает. Мне больше нечего держать в руках. Обгоняя остальных, я с легкостью спускаюсь по ступенькам – теперь я могу быть впереди всех, мне неважно. В сильном волнении сбегаю по ступенькам – очень хочется посмотреть, что же там, внизу. Сбегаю все ниже, словно паря, и в конце концов, ступеньки заканчиваются, и я оказываюсь на мягкой, очень знакомой поверхности. Ощупав ее, обнаруживаю, что сижу на собственной кровати, вытянув ноги и прислонившись к стене. Нет никаких ступенек, нет людей, которые пережили потоп и теперь должны создавать новый мир. Я даже испытываю некоторое разочарование: мне так хотелось увидеть, что же там, внизу? Как выглядит земля, в которую я посеяла семена? Но в следующий момент я чувствую облегчение – какое счастье, что завтра меня ждет всего лишь обычный рабочий день, пусть даже и в «высокотехнологичной» компании. Нет у меня сил на создание новых миров.

Следующие дни прошли как обычно. Но вот приехал Джефф, и мы начали семинар BAT, третий уровень. Наступили дни, полные учебы и положительных эмоций.

Обычная работа осталась далеко в стороне. В последний день семинара Джефф при помощи маятника искал «медиума», через которого собирался передавать технику целительства всей группе на расстоянии. Я почувствовала мощную энергетику, проходящую через меня, и закрыла глаза. Я почти не слышала Джеффа, который просил меня лечь на кушетку, и ему пришлось обратиться ко мне несколько раз. Информацию о сеансе, которую сообщил маятник, он передал всей группе. Время начала сеанса было определено как «двенадцать тысяч лет назад». Я взобралась на кушетку, но перед тем, как лечь, спросила Джеффа, будем ли мы заниматься целительством в прошлом или в будущем. «Двенадцать тысяч лет назад», – повторил он, а я чрезвычайно удивилась, так как что-то не вязалось, но я все равно улеглась. Меня охватила дрожь, а кушетка подо мной заходила ходуном. Однако я не испугалась, так как это иногда случается. В группе нас было девять человек, и Джефф получил указание расставить нас на определенные места. У него заняло некоторое время найти для каждого участника конкретное местоположение при помощи маятника. Постепенно я поняла, что Джефф расставляет нас в точности на те же места, где стояли люди в бараке, в видении, которое у меня было в прошлую субботу. Джефф спросил, не напоминает ли мне что-нибудь расположение людей в комнате. Я ответила, что напоминает, хотя я никому не рассказывала о бараке. Теперь пришлось объяснить, что в точности таким было расположение людей во время потопа в моем видении, и мой голос так дрожал от глубины переживаний, что я не смогла все как следует объяснить. Мне показалось, что я пережила потоп еще раз, только сейчас впечатление было еще сильнее. При помощи маятника Джефф обнаружил, что ему необходимо стоять далеко слева. Он успокоил участников, сказав, что мои наставники занимаются мной в данный момент и нет причин для беспокойства, так что ему не нужно находиться рядом. Волны усилились и как будто проходили сквозь меня, а моя кушетка задрожала еще сильнее. Я описывала происходящее, насколько могла. Как только волны успокоились, Джефф направил меня в другое время. «На восемь лет вперед», – попросил он. Стало быть, 2005 год. Я поняла, что на этот раз не встречу большого жука.

«2005 год», – услышала я голос Джеффа, повторившего свою просьбу. Этот год казался мне таким далеким. Мы тогда еще не перешли барьер третьего тысячелетия. Темнота. Ничего не видно. Кушетка, на которой я лежала, перестала дрожать. Чего Джефф от меня хочет? Может быть, так и не удастся ничего увидеть. Так, спокойно. «Восемь лет вперед», – сказала я себе и улыбнулась. Наконец-то, я перестала дрожать. Тишина. Глаза закрыты, но несмотря на это я увидела мощный луч света. Свет был настолько силен, что совершенно ослепил меня сквозь сомкнутые веки. Дыхание сильно участилось. Я пыталась успокоиться, но дыхание все учащалось. Только бы успокоиться. «Попытайся увидеть хоть что-нибудь сквозь этот яркий свет», – сказала я себе и услышала, как Джефф спросил меня: «Что ты видишь?» Он повторял свой вопрос мягко, но настойчиво. «Свет, – ответила я, – только мощный, мощный, мощный свет». Но как только глаза привыкли, я увидела стоящих кру́гом людей, держащихся за руки, причем я была одной из них. Оказалось, что свет исходит из живота каждого из нас. Мощный луч света – это сумма лучей, исходящих из каждого из нас. Я немного поднялась вверх и увидела, что наш круг – один из бесконечного множества других, таких же. Все держатся за руки и излучают из живота свет, да такой сильный, что видны только силуэты «участников».

Вдруг я обратила внимание, что взгляды всех обращены вверх. Оттуда на нас спускалось строение округлой формы. Оно напоминало космический корабль, но было прозрачным и тоже излучало мощный свет. Строение зависло над нами на расстоянии приблизительно двадцати метров и открылось, раздвинув три большие, похожие на лепестки двери. Из этого «цветка» выдвинулось три «тычинки» – три маленьких красивых ребенка, каждому – лет по шесть-восемь. Они сияли и улыбались нам. Я была так взволнована, мне так хотелось, чтобы и остальные участники нашей группы почувствовали и увидели то, что чувствовала и видела я, поэтому я постоянно их спрашивала: «Вы это видите? Кто-нибудь видит?» Мне было трудно описывать происходящее из-за сильного волнения, охватившего меня, поэтому я продолжала задавать своим товарищам по семинару вопросы, смысл которых один и тот же: «Может быть, вы тоже это видите?»

Одна из участниц, слева от меня, сообщила, что она тоже видит большой световой круг; кто-то еще сказал, что видит свет.

– Как жаль, что я не могу для вас сфотографировать
все это, – произнесла я.

– Ничего страшного, – ответил Джефф, – просто испытай
это. Дай себе возможность почувствовать этот свет.

Я сливаюсь со светом, сливаюсь с кругом, в котором
стою. Невероятное ощущение счастья охватывает меня
– слишком большое, чтобы я могла его вместить.

Постепенно все успокаивается, мое дыхание
выравнивается. Я снова ощущаю кушетку, на которой
лежу. Это путешествие окончено. Джефф подошел, чтобы
помочь мне восстановить равновесие. Я почувствовала
его нежные прикосновения к моим энергетическим
центрам. Сеанс окончен.

Когда я окончательно успокоилась и смогла сесть, все
стали подходить и обнимать меня.

– Как ты себя чувствуешь? Мы за тебя волновались –
ты так дрожала!

– Все в порядке, – отвечаю я, – надеюсь, что смогу
встать на ноги. Дрожь еще осталась, но ничего страшного.

Мне принесли воды. Вода помогает в любой ситуации,
это – лучшее из лекарств. Вода – это любовь. Она помогает
утолить жажду и успокоиться. Мне кажется, что вода –
от Бога. Какая глупость, ведь от Бога и все остальное!
Успокоившись, я рассказала Джеффу и всей группе о
том, что пережила в прошлую субботу. Джефф ответил,
что двенадцать тысяч лет назад – время существования
Атлантиды. Рассказала я и об огромном жуке, и мне
ответили, что, похоже, это был священный скарабей.

– Скарабей? Что это за жук?

— Древнеегипетский символ, ассоциировался с создателем мира.

Странно. В своем видении я наблюдала потоп, но оказывается, что корни этих событий уходят в историю Атлантиды и Древнего Египта. С одной стороны, что общего у меня со всем этим? Но с другой стороны, я очень радовалась тому, что благодаря сеансу, устроенному Джеффом, я, а через меня — и остальные, увидели продолжение. Мне кажется, что вывод из увиденного заключается в том, что когда-нибудь, возможно, наступит день, когда люди смогут владеть светом и создавать его для других посредством действия — как те стоявшие кру́гом люди из моего видения. Ведь все круги соприкасались друг с другом. Не было между стоявшими там людьми ни споров, ни соперничества; им не нужно было «обходить углы». Может быть, инструментарий для такого существования создается уже сегодня. Может быть, мы — путем работы с энергией в нашей маленькой группе — готовим ту почву, на которой вырастет всеобщее взаимодействие между людьми.

Джефф Левин, мой наставник, путешествует по миру девять месяцев в году. Только летом он возвращается домой, в Канаду, где занимается любимым хобби — скульптурой. Он ведет многие группы по всему миру, обучая их совместной энергетической работе. Наверняка, есть и еще такие наставники, как он, и такие группы, как наша. Может быть, в конечном итоге, нам действительно удастся создать «большой свет». Я надеюсь, что в будущем все религии мира будут одинаково священны в глазах всех и прекратятся все эти пустые споры. Мы смогли бы тогда добиться всеобщего взаимодействия, которое способствовало бы тем идеалам, в которые все верят. Тогда наступило бы всеобщее братство.

Наш мир спасет только «Возлюби ближнего твоего, как самого себя». Я не знаю, в чем был смысл увиденного мной, но надеюсь, что те три красивых ребенка, три «тычинки», олицетворяют не что иное как три основных мировых религии.

♌

Песах¹ во Вселенной

Уже много лет я не встречала праздники Песах и Рош Ха-Шана² в кругу семьи. Когда я разводилась, то позволила адвокату мужа прописать в соглашении о порядке общения с ребенком, что Янив будет проводить у отца все еврейские праздники. Мне тогда показалось, что это неплохо, потому что мои родители, фактически разведенные, ни один из праздников как следует не справляли, а в семье моего бывшего мужа это принято. Его отец регулярно молится в синагоге, а на Песах их семья справляет традиционную праздничную трапезу – «седер». Его мать отлично готовит, и это тоже очень способствует праздничной семейной атмосфере, которой нам так не хватало.

В течение первых лет после того как мои родители расстались, было совсем нелегко. Мы не знали, что делать. С кем встречать праздник – с папой или мамой? Непонятно. Эту проблему я всегда решала так: на Рош Ха-Шана уезжала на фестиваль «Берешит»³, а на Песах – на

---

¹ Еврейская Пасха
² Еврейский Новый год
³ Израильский музыкально-эзотерический фестиваль, носящий название первой книги Пятикнижия Моисеева («Бытие», ивр.)

фестиваль «Бумбамела».¹ Первые фестивали отличались высокой духовностью. Я ездила на эти фестивали и работала там в «палатке мистиков». Мне очень нравилось консультировать юношей и девушек, не знавших какой жизненный путь выбрать и с кем его пройти. Я любила заходить в импровизированные магазины, торговавшие разными видами индийского чая, или просто слушать «голоса фестиваля» и музыку, доносившуюся со всех его уголков. Очень здорово было принимать душ в кабинках, установленных прямо на открытом воздухе.

Моя сестра Михаль рассталась со своим парнем через два месяца после того, как мы с Янивом съехали, предоставив квартиру в ее полное распоряжение. Она переехала в домик, который раньше служил нашей маме сараем, а потом был переоборудован под жилое помещение. Таким образом, мама, Михаль и я жили теперь очень недалеко друг от друга.

Я продолжала время от времени отправляться в духовные странствия и иногда закручивала непродолжительные и ни к чему не обязывающие романы, в том числе и с женатыми мужчинами. Я точно знала, что не хочу серьезных отношений ни с одним из них. На этом этапе жизни я сосредотачивала свои усилия на воспитании сына, изучении духовных практик и повышению квалификации по технике целительства, которую я для себя избрала. Для получения аттестации мне необходимо

---

¹ Ежегодный музыкальный фестиваль, проводимый в непринужденной атмосфере на берегу Средиземного моря. Название – намек на индийский праздник Кумбха-мела.

было стажироваться и отчитаться о шестидесяти сеансах, проведенных двадцати разным людям. Прогресс был не слишком быстрым, так как учебу приходилось сочетать с работой и уроками медитации в группах, которые я собирала у себя дома.

По поводу своих отношений с мужчинами я шутила, что у меня постоянный друг, только он все время меняет имя, адрес, цвет глаз, и ДНК. Когда друг был женат, я чувствовала себя менее виноватой, не уделяя ему достаточно внимания. У меня нет на все это времени, а необремененный семьей друг всегда хочет больше, чем я могу дать, так что «женатики» для меня удобнее, причем такие, у кого уже есть опыт внебрачных отношений, так чтобы не получилось, будто я их совратила «с пути истинного». Они делали это до меня и если бы они не изменяли со мной, то наверняка нашли бы для этого другую женщину. Таким образом я оправдывала свое поведение, причиной которого было простое удобство. И в этой связи мне вспоминалась моя йеменская бабушка, которая любила говорить: «Мужчине можно доверять, только если он в могиле». Сама он вышла замуж еще в Йемене в «почтенном» двенадцатилетнем возрасте. Ее муж, мой дедушка, был старше на двадцать лет. Когда она была моложе, то отвергала всех женихов, которых ей предлагали. В конце концов, ей объявили, что она обязана выйти замуж за первого жениха, который к ней посватается. Мой дедушка продавал талесы[1] и, скитаясь

---

[1] В иудаизме: ритуальная одежда («малый талес») или молитвенное покрывало («большой талес»).

из деревни в деревню, оказался в доме, где жила моя бабушка. Женщины, жившие в доме, стали плясать от радости, думая, что прибыл новый жених. Дедушка не стал их разубеждать, а предпочел сперва посмотреть на предполагаемую невесту. Когда все выяснилось и когда бабушка узнала, что он не только продавец талесов, но еще и учитель, то немедленно согласилась выйти за него замуж. Образование всегда было для нее важнее, чем привлекательная внешность, которой могли похвастаться женихи помоложе. О ней рассказывали, что она знала Танах¹ наизусть. Если кто-нибудь при ней начинал читать эту книгу вслух, она могла продолжить по памяти любой стих. В те времена в Йемене женщины читать не умели, в хедер ходили только мальчики, и в детстве бабушка, бывало, слушала учителя, стоя снаружи, под окном. Таким образом она выучила все на слух.

Она родила дедушке десять детей. Одна из дочерей умерла по пути в Палестину – дорога была очень тяжелой. Моя мама, самая младшая из детей, родилась уже на Святой земле. Бабушку я помню в уже весьма преклонном возрасте; я ее очень любила. Мне рассказывали, что когда по субботам она отправлялась навещать своих детей, живших неподалеку, она всегда предлагала дедушке присоединиться, но он всегда отказывался – пусть, мол, сама идет. Когда она приходила в гости к сыну, моему дяде, он спрашивал ее:

– Мама, где папа?

– Сейчас придет, – отвечала она.

---

¹ Священное писание в иудаизме, соответствует Ветхому завету.

И он, конечно же, сразу приходил, потому что на самом деле он всегда шел туда, куда шла она.

По сей день мои тетушки рассказывают истории о том, кто кого взял в жены, и кто чей ребенок. Эти истории зачастую очень запутанны. Думаю, что сентенция насчет мужского непостоянства наверняка возникла задолго до моего рождения. И вряд ли мужчины когда-либо изменятся. Правда, в наше время мне уже не нужно выходить замуж. Я уже не должна играть в эти игры, и институт брака зачастую кажется мне надуманным и далеким от реальности. Я вполне могу растить своего сына сама, хотя это и труднее. Думаю, что во времена моей бабушки такой возможности не было. Моя мама рассказывает, что когда она сообщила бабушке о моем будущем отце, за которого она собиралась замуж, та сказала ей: «У него же вошь в кармане, да блоха на аркане! Зачем тебе такой? Что, в университете учится? В его-то возрасте?»

Мою маму знакомили с разными «ценными» людьми, то есть теми, которые владели разными «полезными» профессиями. Например, электрик – это хорошо, столяр – тоже выгодная партия. Но студент?! Это еще что такое? Бабушка не считала, что из этого выйдет что-то путное. Женщине нужен мужчина-кормилец для нее и ее детей... Слава Богу, мне ничего этого не нужно. Я учусь, работаю и ращу сына; у меня все в порядке, насколько это вообще возможно. Мой сын не наглец и не задира. Поскольку я отдаю работе много времени, он научился быть независимым и сам о себе заботится. Дома на нем лежит ответственность за стирку его собственной одежды, он готовит себе еду, какую любит. Он хорошо воспитан и уверен в себе, а болезнь, которой он страдает, постепенно сходит на нет. Мне не нужен муж, потому что он постоянно бы мне надоедал. Я пользуюсь мужьями других женщин, одалживая их без спроса, хотя была бы рада получить на это разрешение. Правда, наверное, должно смениться не одно поколение, прежде чем жены по доброй воле согласятся делиться своими мужьями с другими женщинами. Интересно, случится ли это когда-нибудь. Может быть, это будет настоящее братство, где никто никогда не будет испытывать недостатка ни в чем. Всем будут доступны изобилие и свобода. Весьма вероятно, что я просто думаю и говорю глупости.

Тем временем Сэм разработал собственную технику целительства, которую назвал «Много любви». Он пригласил меня в группу, которая должна была изучать эту технику. Я согласилась, так как очень люблю медитации, которые он проводит. Обычно я не пользуюсь техниками, которые изучаю у Сэма, в лечебных целях, а только для того, чтобы испытать ощущение личностного роста.

В субботу утром началась учеба. Я позволила своему телу откинуться назад и начала движения в такт энергетическим волнам. Я не знала, отправлюсь ли я «странствовать», но было очень приятно двигаться вместе с волнами и чувствовать, как мои энергетические тела окутывают меня; видеть свет, закрыв глаза, и омывать душу таким нежным и приятным сиянием. Я слышала, как Сэм описывает то, что нам нужно вызвать в своем воображении и подумала, что сегодня у меня нет сил представлять себе что-то особенное. Я хотела только совершать движения, подобные тем, которые совершают младенцы и чувствовать любовь и вибрацию, чувствовать свет и танец волн в телах и энергетических воротах – чакрах. Ворота эти делались то непроницаемыми, то прозрачными. Тело и энергия, тело и свет, тело и душа, пол и воздух, кресло и небо. Небо, небо. Где кресло? Где-то там. Теперь это небо. Только небо. Еще небо. Очень много неба. Вдруг я остановилась. Почему небо? По обе стороны от себя я чувствовала присутствие. Меня сопровождают. Я не вижу, кто это, но, видимо, они все-таки отправились со мной в это странствие. Я чувствовала, как они хотели, чтобы я обернулась и посмотрела назад. Делать это я обычно побаиваюсь, так как не люблю видеть свое тело там, позади, когда я не в нем. Иногда я его вообще не узнаю. Мне необходимо некоторое время, чтобы понять, что это тело там, внизу, – это я. Но они умоляют меня посмотреть, стало быть, я обернусь и посмотрю. Обернулась. Позади себя, к своему удивлению, я увидела планету Земля. Как красиво! От восторга я чуть не упала с того места, на котором стояла в нефизическом пространстве, окружавшем меня. Как красива Земля! Она совершенна. Жаль, что нужно отправиться в странствие, чтобы это увидеть. Теперь я уже не очень хочу оборачиваться и смотреть в сторону открытого космоса. Всегда присутствует это легкое сопротивление, которое нужно преодолеть, чтобы двигаться дальше или чтобы сделать следующий шаг. Мои спутники позволили мне

еще немного повосторгаться, но потом я почувствовала,
что пришло время продолжать движение. Стало быть,
удаляемся от земного шара? Хорошо, и куда же? Вперед,
в бесконечность. Приятная темнота и светящиеся точки
вдалеке. Скорость увеличивалась, и я почувствовала, как
заботливо меня поддерживают – крепче, чем раньше.
Мы приблизились к одной из световых точек и все резко
изменилось. Налево, вверх, вперед, вниз, вправо... Трудно
сказать, сколько поворотов и в каком направлении. Я
решила, что лучше всего закрыть глаза. Не хочу ничего
знать, пока все не успокоится. Когда это произошло, я
услышала голоса и почувствовала, что я нахожусь в какой-
то комнате. Я открыла глаза и обнаружила, что сижу за
праздничным столом с другими людьми, которые выглядят
очень странно. У них были розовые тела странной формы и
серые глаза. Они проводят религиозный обряд – наполняют
бокал вина для Ильи-пророка,[1] рассказывают об исходе
евреев из египетского рабства, читают Пасхальную Агаду.[2]
Я приглашена на пасхальную трапезу – седер. Сижу в
недоумении. Глава седера произносит традиционное
благословение над вином, отливает из бокала несколько
капель напитка, символизирующих египетские казни,
которыми Всевышний поразил упрямых египтян во главе
с фараоном. Я смотрю на эти розовые создания и думаю,
что если уж они сами так выглядят, то на что похожи их

---

[1] Во время еврейской пасхальной трапезы принято наливать бокал вина
для Ильи-пророка и приоткрывать входную дверь, приглашая его в дом.
Здесь и далее упоминаются элементы празднования Песаха.

[2] Повествование об исходе евреев из египетского рабства

лягушки?[1] Я отгоняю эту мысль. Абсолютно неважно, что у них за лягушки! Но как может быть, что их предки тоже бежали из Древнего Египта? Они тоже почитают Моисея, Иисуса Навина и Илью-пророка? Ведь Исход был только у нас, людей, облагороженных обезьян, а не у этой пастилы. Или пастила тоже бежала из Египта? Как они скитались по пустыне? Не растаяли? Похоже, у меня истерика. Пытаюсь успокоиться. «Истеричка, – говорю я себе, – нужно успокоиться. Обязательно! Тебя пригласили к праздничному столу, ты гостья и должна вести себя как полагается! Что если кто-нибудь из них умеет читать мысли?»

По традиции, глава седера спрятал кусочек мацы, «афикоман», и маленькие детки-пастилята сразу стали его искать – видно, тоже хотят получить подарки.[2]

Мои спутники тем временем приблизились ко мне вплотную. Может, сейчас я получу за свои неуважительные мысли! Меня подхватили, и мы снова начали перемещение в пространстве. Наверное, на меня сердятся, но что я могла сделать? Неужели кто-то предполагал, что я буду спокойно сидеть за праздничным пасхальным столом в компании пастилы? Закрываю глаза, пытаюсь успокоиться. Куда теперь? Провожатые не сердятся, они все время очень деликатно со мной обращаются. Как хорошо, что никто за столом не заметил, как я ушла. Может быть, меня никто и не видел? Может быть, так оно и лучше.

---

[1] Одна из египетских казней

[2] «Афикоман» – кусочек мацы, завершающий пасхальный седер. По традиции, глава седера его прячет, а дети, найдя, «требуют» за его возврат подарки.

Теперь мы далеко оттуда, и это хорошо.

Мои глаза все еще закрыты – мне неловко их открывать.
Однако провожатые предложили мне сделать это. Может
быть, действительно не стоит вести себя, как страус. Я
открыла глаза и обнаружила, что мы снова находимся
в бесконечном открытом космосе, а где-то далеко – те
самые светящиеся точки. Снова мы в пути. Может быть,
возвращаемся домой? Мы приближаемся к одной из
точек, и мне снова хочется «спрятать голову в песок».
Поворачивая, я снова закрыла глаза, и открыла их, только
когда почувствовала, что мы добрались. Мы находимся на
открытой «местности», вокруг нас нет никаких зданий.
Накрыт стол. Я сажусь за него и понимаю, что сильно
«выросла» – этот стол для меня слишком мал. У пастил я
хотя бы не чувствовала себе слишком большой, как Алиса
в стране чудес. Местные жители очень маленького роста
и очень смешливые, по крайней мере, так мне показалось.
Опять пасхальный седер, история об исходе из Египта,
чтение Агады, бокал вина для Ильи-пророка. Эти, стало
быть, тоже евреи. У меня создалось ощущение, что они
очень милы, и от этого по моему телу разливается тепло.
Они улыбаются, эти крошечные лысые люди. Каждый
имеет цвет кожи, отличный от цвета соседа, но какой
это цвет – сказать трудно. Привыкала я долго, но теперь
чувствую себя вполне комфортно.

Но вот мои спутники снова приблизились ко мне, и я
поняла, что пришло время лететь дальше. Все повторилось
сначала. Мы оказались на новой планете – очень красивой.
Всякий раз я видела новых созданий, занимавшихся одним

и тем же делом – празднованием Песаха. Я перестала этому удивляться.

На последней планете, которую мы посетили, существа были наиболее странными. Они были прозрачными и не имели четких очертаний. Я ощущала их присутствие, чувствовала, где каждый из них «начинается» и где «кончается», но видеть их я не могла. Все они тоже бежали из египетского рабства.[1] У всех был Моисей. И все были евреями. К этому я уже привыкла и не боялась. Я могла смотреть и испытывать ощущения, не подшучивая над присутствующими, чтобы легче переносить этот «культурный шок». Что ж, получается, во Вселенной еще много евреев, у всех у них одна и та же история, все читают Пасхальную Агаду, все когда-то были рабами в Древнем Египте.

Но вот, мои спутники снова приблизились, и снова мы отправляемся в путь. Что ж, спасибо, до свидания.

На последних планетах я уже могла понемногу «беседовать» с хозяевами – даже с теми, которые были прозрачны, – и была вежлива и коммуникабельна. Это был прогресс по сравнению с моим поведением в начале пути.

И вот мы снова в открытом космосе. На этот раз я почувствовала, что мы отправляемся домой. Обратный путь занял больше времени. Ничего, спешки нет. Есть время поразмыслить, вспомнить обо всех странных местах, где мне довелось побывать. Я успею все это осмыслить. Что же такое «евреи»? Я услышала своего наставника,

---

[1] По традиции, в каждом поколении участники пасхального седера должны рассматривать себя рабами фараона, только что обретшими свободу.

ответившего мне, что евреи – это радиочастота. Евреи –
это некая коллективная душа, воплощаемая в каждом из
них. Воплощение это может произойти в любом месте,
в любой форме. И евреи в мире есть.

Я помню, как не придавала значения тому, что я еврейка.
Думала, что никакой связи с еврейским народом у меня
нет. Я израильтянка, родилась здесь, и поэтому связана
с Израилем, но не с еврейством. Все еврейские обычаи,
соблюдавшиеся моими дедушками и бабушками, не имеют
ко мне никакого отношения. Я не хочу жить в другой
стране только потому, что я израильтянка. Я, конечно,
не всегда люблю то, что делает моя страна, но любая
другая страна тоже иногда «позволяет себе» то, что, как
мне кажется, делать не стоит. Вообще, разделение мира
на государства – это плохо. А сейчас мне кажется, что
моя связь с «еврейской радиочастотой» нравится мне
больше, чем моя связь с Израилем. Наверное, когда-
нибудь мне преподадут урок и об этом, а сейчас мы просто
возвращаемся домой. Странно, что меня никто не будит
там, в доме Сэма, где мое тело с комфортом дожидается
водворения в него души.

Мы двигаемся в открытом космосе; видны только
светящиеся точки. Приближаемся к одной из них, и
тут нас начинает трясти. Я снова закрываю глаза, и мы,
вновь проделав несколько резких поворотов, зависаем
в каком-то пространстве. Ощущение очень приятное.
Открываю глаза и вновь вижу нашу планету. Слезы
наворачиваются на глаза. Боже, какая красота! Я думаю,
что поняла. Наверное, мне предоставлена возможность

ощутить себя жительницей земли. Я чувствую, что здесь мой дом – самый красивый среди всех остальных миров. По крайней мере, мне он таким кажется.

Что же мы можем сделать для нашей планеты? Мне кажется, что быть жительницей Земли еще труднее, чем быть жительницей Израиля, хотя многие страны на нашей планете относятся к нам довольно плохо. Неужели непонятно, что мы не хотим жить на других планетах? Мы хотим жить на Земле! Каждая развитая страна стремится избавиться от своих отходов и вывозит их в страны третьего мира. Каждая стремится урвать побольше природных ресурсов и совершенствоваться за счет слабых слоев населения и за счет тех, которые не могут пожаловаться. А те, кто никогда не жалуется – это деревья, озера, реки, океаны. Они украшают нашу планету, как никто другой, но пожаловаться не могут, а как было бы здорово, если бы могли! С другой стороны, это была бы катастрофа – кто бы это выдержал? Но может, кто-нибудь все же услышит жалобы, которые нашептывает нам наша планета? Может, хоть кто-нибудь?

♌

Слияние

Моя подруга Яэль наконец-то укрепилась духом и объявила мужу, что хочет с ним расстаться. К ее удивлению, он не стал на нее нападать и не стал угрожать. А через пять минут раздался телефонный звонок – звонили из администрации гостиницы в Тверии,[1] где раньше работала Яэль. Они умоляли ее вернуться на работу. Муж Яэль тоже не был против. Более того, администрация гостиницы пообещала снять Яэль квартиру. Теперь у нее будет жилье. Зарплата тоже очень неплохая. Сама Яэль увидела во всем этом доказательство правильности своих действий – Вселенная подает ей знак, что она идет правильным путем. Муж сказал, что согласен, но Яэль придется оставить ему детей и платить алименты.

Яэль раздваивалась. Она знала, что должна уйти от мужа, но не была уверена, нужно ли брать с собой детей. Младшему сыну – всего одиннадцать. Однако она сделала то, что считала нужным. Она ничего не желала слышать и была непреклонна в своем решении просто встать и уйти, взяв с собой совсем немного вещей: муж не позволил ей забрать почти ничего, даже из ее личных вещей. Он

---

[1] Город на севере Израиля, на берегу Галилейского моря (озера Кинерет)

убедил детей в том, что он здесь пострадавший, и с этого времени ее дочь перестала с ней разговаривать. Дело было сделано, и, похоже, Яэль ни в чем раскаиваться не собиралась. Чтобы не сломаться, она сумела притупить свои чувства. Я успокаивала ее, говоря, что правда в конце концов выйдет наружу, и ей даже не нужно будет ничего делать – это произойдет само собой. И дочь ее поймет. Когда у нее будут дети, она поймет, что мать не бросают, что бы она ни сделала, тем более что она все сделала правильно.

– Но моя дочь еще даже не замужем, – горестно восклицала Яэль, – сколько же времени она не будет со мной разговаривать?!

– Она не разговаривает с тобой, так как уверена, что ты ее любишь. Она может позволить себе не разговаривать с тобой, так как знает, что не навредит себе этим. Ты никогда не перестанешь ее любить, и она, видимо, очень хорошо это понимает и потому позволяет себе дуться. Это хороший признак.

Я так надеялась, что права, убеждая ее. Мне всегда говорили, что я могу перевернуть все с ног на голову для своего удобства. «У тебя такой талант! – говорила мне моя подруга Орна, – ты можешь вывернуть все наизнанку, чтобы доказать все, что тебе хочется, в любой ситуации». Однако сейчас я надеялась, что в случае с Яэль не просто «выворачиваю все наизнанку», а что я права, а не пытаюсь «лишь бы» приободрить ее и выиграть время.

Яэль переехала в Тверию. Один раз в неделю она приезжала ко мне на вечера медитации, училась у меня гаданию на картах таро и на индейских картах, осваивала индейскую карту цветов и технику ВАТ, поскольку Джефф наделил меня полномочиями преподавать ее. Мы по-прежнему поддерживаем очень близкие отношения. После того, как у Яэль стало получаться выходить из тела, она стала делать это часто и находила в этом утешение. Пребывание вне тела вызывает неземные ощущения. Яэль, бывало, выходила, смотрела на свое тело, спавшее тут же на кровати, и отправлялась в путешествие. Она рассказывала мне, как прекрасно парить над Галилейским морем ночью. Это просто незабываемо – такое спокойствие и благодать! Я решила, что я тоже должна попробовать. Мы договорились, и я приехала к ней в пятницу. В этот день была ее смена в гостинице, где она работала менеджером. Я дожидалась в фойе окончания смены, чтобы вместе с Яэль пойти к ней домой. Дожидаться пришлось довольно долго, и я коротала время за чтением книги. Пожилая женщина с чашкой чая в руках подошла ко мне и спросила разрешения присесть рядом. Я, конечно, согласилась и она, просияв, села и сказала, что в одиночку чай пить не так приятно, гораздо лучше делать это в компании.

– Знаете ли, давным-давно, когда я была еще девушкой, в Австрии, моя мама учила меня манерам, и здесь, в Израиле, я стараюсь поддерживать эти традиции, но это не очень просто. Люди здесь не понимают, что такое манеры. Знаете ли, когда разразилась война, немцы увели моих родителей. В тот день, подходя к дому, я увидела, что соседи выносят наши вещи. Каждый брал то, что ему нравилось. Я сразу поняла, что случилось, и сделала вид, что ничего не происходит, потому что я просто не знала, как себя вести, как в подобной ситуации следует поступать. Я продолжала идти, не останавливаясь. Я просто шла, шла и шла. Услышав вокруг крики, я просто не обращала на них внимания и не оборачивалась. Я думала, что буду продолжать идти, пока не умру. Я шла медленно, не нарушая этикета – в точности, как учила меня моя мама, – шла много часов и продолжала движение, даже оказавшись за пределами города.

Когда я проходила мимо какой-то фермы, хозяйка окликнула меня и позвала в дом. Она налила мне чаю в чашку с блюдцем и предложила несколько маленьких кусочков сахара. Хотя ее дом совсем не походил на дом моих родителей в городе, я почувствовала себя почти как дома. Я чувствовала смертельную усталость, но не подала вида, поскольку это не соответствовало приличиям. С наслаждением выпив чая, я рассказала хозяйке, что произошло. Она приютила меня и велела выдавать себя за свою двоюродную сестру из Инсбрука. Я старалась как можно больше времени проводить на чердаке и помогала ей, чем могла.

Однажды немецкие солдаты устроили облаву в деревне, прочесывая дом за домом. Добрались они и до дома, где жила я. Один из них поднялся на чердак. Я сидела там и штопала одежду. Солдат приказал мне встать. Я встала, и он попросил меня подойти к окну. Я подчинилась, он достал фонарик и стал светить мне прямо в глаза. Я моргнула, так как свет был слишком ярким. Тогда он приказал мне посмотреть на улицу. Я увидела, как из соседнего дома вывели отца и двух его сыновей и расстреляли их на месте. Солдат схватил меня за руку и произнес: «Ты еврейка! Я знаю, что ты еврейка, но я не выдам тебя. Счастливо оставаться, фрейлейн!» И вышел из комнаты. Я не знаю, почему он меня не выдал. Но я думаю, что из-за моих хороших манер – тех самых, которым меня научила мама. А вот сейчас я поступила очень невежливо, побеспокоив Вас, но очень уж неправильно пить чай в одиночестве.

– Нет, – ответила я – Вы меня совершенно не обеспокоили. Я очень рада, что Вы присели рядом и рассказали мне эту историю.

– Понимаете, – сказала она, – это все потому, что я увидела, что Вы читаете книгу. Вот я и подумала, что не будет ничего плохого в том, что я попрошу Вас составить мне компанию – ненадолго, только на чашку чая. Я больше не буду Вам мешать, большое спасибо и всего доброго.

Эта элегантная женщина встала и ушла, а я была потрясена. Мой отец пережил войну ребенком, прячась в какой-то дыре в Бухаресте, а потом видел ужасы всех войн в Израиле, но ни разу даже не обмолвился об этом ни единым словом. Он словно запечатанный сосуд. Я знала, что есть люди, которые любят рассказывать о себе, а есть такие, как мой отец, которые не рассказывают вообще ничего. Но до сегодняшнего дня я никогда не встречала тех, кто рассказывал бы о себе так много. Замечательная женщина! Несмотря на свой возраст, она была весьма миловидной и разговаривала очень приятным голосом.

Вместе с тем, в ее монолог нельзя было вставить ни словечка, так как она искала не собеседника, а слушателя.

Я вернулась к чтению, однако сосредоточиться сумела не сразу, хотя книга об эзотерической астрологии казалась столь захватывающей несколько минут назад. В полвторого Яэль решила, что может передать эстафету, и мы отправились к ней домой. Если она будет нужна, ее позовут, тем более что живет она в десяти минутах езды от гостиницы.

Мы пришли к ней домой, и она присела на диван в гостиной, чтобы выкурить сигарету после трудного рабочего дня.

– Не ложись, пожалуйста, спать, – попросила она меня, – я должна еще вымыть пол, сегодня еще не делала уборки.

– Что?! Ты собралась сейчас устраивать уборку? С ума сошла? Сейчас два часа ночи, ты после рабочего дня и говоришь о том, что сегодня еще не мыла пол? И ты это делаешь каждый день?

– А еще родилась под знаком Девы, – с укором ответила мне Яэль, – я «Рыбы» по Зодиаку и не могу пойти спать, пока не помою пол и не вытру пыль с мебели.

– Неужели пыль не подождет до завтра или даже до послезавтра?! – произнесла я в изумлении, узнав еще и о мебели, которую, оказывается, необходимо чистить прямо сейчас.

– Ладно, ладно, иди спать. Не надо так удивляться. Это мои привычки. Я просто не засну, если не сделаю все до того, как лягу в постель с книгой.

Я подумала, что дело тут вовсе не в знаке Зодиака,

который заставляет Яэль мыть пол во что бы то ни стало, а в ее гипертрофированной педантичности. Я же приехала сюда, чтобы лечь спать и отправиться в путешествие над Галилейским морем.

– Ладно, – говорю, – делай, как тебе удобно. Спокойной ночи!

Конечно, прошло не меньше часа, прежде чем Яэль, удовлетворенная чистотой в доме, отправилась в душ. Шум, который она производила, не давал мне возможности сосредоточиться на технике произвольного выхода из тела. Это просто не работало. Я ждала и ждала, а когда все успокоилось, мной овладела смертельная усталость. Однако я не сдалась. Я хочу парить над водной гладью Галилейского моря – за этим сюда и приехала!

Несколько попыток – и вот я уже парю вне тела. В этом состоянии у меня функционируют не все органы чувств: я могу видеть и слышать, но не могу обонять и осязать. Я надеялась ощутить приятное дуновение ночного ветра, вдохнуть запах травы и цветов, но когда путешествуешь вне тела, это невозможно – по крайней мере, для меня. Район, в котором живет Яэль, расположен на холме и я понимаю, что мне нужно спуститься по направлению к берегу. Я лечу вниз и влево и вдруг замираю. Передо мной на расстоянии трех метров кто-то стоит – стоит точно как я, паря в воздухе и будто бы вдыхает ночной ветер, хотя я точно знаю, что в этом состоянии ничего вдыхать невозможно. Он смотрит на меня искоса и спрашивает, как будто невзначай:

– Хочешь слиться?

Его поза, голос и движения тела очень сексуальны. Он заставляет работать все мои железы, которые, как мне казалось, я оставила в своем теле, дома у Яэль.

– Что значит – 'слиться'? – спрашиваю я.

– Что ж, не попробуешь – не узнаешь, – отвечает он.

После секундного размышления я согласилась. Конечно, хочу!

– Хорошо, – говорю я, и он приближается ко мне. Приближается медленно. Чем он ближе, тем больше я возбуждаюсь. Его рука касается моей, но это не прикосновение, а слияние. Каждая частица моего энергетического тела встретилась с частицей его тела. Он медленно ввел свою руку в мою, потом – ноги, потом туловище и, наконец, голову. Умопомрачительный экстаз! Никто никогда такого не испытывал. Я имею в виду, конечно, телесную оболочку. Кажется, будто каждая частичка испытывает супероргазм. Ощущение было таким, будто я подключилась к источнику электропитания, который постоянно заряжает меня. Я хотела, чтобы это не прекращалось никогда. Это было безумие, я была не в состоянии мыслить, разговаривать или слышать что-либо, а только чувствовала сумасшедшую пляску каждой своей частички, соприкасающейся с частичками его тела. Затем он медленно отделил свою руку от моей, отвел в сторону ногу и высвободил из моих контуров всего себя. Я видела его, но не могла произнести ни слова. Это было настоящее потрясение. Он же улыбнулся и продолжил свой полет, вскоре скрывшись из виду.

Я осталась на месте, ожидая, пока мое тело вернется к

привычному для него ритму, другими словами – просто успокоится. У меня заняло немало времени прийти в себя, вспомнить, кто я и что хотела здесь делать. Полетать над Галилейским морем? Что ж, может быть, в другой раз. Я чувствовала, как мое тело притягивает меня обратно – хватит ему быть без меня. Я вернулась и почувствовала прекрасный запах свежего постельного белья, прикосновение пухового одеяла и огромной подушки. Да, Яэль умеет принимать гостей. Я буквально растаяла в кровати и заснула, уставшая, но счастливая. Похоже, улыбка теперь останется на моих губах навсегда. Как можно перестать улыбаться, когда все так прекрасно?

♌

Двигающиеся колючки

Я переехала на новую квартиру, где была отдельная комната для приема посетителей. Немаловажным преимуществом был также лифт. Переезд дался мне легко, так как новая квартира располагалась в доме по соседству. Единственное неудобство заключалось в упаковке и погрузке вещей. Это была большая работа.

А еще я впервые в жизни купила машину. Объявление о ее продаже я нашла в газете. Быстро созвонившись с продавцом, я приехала на место, и сделка состоялась тотчас же – машина была в очень хорошем состоянии.

Когда я думаю обо всем этом, мне трудно поверить, что я вполне преуспеваю. В начале самостоятельного пути, когда я только развелась с мужем и мы разъехалась, в моем доме были голые стены и я считала каждый шекель. Даже колебалась покупать ли набор красок – мне хотелось украсить дом своими картинами, но нужно было экономить. А сейчас, впервые в жизни, мне удалось скопить достаточно денег, чтобы купить автомобиль. Мой сын вырос, учится в шестом классе. Когда я покупала машину, я взяла его с собой. Через два дня, в канун Рош Ха-Шана, я сама повезу его в Иерусалим, чтобы он встретил праздник с семьей своего отца. Я предпочитаю не оставаться на праздничный ужин, хотя меня всегда приглашают. Моя бывшая свекровь, бабушка Янива, сломала руку, и может быть мне стоит взять с собой какой-нибудь целебный камень, чтобы помочь ей.

Когда мы прибыли, свекровь отдыхала и я не хотела ее будить. Я оставила Янива, выпила воды и решила тотчас же вернуться домой. Обычно вождение в полуденные часы дается мне с трудом, но сейчас я надеялась, что поездка в новеньком авто будет приятной. Мне незачем оставаться здесь. Включаю передачу и отправляюсь в путь.

Однако, я не учла, что поездка в автомобиле с автоматической коробкой передач может оказаться скучной. Плавное и приятное движение по трассе, палящее солнце, необходимость часто моргать (как жаль, что я забыла солнечные очки!) Все это убаюкивает меня, будто я младенец в нежно покачиваемой люльке. Борюсь с желанием сомкнуть веки. На сидении рядом со мной – сумка, в которой лежит целебный камень (тот, что я взяла с собой для свекрови). Это молдавит длиной три сантиметра, шириной – один сантиметр и толщиной – полсантиметра. Он обошелся мне почти в двести шекелей.[1] Этот камень обладает мощными целебными свойствами и при этом помогает мне отправляться в путешествия в другие измерения. Сейчас камень лежит себе спокойно рядом со мной и исподволь оказывает на меня свое влияние. Я борюсь с собой и всеми силами стараюсь не уснуть, однако, понимаю, что битва проиграна и ищу место для

---

[1] Ок. 55 долларов США.

остановки. Но где же остановиться? Шоссе, по которому я еду, извилистое, и остановка на обочине запрещена. «Вот доеду до перекрестка и остановлюсь, – обещаю я себе, – заеду на заправочную станцию и там высплюсь, сидя в машине. А пока мне нужно добраться туда невредимой. Ну еще немножко, еще чуть-чуть. Борьба нелегка, но я еще не знаю, что потерплю поражение. Дальше ничего не помню. Я даже не помню, как трудно было разлепить веки – все стерто из памяти. На мгновение просыпаюсь и вижу огромные колючие кусты, двигающиеся мне навстречу по обе стороны машины. Я и не знала, что кусты могут двигаться, да еще так быстро. Как странно!

Какая красота! Я улыбаюсь и с восторгом продолжаю смотреть на колючие кусты. Мне кажется, что я снова испытываю нечто, что никто не сможет понять и во что никто не сможет поверить. Мне точно никто не поверит, если я расскажу, что видела движущиеся кусты. Но вдруг все замирает, и я понимаю, что сижу в машине. Что нужно делать, когда машина останавливается? Если я припарковалась, значит нужно перевести ручку переключения передач в соответствующую позицию – и больше ничего. Я сделала это с большим трудом. Чувствую усталость, по-прежнему хочу спать. Только спать. Вдруг, откуда-то издалека до меня доносятся крики. Что-то произошло, но я не могу понять, что. Может быть, это даже и не важно – слишком уж клонит в сон. Кто-то открывает дверцу машины и кричит: «Вы живы?» Я смотрю на незнакомое лицо и не понимаю, почему этот человек так кричит. «Да», – отвечаю я и не понимаю, почему он хочет, чтобы я вышла из машины – ведь мне хочется спать. Однако он вытаскивает меня наружу. Я отхожу от машины на несколько шагов и смотрю вверх. На высоте приблизительно четырех метров я вижу шоссе, по которому я только что ехала. У ее края столпились люди и смотрят вниз, на меня. «Вы живы?» – спрашивают они. «Да», – отвечаю я. Чем дальше я от машины и от молдавита, тем лучше я понимаю, что произошло, однако, полностью осмыслить этого не могу – сознание все еще затуманено. Несколько мужчин подходят ко мне и помогают вскарабкаться на обочину. Я сажусь на черный асфальт, и меня снова клонит в сон. Полицейский, оказавшийся поблизости, спускается к машине вместе с несколькими мужчинами, никого из которых я не знаю. Я вижу, как один из них привязывает длинную веревку к моей машине, готовясь вытащить ее обратно на шоссе при помощи своего пикапа. Я замечаю, что моя машина остановилась, не доехав до дерева совсем чуть-чуть – сантиметров десять. Мужчины объясняют мне, что строительный мусор, сваленный под деревом, остановил машину, зацепив ее за днище. Строительный мусор был покрыт толстым слоем песка, поэтому машина не пострадала. Подошедшие мужчины были жителями соседней деревни. «До нас то и дело доносятся звуки аварий, которые происходят на этом шоссе, – говорят они мне, – но такого мы еще никогда не видели. Вы пересекли встречную полосу и ни с кем не столкнулись. При этом Ваша машина не налетела ни на один из столбиков, которые установлены вдоль обочины на расстоянии семи метров друг от друга. А еще Вам повезло с тем, что в этом месте дорожное полотно совсем не намного выше, чем поле, в которое Вы въехали.

Я поняла, что заснула за рулем, а когда машина скатилась в поле и я открыла глаза, то не поняла, почему наблюдаю такое красивое зрелище – надвигающиеся на меня колючие кусты...

Зацепив машину тросом, хозяин пикапа не без труда отбуксировал мою машину на проселочную дорогу. «Я подгоню ее к шоссе!» – крикнул он мне. Действительно, машина совсем не пострадала – не было даже царапин. Собравшиеся здесь жители деревни, в основном верующие, спросили меня, за какие добрые дела я удостоилась такой заботы со стороны провидения. «Ничего такого я не делала, – ответила им я, – не припоминаю никаких таких добрых дел. Может, мои родители или их родители помогли». Жители предложили мне заехать к ним в гости, чтобы выпить кофе и отдохнуть, прежде чем я продолжу путь. Сознание мое было все еще немного затуманено, и я все еще не поняла, что мне стоит держать молдавит подальше от себя. Может даже, стоило положить его в багажник.

После этого я, конечно, больше никогда не держала этот камень рядом с собой во время вождения. Людям, которые помогали мне после этого инцидента, я в знак благодарности подарила все, что могла – книгу о профессоре Лейбовиче,[1] которую купила репетитору

---

[1] Профессор Йешаяху Лейбович (1903 - 1994), выдающийся израильский биохимик, врач и еврейский философ, обладавший весьма противоречивыми взглядами.

Янива, и бутылку вина. Больше у меня ничего не было. Их имен я не записала из-за спутанности мыслей, поэтому не смогла потом поблагодарить их так, как бы мне хотелось. В тот день я вообще так и не поняла, что со мной произошло – не поняла, что обеспокоила так много ангелов, сделавших так много, чтобы я не пострадала. В автосервисе почистили выхлопную трубу, в которую забилось немного песка. Больше делать ничего не надо было. В течение долгих лет после этого происшествия я не решалась водить машину в полуденные часы – видимо, это для меня опасно. Не хотелось привлекать к работе так много людей и высших сил только потому, что я теряю контроль над происходящим, пребывая в состоянии дезориентации.

Все, что нужно сделать – это поблагодарить всех тех, кто старался и помогал, всех тех, кого я не поблагодарила, не будучи в полном сознании. Я прошу у вас прощения и говорю вам: «Огромное спасибо!»

♌

Маленькие против больших

Предприятие, на котором я работала, сильно изменилось за последние годы. Начинали мы маленькой стартап-компанией со штатом в шестьдесят человек. Я пережила волну сокращений, очень болезненных для администрации, лично директора и, конечно, для самих работников. Мы знали, что нас должны покинуть очень хорошие специалисты, так как компания просто не в состоянии их себе позволить. Было время, когда каждый новый месяц – мы это знали – мог стать последним в жизни компании. В конце концов, мы остались на плаву – компания IBM заказала у нас семь приборов, каждый из которых стоил около миллиона долларов. Эти деньги стали кислородом, который позволил компании выжить. В течение всего этого непростого периода и потом, в хорошие времена, все работники компании действовали как одна слаженная команда, как одна семья. Однажды утром, когда я пришла на работу, то обнаружила коллег, орудовавших швабрами и тряпками. Это была особенно дождливая зима, канава позади здания наполнилась водой, которая затопила производственные помещения и стерильную комнату, где собиралось наше дорогостоящее оборудование. Даже наш директор махал шваброй наравне со всеми. Я сразу принялась помогать, однако он не дал мне заниматься этим. Я не думаю, что он знал, как плохо я убираю, а просто хотел, чтобы я отвечала на звонки и занималась своими непосредственными обязанностями, а его звала, только если возникнет какое-нибудь срочное дело.

Поскольку прибор, изготовляемый нашей компанией, призван проверять качество производства микропроцессоров, то технологии, используемые при его изготовлении, должны быть еще более усовершенствованными, чем технологии самих микропроцессоров. Таким образом, изготовление прибора становится невероятно сложной задачей. Компания должна постоянно изобретать что-то новое, существующие технологии не могут быть взяты за основу.

Один из руководящих работников компании просто не отходил от прибора целыми днями, даже неделями. Его почти невозможно было застать в собственном кабинете, а услуги секретаря ему были не нужны. К сожалению, он был одним из первых, кого уволили новые хозяева – международная американская компания, купившая нашу. Со временем мне тоже приходилось иногда «изобретать» для себя какую-нибудь новую работу, когда мои прямые обязанности были не нужны. Мой директор говорил мне: «Подумай, что́ стоит сделать, и сделай это».

Соблюдение проектных графиков было слабым местом компании. У нас шутили, что если программист говорит тебе, что задача будет решена через три дня, значит, нужно умножить на три и перевести в следующий разряд, то есть жди девять недель. Наверное, все было не так уж плохо, но в этой шутке была немалая доля правды. Я хорошо освоила программу управления проектами и стала внедрять ее в конструкторском отделе. Директор ратовал за то, чтобы каждый мог расширять или ограничивать круг своих должностных обязанностей, принося наибольшую пользу компании. В первый год работы меня так увлекла эта идея, что я выходила с работы иногда в десять часов вечера, хотя за сверхурочные в то время не платили. Правда, некоторые выходили и позже. Со временем я научилась лучше распределять свое время и выходила раньше. Семь часов вечера – вполне нормальное время для окончания работы. Когда я выходила засветло, мне казалось, будто я отработала только полдня. Мы очень старались, чтобы компания преуспела. Это было похоже на подвижничество времен создания государства.

Финансовый директор компании когда-то репатриировался в Израиль из США. Каждый день он приезжал на работу на велосипеде, невзирая на погоду – в жару или в дождь. Деньги, которые он получал за неиспользование служебной машины, жертвовались в пользу неимущих репатриантов – выходцев из Эфиопии. Стремление помочь компании преуспеть было сильно́ и стремление это увенчалось успехом — таким крупным, что американская компания купила нас. Вместе с нами была приобретена другая компания похожего профиля, после чего обе «покупки» объединили в одно предприятие. Объединение было болезненным. Руководящих работников увольняли одного за другим, а на их место брали людей, имевших опыт управленческой работы в очень крупных компаниях. Наблюдать за этим было странно: все руководители стартап-компании были под метр девяносто, в то время как люди, пришедшие управлять только что созданным концерном, были низкого роста, некоторые – даже ниже меня.

Новый директор позволил мне подыскать другую должность. В этой огромной компании «попадались» небольшие группы людей, с которыми я работала ранее. Новоприбывшие же, хорошо ориентировавшиеся в изменившейся рабочей среде, знали, как себя преподнести и придать важность своей деятельности. В этом мы сильно от них отставали.

Объединенной компанией руководили два содиректора, оба – люди, знающие толк в управлении концерном. Поскольку я решила подвизаться в проектах, связанных с эксплуатационной деятельностью, то находилась в опосредованном подчинении у одного из новых директоров, избравшего для управления компанией политику запугивания работников. На заседаниях руководителей отделов он кричал и приказывал; от подчиненных хотел слышать только то, что его удовлетворяло. Однажды, коллега, сидевший по правую руку от меня, подал директору требуемый отчет. Тот, что сидел по левую руку, тотчас передал мне записку, где было всего три слова: «Это все вранье».

Взяв на себя новые обязанности, я бывала в офисе этого директора. У него было огромное роскошное кресло, и я подумала, что деньги на это кресло были добыты тяжелым трудом людей, которых я знаю (да и моим тоже), а он не очень-то заслужил нежить свою филейную часть, пользуясь плодами этих трудов. В этой связи вспоминалась история, которую рассказывала моя бабушка со стороны отца. Во время Второй мировой войны она шила для немцев – работала, не покладая рук. В дополнение к этому, она заведовала хозяйственной частью подпольной организации коммунистического толка, действовавшей в Бухаресте. Так вот, она рассказывала, что был у них в организации один парень, очень трусливый. Поэтому никто не хотел брать его на задание – ведь он мог не только его провалить, но еще и подвергнуть опасности остальных бойцов. Фамилия его была Чаушеску. Бабушка здо́рово изображала, как он умолял ее дать ему еще немного картофелин сверх нормы. Со временем, как известно, маленький, трусливый Чаушеску стал управлять страной и высосал из нее все соки. Это, конечно, не очень похоже на нашу ситуацию, так как были у нас и люди высокого роста, карабкавшиеся изо всех сил по карьерной лестнице. Но и эти высокие казались мне духовными карликами – в нашей компании оставалось все меньше места для истинно благородных людей. К своему счастью, мне удалось протиснуться на должность, которую я любила и которая была достаточно динамичной и сложной, чтобы работы хватило как минимум еще на несколько лет.

♌

Любовь и тьма

Суббота. Янив у отца, и я могу заняться своими делами.
Этот день я снова проведу у Сэма Леви, который пригласил
меня поучаствовать в семинаре, посвященном продвинутой
энергетической технике целительства. Я приняла душ,
поела и оделась. Лишь одна вещь мешает мне выйти из
дома – очки, вернее, их отсутствие. Где же они? Я уже
искала их, где только могла, во всех местах, где они могут
и не могут быть – в холодильнике, рядом с мыльницей
в ванной, но все без толку. Если бы Янив был дома, он
быстро их нашел бы. Если бы сейчас была не суббота,
да еще и утро, я бы постучалась к соседке и попросила
ее помочь найти мои очки, как уже делала раньше.
Зрение у меня очень слабое – без очков я вижу только
цветовые пятна. Единственное решение – воспользоваться
солнечными очками с диоптриями. Выбора нет. Будет,
конечно, очень странно весь день проходить в таких очках,
да еще и с очень темными линзами. К тому же дома у
матери Сэма, где проводятся семинары, гостиная сильно
затемнена. Но другого не дано, придется обходиться тем,
что есть.

Поездка в Петах-Тикву заняла очень мало времени. Урок уже начался. Все сидят на диванах, опираясь на подушки. Ближе к обеду Сэм объявил, что ему хочется заняться тибетской медитацией. Все принимают удобные позы и кладут кисти на бедра ладонями вверх. Однако я кладу их ладонями вниз, а мои ступни прижаты к полу так, что если я куда-нибудь улечу, то потом смогу вернуться обратно к земле.

Сэм включает музыку, и через некоторое время я оказываюсь в постели, в комнате, которая кажется очень знакомой. Вместе с тем я понимаю, что никогда здесь не была. Я просыпаюсь и мысленно готовлюсь к предстоящему рабочему дню. В течение последнего года я и пятеро моих братьев работаем на строительстве дома для одного из них; он собирается жениться и переехать сюда после свадьбы. В предвкушении рабочего дня, мое сердце наполняется радостью и любовью. В нашем мире любовь – это здоровье, а тот, в чьей душе не живет тихая радость, заболевает. Только любовь к больному со стороны большого количества людей, которые будут любить его вместо него самого, может вылечить его. А если не найдется их достаточного количества, он может умереть. К счастью, у меня большая и любящая семья и много друзей, что говорит о том, что я совершенно здорова. Это, в свою очередь, означает, что у меня немало ухажеров, каждый из которых хотел бы, чтобы я связала свою жизнь с его. Когда настанет время, когда придет мой черед, мне будет, из кого выбрать себе жениха. Вместе с тем что-то мешает мне в последнее время, только я не знаю, что это. Каждое утро я просыпаюсь, как сейчас, выхожу из дому, вижу знакомый пейзаж, состоящий из домов нашего города, и что-то изнутри зовет меня, но вот только что?.. Поначалу я думала, что этой ночью, возможно, радость ушла из моего сердца и поэтому я заболею, однако вскоре поняла, что по-прежнему рада – просто что-то непонятное происходит внутри меня.

А в нашем мире все было, как всегда. Наши дома освещает оранжево-желтый свет. Все, что мы с любовью делаем своими руками, освещает наш мир, окруженный (как, наверное, и все остальные миры) темнотой, поскольку естественного освещения у нас нет. Созданные с любовью плоды нашего труда – изменение природы; это и дает нам свет. Например, одежда, которую я ношу, дает оранжевый свет. Все предметы одежды, которые мы используем, светятся оранжевым или желтым светом. Я не знаю, от чего это зависит, но мне кажется, это здорово, что есть два цвета, а не один. Я думаю, что мысли, которые только что пронеслись в моей голове, очень странные. Интересно, откуда они берутся, эти странные мысли? «Все остальные миры?» Что за «миры»? Что вообще со мной происходит? Возможно, я все же заболею. Я никогда не слышала, чтобы кто-нибудь пользовался выражением «все остальные миры», а у меня в голове оно возникло естественным образом. Сегодня, как и в другие дни, проснувшись, я направляюсь на работу – делать кирпичи для дома брата, который мы с любовью строим на краю города. Каждый новый дом, который здесь возводится, усиливает свет любви, отгоняющий мрак неизведанного.

Некоторые взрослые утверждают, что нужно ограничить количество разрешаемых свадеб, потому что иначе места может не хватить. Сколько еще осталось тьмы? Может быть, однажды наш город достигнет ее последнего рубежа, и не останется места для строительства домов света. Но другие взрослые говорят, что вот уже много лет наши соотечественники строят свет, а тьма все не кончается. Так что не стоит беспокоиться по поводу того, что никогда не происходило и, судя по всему, вряд ли произойдет. Кроме того, Мудрая гора сама регулирует прирост населения, так что не наше дело заботиться об этих вопросах.

Приблизительно каждые три года Мудрая гора притягивает к себе нескольких жителей города, которые поднимаются на нее, чтобы больше никогда не вернуться. Никто не знает, что происходит внутри горы, но известно, что там живет наш Бог. Он-то и принимает все важные решения. Я точно не помню, но мне кажется, что я слышала, как однажды вечером мама говорила папе, что скоро наступит время и что она опасается, так как из нашей семьи, слава Богу, еще никто не поднимался; может быть, образования, которое она дала нам, достаточно, чтобы мы остались добрыми и верными семье и что никому не придется идти на Мудрую гору.

Мамина старшая сестра ушла на гору, когда была молодой и мама поклялась всегда помнить, как тяжело было бабушке пережить утрату. Как много любви вложили в бабушку моя мама и ее братья и все остальные члены семьи, чтобы спасти ее от тяжелой болезни, когда ее сердце преисполнилось скорби по старшей дочери, ушедшей на гору.

Сегодня я работаю с особенным старанием. Моя старшая сестра поглядывает на меня и в ее глазах читается вопрос – ей хочется понять, откуда такое необыкновенное усердие. В конце дня я чувствую, что все как обычно и, засыпая, думаю, что то странное ощущение, которое возникло у меня на прошлой неделе, видимо, полностью улетучилось. Возможно, это связано с моим взрослением. Попробую спросить при случае у мамы, возникают ли такие ощущения у взрослых женщин. На следующий день я встала как обычно и сразу поняла, что то странное ощущение вернулось и даже усилилось. Весь день я энергично работала, а вечером зашла в свою комнату, чтобы проверить свой внутренний уровень радости. Все в порядке. Во мне достаточно радости, но странное чувство заставляет меня выйти на улицу. Мама и папа переглядываются тайком. Видимо, им кажется, что у меня завелся дружок. Ну и что, пусть себе думают. Я должна следовать своему чувству, и узнать, куда оно меня приведет. Я вышла из дому и отправилась в путь по освещенным улицам. Я шла все дальше и дальше, пока не достигла городской окраины. В этих местах я еще никогда не бывала. Посмотрев вверх, я увидела Мудрую гору. Мой взгляд был прикован к ней. Гора притягивала меня к себе и наполняла сердце таким счастьем, какого я не испытывала никогда прежде. От такого количества счастья я пришла в восторг – удивительно, что можно в одночасье почувствовать себя такой здоровой. «Ведь не может быть, чтобы это было плохо – идти навстречу такому большому счастью?» – спросила я у своего сердца. Мне казалось, будто внутри меня горит мощное пламя.

Я вернулась домой, чтобы не беспокоить родителей. Мое лицо сияло от счастья, которое я пыталась скрыть. Мама улыбалась, потому что думала, что я влюбилась. Я слышала, как она говорила папе, что, наверное, скоро им придется подавать заявку на еще одну свадьбу в нашей семье. Конечно, займет еще несколько лет, пока мы получим разрешение, но не страшно – дочка выглядит достаточно счастливой, чтобы подождать и потерпеть.

Мамочка, любимая! Может быть, это у меня пройдет, я пойду спать и постараюсь обо всем этом забыть. Может быть, у меня получится вытеснить из памяти то огромное чувство счастья, которое меня захлестнуло, когда я увидела гору.

Наступил еще один радостный рабочий день. Прошла еще одна неделя, в течение которой я радовалась, а иногда меня захлестывало то самое ощущение огромного счастья. А через месяц я уже знала, что от этого не уйти – я должна буду взойти на гору. Остаться я не смогу. Я решила написать маме письмо, полное любви:

«Дорогая мамочка,

я так люблю тебя и хочу сказать тебе спасибо за все, что ты для меня сделала, но Мудрая гора зовет меня, и устоять перед этим зовом невозможно. Выбора у меня нет. Если я останусь, я, конечно же, заболею и умру, и вся любовь нашего мира не сможет меня излечить. Если я взойду на гору, подчинившись зову, наполняющему меня счастьем, какого я раньше никогда не испытывала, то, может быть, сумею выжить.

Мамочка, пожалуйста, подумай о том, что мы не знаем, что происходит с людьми, поднявшимися на гору. Может быть, они и не умирают там. Хоть никто из них не вернулся, возможно, они все-таки живы. Может быть, это не так уж плохо? Может быть, я встречу там свою тетю, твою старшую сестру и передам ей, как ты ее любишь и что ее никто не забыл?

Мамочка, милая, я наполняю это письмо огромной любовью ко всей нашей семье и особенно к тебе. Читай его всякий раз, когда тебе понадобится моя любовь, и помни, что твоя любовь сохраняет радость в моем сердце, где бы я ни была. Пожалуйста, преодолей эту боль и продолжай меня любить, так как это придаст мне сил и поможет идти дальше. В душе я знаю, что ты выздоровеешь. У тебя будут силы продолжать жить и любить, так как у тебя есть дети, а скоро появятся и внуки, которым ты расскажешь обо мне, чтобы и они меня помнили. Люби нас всех, люби меня – я чувствую, что там, на горе, я не умру, а если не пойду туда, то это обязательно произойдет. Пожалуйста, не сердись на меня. Дай мне сил, как ты всегда это делала. Я люблю тебя по-прежнему и думаю о тебе всегда.

Твоя младшая дочь».

Настал день восхождения. Я так ничего никому и не сказала, просто оставила письмо на кровати, и вышла из дома. Ноги сами несли меня к горе. По дороге я миновала то место, где мы все работали, и слышала крики людей, но как будто издалека. «Сегодня день восхождения на гору!» – кричали они. Вместе со мной на гору шагали другие. Выражение их лиц было каменным, не дрогнул ни один мускул. «Я себя не вижу, – подумалось мне, – но, наверное, выражение лица у меня такое же». Мы поднимаемся на гору по тропинке, некоторые из нас в оранжевых одеждах, а некоторые – в желтых. Я слышу, как издалека мне что-то одновременно кричат мои сестра и брат, но не могу разобрать ни слова. Как странно.

Мы поднимаемся все выше. Шум города до нас уже не доносится, все осталось далеко позади. Я вижу, что некоторые люди, шагающие рядом со мной, выглядят уставшими. Это меня удивляет: я совершенно не чувствую усталости. Тропинка становится все шире, и вдруг мы останавливаемся у входа в большую пещеру. Звучащий внутри меня голос дает четкие указания идти прямо, потом направо, потом налево, потом еще раз налево. Я замечаю, что других людей рядом уже нет – я одна. На секунду останавливаюсь и убеждаюсь, что количество радости во мне не уменьшилось – значит, я здорова. Голос внутри приглашает меня войти в одну из комнат; я вхожу и обнаруживаю там ящик с песком. «Ложись на песок», – говорит голос. Я подчиняюсь. «Сейчас на твое лицо положат горячее, влажное полотенце. Не очень приятно, но это испытание, которое тебе необходимо пройти, чтобы мы удостоверились, что ты достойна».

Делаю глубокий вдох, и вот, действительно, горячее, влажное, тяжелое полотенце оказывается у меня на лице, закрывая нос и рот. Мне приходится дышать сквозь него и при этом не впадать в панику. Обнаруживаю, что мне это вполне удается. Чувствую себя очень дискомфортно, но что такое дискомфорт по сравнению с тем горем, которое терзает сейчас мою маму? Так чего же мне жаловаться? Разве я оставила бы свою семью, если бы зов горы не был так силен? А если уж я ушла, разве сможет горячее душное полотенце заставить меня сдаться? Конечно, нет! Хотя после всего этого, возможно, не стоит так уж задирать нос. А может, я смогу полюбить? Не исключено даже, что мне суждено охватить этим чувством дурацкое полотенце, лежащее сейчас у меня на лице? Так что, может, именно это мне и нужно – ведь все равно ничего больше делать я не умею.

Пока я готовлюсь признаться в любви полотенцу, мне сообщают, что песок, на котором я лежу – это мельчайшие частички всех тех, кто не прошел испытание полотенцем до меня. Да, они превратились в песок. Это уже совсем противно, но ничего страшного, мне все равно, могу превратиться и в песок, если этого хочет Мудрая гора. Пусть делает со мной все, что ей заблагорассудится. Это уже и так происходит, и я не сопротивляюсь.

Полотенце исчезло. К своему удивлению, я обнаруживаю, что существую и дышу – теперь уже без каких-либо затруднений. Встаю и выхожу из комнаты – меня ведут наружу. Прямо и налево. Вдруг я оказываюсь у входа в огромный зал. Кажется, будто это и есть гора изнутри. На работниках и работницах надеты серые одеяния, весь зал освещен. «Откуда столько света?» – думаю я, но не нахожу ответа на свой вопрос. Мои глаза не привыкли к такой иллюминации. Моргаю и пытаюсь рассмотреть все, что меня окружает. На секунду мне кажется, что это еще одно испытание. «Нет, – произносит голос внутри, – пожалуйста, наберись терпения».

Через несколько минут ко мне подходит миловидная работница в сером и предлагает мне улечься на тележку, двигающуюся по ленточному транспортеру, узкому и длинному. Сама же она становится на приступок у изножья, так что я могу видеть ее во время нашей поездки.

– Дорогая моя, – говорит работница нежным и успокаивающим голосом, – тебе предстоит непростая процедура. На твое тело будут нанесены символы, которые понадобятся тебе в мире твоего назначения. Ты прошла испытание и теперь избрана для участия в обмене жителями миров разных измерений. Наш мир обязался каждые три года отправлять в другие миры определенное количество людей; таким же образом мы получаем из этих миров людей, которые рождаются здесь, чтобы пожить в нашем измерении. Это часть древнего внутригалактического соглашения, понимаешь?

Про себя я ответила, что не понимаю, однако покивала головой, что, мол, да – не хотелось создавать проблемы столь милой женщине.

– Не страшно, – произнесла она, – поймешь потом, обещаю. Я буду сопровождать тебя в течение всей процедуры, пока тебя не переведут в один из освещенных тоннелей. Там мы расстанемся, и я пожелаю тебе удачи в том мире, куда тебя отправят. Смотри, дорогая моя, нас уже ждут!

Я продолжаю движение на тележке лежа. Вместе с моей провожатой мы оказываемся в пункте первом. Маленькие символы наносятся на мое предплечье. Некоторые состоят из линий, формирующих углы, а некоторые – из плавно изгибающихся линий. Другие символы наносятся на бедра и остальные части тела. Процедура была неприятна, однако мое внимание привлекли, главным образом, используемые при этом краски, весьма удивившие меня. Одна из них была цвета близкого к оранжевому, который я знала, однако носил более темный и насыщенный оттенок. Другая была цвета тьмы, столь мне знакомого, и это очень меня удивило – настолько, что я даже не обратила внимания на боль, сопровождавшую процедуру. Я всегда думала, что тьма – это небытие, которое следует освещать, но не думала, что краской цвета этого небытия можно пользоваться для нанесения символов. Вопрос о том, что же это означает, никак не отпускал меня, а тем временем моя провожатая объяснила, что в освещенных пространствах краска цвета тьмы – это такой же инструмент, как и все остальные. В мире нашего измерения Бог решил, что все вокруг нас должно быть цвета тьмы, чтобы жители поклонялись свету и создавали любовь, однако вовсе необязательно, что все должно быть одинаково в мирах других измерений, создатели которых приняли другие решения. И хоть мы не знаем, в какой именно мир я буду отправлена, для меня не должно стать сюрпризом, если все, что я знала, будет выглядеть иначе в мире моего назначения.

Прошло некоторое время, пока я успокоилась. Моя тележка продолжала движение; символы становились все сложнее. Они наносились на живот, спину, ступни и ладони.

– Дорогая моя, – обратилась ко мне моя провожатая, – мы почти закончили. Через минуту я перевезу тебя в тоннель, по которому ты будешь двигаться очень быстро – быстрее, чем ты можешь себе представить. На самом деле скорость столь велика, что не каждый человек может ее выдержать – поэтому ты и проходила испытания. Только те, кто выдержал их, вроде тебя, могут выдержать полет по тоннелю в другое измерение. Во время полета на тебя будут нанесены дополнительные символы – в соответствии с требованиями мира твоего назначения, в который ты передашь всю любовь этого мира, любовь нашего Бога и Мудрой горы. Будь достойной посланницей, дорогая моя. Удачи!

Моя провожатая присоединила двигающуюся тележку к округлым прозрачным стенам, каких я никогда не видела – как, впрочем, и остальных вещей, о существовании которых я узнала только здесь. Она удостоверилась, что я как следует привязана к тележке и послала мне воздушный поцелуй, принявший форму сердца со слезой внутри, которая показалась мне бриллиантом чистой воды.

Тоннель подхватил меня, и я начала двигаться с все возрастающей скоростью. За пределами своего тоннеля я видела другие. Они ослепительно сверкали, и по ним тоже очень быстро двигались похожие тележки. Мы направлялись в разные миры, и я пожелала всем удачи. Скорость увеличилась настолько, что я поняла, что мне лучше закрыть глаза и полностью расслабиться. Тоннель петлял, но несмотря на это, понес меня с неописуемой скоростью. Меня швыряло то вправо, то влево, то вверх, то вниз. Бывали и прямые участки. Под конец, как мне показалось, тележка начала снижаться, и меня с силой выбросило из тоннеля наружу через какое-то отверстие. Слепящий свет ударил мне в глаза. «Ничего, – сказала я себе, – выдержу и это». Глаза я открывать не стала – уж слишком ярким был свет. Но, по крайней мере, движение закончилось. Я даже не чувствую под собой тележки, к которой была привязана. Подо мной вообще ничего нет, да и надо мной – тоже. Я все еще опасаюсь открывать глаза. Чувствую себя словно парящей в этом ярком свете, не опираюсь ни на что. Но глаза я не открою. Не открою – и все! И никто здесь меня не переспорит, никакой внутренний голос не будет говорить, что мне делать.

Никто и не говорит со мной, и вообще не слышно никаких звуков. Только свет, такой яркий, что я ощущаю его даже сквозь сомкнутые веки, не дает мне открыть глаза. А может все-таки приоткрыть их чуть-чуть, чтобы узнать, что происходит вокруг меня? Так я и сделала, но сразу захлопнула веки – свет еще ярче, чем я думала. А на чем я вообще стою? Здесь нет осязаемой тьмы, нет тележки и нет рук, которые меня поддерживали бы. Ничего, вряд ли меня доставили сюда, чтобы убить. Так может, приоткрыть веки, хотя бы чуть-чуть? Заставляю себя сделать это, и яркий свет снова бьет мне в глаза. Дыхание учащается, но потом я успокаиваюсь и приоткрываю глаза пошире. Понемногу начинаю видеть под собой великое разноцветие – неописуемая красота! От восхищения я пришла в сильное волнение. Сколько же красоты может быть сконцентрировано в одном и том же месте! Сколько красок! Приятный бриз ласкает мое лицо. Я парю в воздухе над дивной поверхностью, которую привыкла называть землей. От любви к этой земле меня понемногу начинает притягивать вниз, пока я не соприкасаюсь с ней всем телом, и тогда притяжение, к которому я привыкла в своем прошлом мире, внезапно с силой опускает меня на поверхность. Новый мир принял меня в свои объятия. Я лежу на покрове странного цвета. Он состоит из мелких листочков, которые слегка покалывают меня. Я могу двигаться, и, наверное, мне стоит оторвать лицо от этих маленьких острых листочков, растущих из земли. Сказано – сделано. Встаю на четвереньки, но неожиданно теряю равновесие и падаю. Лежу на спине, вновь затаив дыхание при виде красочного великолепия, излучающего тот самый ослепительно яркий свет. Если присмотреться, можно определить его источник поточнее. Это огромный шар, на котором из-за его яркости совершенно невозможно остановить взгляд. Он светит во все стороны. «Поразительно, – говорю я себе, – сколько же любви должно быть заключено в этом шаре, чтобы он мог освещать весь мир! И сколько же для этого требуется людей? Кто распространяет эту любовь повсюду с такой силой?» Может быть, мне удастся повстречать кого-нибудь, кто мог бы мне ответить на все эти вопросы...

Через некоторое время я понимаю, что сижу у Сэма дома, в гостиной. Люди вокруг меня пробуждаются после медитации, которую он проводил. Тихая тибетская музыка все еще включена. Некоторые рассказывают друг другу, что испытали. Их голоса доносятся до меня словно издалека – я все еще не хочу покидать яркий свет. В одночасье я узнала, как называется все, что я вижу вокруг, лежа на зеленой земле и обратив взгляд вверх, на голубое небо. «Эйлат», – зовут меня другие участники, по очереди делящиеся впечатлениями, но им снова придется обойтись без меня – я еще не совсем «вернулась». Сэм просит всех не волноваться – я вернусь, когда смогу, и ничего страшного, если это произойдет чуть позже. Я все еще лежу на земле, в то время как остальные уже расходятся. Сэм знает, что процесс возвращения занимает у меня больше времени.

Когда никого не остается, он подходит ко мне:

– Эйлат, я знаю, что ты здесь. Может, ты хочешь рассказать мне о том, что пережила? Может, ты хочешь вернуться туда?

– Да – сказала я со слезами на глазах – я хочу вернуться туда и рассказать своей семье, что со мной все в порядке. Я хочу рассказать им, что жива и что есть такой мир, где Бог дает любовь и свет всем, однако никому не нужно ради этого много и напряженно работать. Я хочу рассказать им, что есть мир, в котором никто не выясняет, плох ты или хорош, ленив или трудолюбив, чтобы получать свет солнца. Его получают все без исключения, даже если они грустят или не очень прилежны. Даже если они не любят. Я хочу рассказать своей семье, что не умерла.

Вдруг я еще более отчетливо услышала, как зовут меня брат и сестра во время моего подъема на Мудрую гору.

Мне кажется, я даже не посмотрела в их сторону. Все, что у меня было сказать моей семье, я написала в письме, которое я оставила маме. С этого момента всеми моими действиями управляла Гора. Но сейчас я их слышу и горько плачу. Сэм немного испугался и обнимает меня, пытаясь утешить. «Ты просто не понимаешь, – громко объясняю я ему, – у меня же там семья! Как же они узнают, что у меня все в порядке? Как мне передать им, чтобы они не волновались, что я нахожусь в таком прекрасном месте, о каком мы даже и не мечтали? Потому что как можно мечтать о чем-то, не зная, что это существует? Как же, как же мне им об этом сказать?»

Я слышу свой голос и понимаю, что у меня истерика. Плачу, а Сэм подает мне влажные салфетки, чтобы я могла привести себя в порядок, однако похоже, что каждая мелочь напоминает мне о только что пережитом, по крайней мере, салфетка – уж точно.

– Может, наденешь очки, чтобы получше там все разглядеть? – говорит Сэм, – где твои очки? Эти? Он находит очки и подает их мне. Это мои очки, но Сэм справедливо замечает, что они солнцезащитные, а сейчас уже девять вечера.

– А другие у тебя есть? – задает он естественный вопрос.

– Нет – отвечаю я. У меня совершенно нет сил на объяснения. Вообще.

– Ну полежи, отдохни.

Я лежу на диване в очень темных солнечных очках. Что ж, по крайней мере, здесь меня не привязывают к дивану. Все погружено в темноту, и я хочу почувствовать эту темноту. Хочу почувствовать себя немного ближе к той своей семье, к маме. Однако лежа здесь на диване, я вспоминаю, что мой Янив должен вернуться из Иерусалима, где он общался со своим отцом. Необходимо ехать домой – я все-таки мать.

Любая мать находит в себе силы, если это нужно ее ребенку. «Ведь правда, мама? – беззвучно спрашиваю я ту свою мать, которая осталась во тьме, – ты – моя дальняя мама. И у меня есть сын, красивый и умный ребенок, тонко чувствующий и сильный. И ты, мама, – его бабушка». Я улыбаюсь, сказав это и продолжаю: «Знаю, что ты сможешь пережить эту утрату, что еще сможешь любить – ведь у тебя есть дети, да и вся жизнь еще впереди».

– Эйлат, подъем! – приказываю я себе, как обычно в такие моменты, – ну-ка, быстро, слышишь?

Встать, поблагодарить, попрощаться. Сесть в машину, вставить ключ в замок зажигания, завести двигатель. Сдать назад, потом – ехать вперед, домой. Все это – команды, которые я отдаю самой себе и тут же выполняю.

Солнечные очки делают вечер совсем черным. Темнота... Виден только свет фар едущих впереди машин и дорожные указатели. Надо позвонить Яниву.

– Мальчик мой, ты едешь домой? Хорошо, я думаю, что когда вы доедете, я уже буду дома. Да, тоже еду. Как ты провел время? Ездили куда-нибудь? Здорово! Ты голодный? Вы поели? Очень хорошо. Приедешь – и сразу спать, завтра в школу, ладно? Хорошо, радость моя, увидимся дома.

Может быть, завтра все будет казаться мне другим? Может, я смогу расслабиться? Отправить весточку той моей семье, что живет в другом измерении, во тьме? Потом поблагодарю дедушку-Солнце за то, что освещает меня, хоть я и не достойна. А пока – спокойной ночи, бабушка-Луна. Спасибо, Бог, за все, что ты создал, за весь твой свет. Жаль, что люди воспринимают это как нечто, само собой разумеющееся. Я прошу прощения от своего имени и от имени всех тех, кто пользуется природой, будто она создана только для него, и даже не благодарит тебя за это. Спасибо за твои дары, спокойной ночи!

♌

Бар-мицва[1]

Янив родился, когда мне было двадцать три года. Маме моей в это время исполнилось сорок шесть. Ее радость по поводу рождения у меня сына была смешана с чувством некоторой паники по поводу того, что это – ее внук, а она стала бабушкой. «Я не бабушка, – сообщала она при каждом удобном случае, – меня зовут Шошана, и никакая я вам не бабушка!»

Правда, хоть она и не позволяла никому называть ее бабушкой, «обязанности» бабушки она выполняла отлично.

Прошли годы, мои родители расстались. Развелась и я. Приближался тринадцатый день рождения Янива – день достижения им статуса «бар-мицва». Несмотря ни на что, мы прошли с ним все трудности, и вот он уже «совершеннолетний». Празднование этого события в семьях, где родители разведены, – дело непростое. Родители научили меня, что в ситуации с разводом не стоит злиться, бросаться обвинениями, а главное – затягивать этот процесс на годы. Все это они поняли на собственном

---

[1] В иудаизме – термин, которым обозначается достигший совершеннолетия (13 лет) мальчик. Под совершеннолетием понимается ответственность за свои поступки и обязанность соблюдать заповеди.

опыте, и у меня перед глазами был пример того, как не следует поступать. Их развод был тяжелым, мой развод с отцом Янива – легким. Я просто отказалась от всего, так как поняла: ничто не стоит таких неприятностей, которые довелось пережить моим родителям.

Разумеется, родители научили меня многому и на положительных примерах. Моя мама, например, умеет и очень любит принимать гостей. Когда приходят гости, она всегда приходит в радостное волнение и дает им почувствовать, что они – самые желанные для нее люди. Со временем я поняла, что это замечательный и редкий дар. А еще есть у нее замечательное чувство радости, даже восхищения, при соприкосновении с природой. Когда она видит красивый цветок или куст, она сразу же сообщает об этом окружающим: «Смотрите, какое чудо!»

В отличие от нее, мой отец гораздо больше нуждается в уединении. Вместе с тем у него свой, особенный способ проявлять любовь. Никогда не афишировал он своих чувств, никогда не кричал об этом на всех углах, однако я всегда точно знала: он меня любит. Он научил меня свободе. Я всегда чувствовала, что он не мешает мне быть такой, какой мне хочется, и не критикует меня.

Когда я разводилась, Яниву было около года. С семьей мужа мне удалось сохранить хорошие отношения. Правда, я отказалась от претензий на квартиру и земельный участок, а взяла себе только стиральную машину, немного одежды и диван. Практически отказалась я и от алиментов: те сто долларов, которые мой бывший муж решил выплачивать мне в качестве алиментов, я получала только иногда и не жаловалась. Раздражение и жалобы – опасный яд, с которым я стараюсь, по возможности, не соприкасаться.

Семейное торжество в честь достижения Янивом статуса «бар-мицва» должно было состояться скоро, и я очень волновалась. Надо, чтобы праздник получился на славу, а как это сделать? Мои родители не разговаривают друг с другом, а ведь оба приглашены. Новую жену отца я пригласить, конечно, не могу – мама не выдержит, да и той будет неприятно. Янив страдает оттого, что его отец поссорился с собственной матерью и вот уже несколько лет почти не разговаривает с ней. Его новая жена тоже плохо ладит с моей бывшей свекровью, о чем та нередко мне жалуется.

Приглашены, разумеется, и мои сестры – разведенная Михаль с маленькой Николь и Нирит с мужем Львом и дочкой Майей. Ожидаются и две мои лучшие подруги – Тамари, с которой мы вместе учились с восьмого класса, и Орна, которая постоянно поддерживала меня, после того как я развелась, и с которой все эти годы мы были очень близки. Обе они не в лучших отношениях друг с другом, и слова критики не раз были готовы сорваться с губ каждой из них по отношению к другой.

Дедушка моего сына, отец моего бывшего мужа — единственный из нас всех, кто регулярно посещает синагогу, поэтому традиционное чтение отрывка Торы, для которого Янив будет вызван в соответствующий момент молитвы, пройдет, естественно, именно в этой синагоге в Иерусалиме; здесь же состоится и празднование. Янив выучил свой отрывок наизусть. При каждом удобном случае он повторял его при мне – будь то во время поездки в автомобиле или пешей прогулки по субботам. Раввин, обучавший его правилам чтения отрывка Торы, тоже был среди приглашенных. Чем ближе был срок, чем чаще я задумывалась, как нам перейти этот рубеж без особых эксцессов. Однако всякий раз я понимала, что только одному Богу это известно.

По мере приближения торжества Янив все лучше владел текстом, который ему предстояло прочитать перед собравшимися в синагоге. Будучи гиперактивным ребенком с пониженной обучаемостью, он предпочитал скорей опираться на свою память, нежели на способность правильно прочесть отрывок. По мере улучшения его декламации текста я все больше отдавала себе отчет, что дата семейного сбора все ближе, и подавляла в себе желание рвануть, скажем, в Акапулько или куда подальше, выбросив все это из головы. Конечно, своими опасениями я не делилась ни с кем – какой в этом смысл? Что можно сделать? Пожалуй, только надеяться на лучшее. Как-нибудь образуется.

Моя бывшая свекровь сообщила мне, что в синагогу следует прибыть в семь часов утра. Но почему так рано? И как можно просить остальных приехать в Иерусалим в такое время? Это еще одна проблема, решения которой у меня нет. Что ж, будем делать то, что нужно, а там – посмотрим. Придется сообщить всем, когда им нужно быть в синагоге.

К моему удивлению, приехать в синагогу вовремя нам удалось. Припарковавшись, я увидела машину бывшего мужа, который привез угощение. С самого начала мне было ясно, что до кулинарной части мероприятия я допущена не буду. Бывшая свекровь – знатный повар. Она любит и умеет готовить, что не раз доказывала на кухнях самых известных и влиятельных людей Иерусалима. Она любила напоминать всем, что барон Ротшильд, приезжая в Израиль, обязательно хотел питаться только ее блюдами. Что ж, по крайней мере, этот вопрос был полностью улажен.

Мой бывший муж, бодрый и энергичный, окликнул меня, а когда я подошла, крепко обнял и вручил огромный поднос, с целой горой марокканских сладостей, названия которых я не помню, однако хорошо помню их вкус. Поднос был завален настолько, что мы с Тамари почти не видели куда ступаем, неся его в синагогу. Там нас встретил мой бывший свекор, который, при виде подноса с огромным количеством вкусной еды, громко спросил у нас с недовольством, почему мы уже начали есть. Мы действительно попробовали сладости, которые несли. «Как же можно было не соблазниться?» – ответила я, с трудом ворочая языком из-за слишком большого количества еды во рту, вовсю стараясь, чтобы при этом оттуда не падали крошки. «Ладно, ладно, поднимайтесь, – сказал он громким голосом, несколько напоминавшим раскаты грома. Мы посмотрели друг на дружку и с трудом сдержали смех – слишком уж нелепой была ситуация: две взрослые женщины попались на том, что таскали еду с подноса, который им было поручено нести. Что ж, чего они хотели – нашли, кому поручить транспортировку такой вкуснятины! Хорошо еще, что идя с набитыми ртами и сдерживаясь вовсю, чтобы не захохотать, мы вообще донесли этот поднос, ничего не уронив. Свекровь и ее помощницы работали всю ночь, не покладая рук, так что все было свежее и выглядело очень соблазнительно, но есть до конца богослужения запрещалось. Ничего страшного, мы только попробовали. Однако сумеем ли мы выдержать до начала трапезы? И этот вопрос оставался для меня открытым.

Мы спустились обратно вниз. Нужно подождать; может быть, нам нужно будет встречать гостей. Я была удивлена, увидев, что моя семья прибыла вовремя. Приехала мама, хотя у нее как раз поднялась температура. Но как же она может пропустить столь важное событие! Приехали мои сестры и поднялись в помещение синагоги, отведенное для женщин. Муж Нирит, Лев, остался с другими мужчинами. Физик по профессии, он когда-то приехал в Израиль из СССР, и синагога была для него совершенно чужим местом.

Мой отец приехал один, без жены. Я встретила его на тропинке, ведущей к синагоге. В руках он держал полностью раскрытую карту, которую изучал на ходу с гневным выражением лица.

– Эйлат, где мы находимся? – спросил он, – я ничего не могу понять! Мы с женой пытались читать карту. То место, где расположена синагога, вообще не обозначено на карте!

– Но папа, эта карта издана в незапамятные времена – весело ответила я – может даже, она моя ровесница! Иерусалим сильно изменился с тех пор.

– Но ведь иерусалимские холмы остались стоять там, где и были всегда, не так ли? – гневно и со всей серьезностью ответил мне отец дрожащим от раздражения и разочарования голосом, – и все эти холмы здесь обозначены! Так на каком же из них мы сейчас находимся?

Я смотрю на отца и понимаю, что ему не до шуток. Ученый, университетский профессор, преподаватель медицинского факультета и бывший энтузиаст прогулок на природе, мой отец не отрывает гневного взгляда от старой карты. Судя по всему, ему сейчас нелегко. Он приехал сюда один и теперь должен войти в синагогу совершенно чуждой ему общины, не говоря уж о том, что он уже давно, еще со времен своего детства, во время Второй мировой войны, поссорился с Всевышним, а вернее, перестал его признавать. Но здесь я не могу ему помочь. Я могу только подыграть ему, уставившись в карту и так же безуспешно попытавшись обнаружить на ней окрестные холмы. «Спокойно, – говорю я себе, – это не время для шуток. В этой ситуации нет ничего смешного. Побудь с ним, ощути его разочарование, не относись к этому легкомысленно. Ты ведь даже представить себе не можешь тот ад, который он носит в себе!»

Через несколько минут бесцельного разглядывания карты мой отец приходит в себя, складывает карту, натянуто улыбается, хлопает меня по плечу и говорит: «Не страшно, потом попробуем еще разок. Стало быть, мне сюда?» «Да», – отвечаю я, обнимаю его, и он скрывается за дверями синагоги.

Что ж, все в сборе. Можно подниматься и идти вдоль столов с угощениями, желательно, закрыв при этом глаза, чтобы не соблазняться лишний раз. Вместе с Тамари входим в женскую половину, повернув головы вправо. Эта часть синагоги построена буквой «П» и располагается в верхнем ярусе, в то время как молитвенный зал – внизу. Та часть женской половины, с которой открывается вид на хранилище свитков Торы, отгорожена сравнительно низкими перилами. Сидящие здесь женщины могут видеть спины молящихся внизу мужчин. Однако по краям женской половины установлена частая решетка белого цвета, состоящая из деревянных планок. Сквозь нее не видно почти ничего. Естественно, центральная часть женского яруса уже набита битком. В центре стоит моя бывшая свекровь с дочерью и невестками. Другие женщины, сидящие рядом, творят молитву или листают молитвенники в поисках нужной части молитвы. Я сажусь у правого края. Моя мама сидит неподалеку, Тамари и Орна – рядом со мной. Сестры выдерживают не больше часа, после чего, потеряв терпение, сообщают мне, что берут девочек и Льва и уезжают в зоопарк. Мне кажется, что они меняют одних животных на других. Последних, живущих в зоопарке, также можно наблюдать через решетку, причем именно в том виде, в котором их сотворил Всевышний. Все понятно: Лев, муж Нирит, конечно, скучает, да и девочки уже не могут сидеть тихо.

Что ж, прекрасно, больше времени можно будет уделить другим людям.

Я прижимаю лоб к решетке – только так, сквозь щели, можно увидеть, что происходит там, внизу, а ведь именно это мне и нужно. Я хочу знать, все ли у него получится, удастся ли ему побороть свою гиперактивность и молиться, как все.

Вдруг я чувствую, что Орна начинает сердиться, она буквально закипает от раздражения. Дело в том, что ее бывший муж стал раввином и десять лет отравлял ей жизнь своими нескончаемыми попытками отобрать у нее детей, обращаясь в раввинские суды. Хоть ему это и не удалось, крови он ей попортил изрядно. Теперь же ее раздражение было направлено против религии, по законам которой мы должны были сидеть здесь, «за решеткой», сквозь которую было трудно видеть происходящее. Раздражение переполняло и душило ее.

Орна была очень ухоженной женщиной. В молодости она работала в персонале наземного обслуживания пассажиров авиакомпании, всегда ходила мини-юбках и обтягивающих блузках, выглядела очень привлекательно и часто вызывала неодобрение у моей бывшей свекрови. Теперь она дрожала от раздражения, бессилия и несправедливости, но была одинока в своих чувствах. «Даже я не могу ей сейчас помочь», – подумала я и снова прижалась лбом к деревянной решетке, чтобы смотреть – пусть даже сквозь щелочку – на происходящее в молитвенном зале, напомнив себе, что это мой праздник, и сохраняя душевное спокойствие. У каждого из присутствующих на сердце есть груз, который ему приходится всюду нести с собой. У меня тоже есть груз, но он выражается только в избыточном весе, и, слава Богу, что ни в чем другом. Когда-нибудь я займусь и своими лишними килограммами, а сейчас хочу смотреть через эту деревянную решетку на моего мальчика, который должен подняться на возвышение в центре зала, поприветствовать присутствующих и произнести толкование отрывка Торы.

На секунду подняв голову, я увидела, как помощницы моей бывшей свекрови снуют вокруг нее, выполняют все ее распоряжения и только и ждут следующих. Какое счастье, что я не среди них! Я никому ничего не должна. Перевела взгляд на свою маму, которая нежно и несколько смущенно улыбнулась мне в ответ. Ей, бедняжке, трудно сидеть на этом неудобном стуле в течение молитвы, которая продолжается не один час и иногда доносится до нас только как интонированное бормотание, форма и смысл которого не менялись в течение многих поколений. Я закрыла глаза и прислушалась к молитве. Снова и снова повторялись слова «Спаси нас, убереги нас, яви нам свою милость!»

Янив родился в первый день праздника Песах. Вечером накануне, во время пасхальной трапезы у меня появились сильные схватки. Мальчик родился следующим утром, и мне кажется, это событие моей жизни связано с великим праздником и с молитвами, которые мужчины произносят, «выплакивают» там, внизу.

Вдруг я услыхала другой голос – нежный, бархатный и иногда звонкий, как колокольчик. Этот голос заворожил меня. Он очень взволновал меня, и я решила не открывать глаза, чтобы не видеть вокруг себя безрадостные лица женщин, пусть даже у каждой из них была на то своя причина. Никто не может расстаться со своим сердечным грузом.

Этот голос действительно был другим. Я была так взволнована, что поначалу не смогла даже разобрать слов. Он был то близок, то далек; доносился до меня то через левое, то через правое ухо, а иногда будто был передо мной, как если бы он передвигался в пространстве и окутывал меня всю. Глаза открывать не стоит. Я точно не увижу, откуда он доносится. Не стоит открывать глаза, нужно только слушать и пытаться понять те слова, которые голос говорит мне. И вдруг я начала понимать эти слова – словно настроила свой слух на правильную частоту. Голоса мужчин были сильнее, чем этот голос. Громогласно обращались они к Всевышнему, прося его о том, чтобы явил им милость, уберег, спас... и вдруг до меня стал доходить смысл слов, которые произносил тот восхитительный голос, обращавшийся ко мне: «Чего им от меня нужно? Скажи мне, чего они хотят? Я дал им все, что мог! Нет ничего такого, что я мог бы им дать и не дал. Им же нужно только взять. Чего же им еще нужно? У них есть все средства для собственного спасения, я ничего от них не утаил, а они все плачут, просят, чтобы я их спас. Я уже их спас, но они даже не утруждают себя, чтобы получить это спасение».

Голос то приближался, то отдалялся и был веселым – в противоположность плачущим голосам внизу. Это был нежный и любящий голос, и казалось, будто его обладатель улыбается, произнося эти слова. «Так чего же им от меня нужно? Им бы только руку протянуть. Мне нечего им дать, да и нет в этом необходимости. У них есть все, я уже обо всем позаботился». Я улыбнулась; состояние духа было возвышенным, хотя мой сын еще даже не начал говорить. Божественный голос, который я слышала, был наполнен положительной освежающей энергией, приободрял меня и вызывал настоящее вдохновение. Во мне пульсировала радость; невероятная приподнятость духа чувствовалась в каждой клеточке. Я дрожала от наслаждения. Нежное переливчатое звучание колокольчиков волнами проходит сквозь меня. Однако через несколько минут голос исчез – видимо, отправился дальше. «Что ж, – подумала я, – если у всех есть претензии, если на всех окружающих меня лицах читаются жалобы о бесчисленных несправедливостях, то почему бы и самому Всевышнему не пожаловаться мне? В самом деле, почему бы нет? Мужчины, плача, молят Бога о спасении, а он отвечает: 'Я уже все вам дал, чего вы еще хотите?' Видимо, у него есть все основания, чтобы жаловаться. Ему тоже можно».

Чему же все это меня научило? Видимо, терпению – терпению по отношению ко всем людям с их странным поведением, терпению по отношению ко всем несправедливостям этого мира. Возможно, мы подвергаем себя страданиям, которые нужно *вытерпеть*, пока не поймем, что страдание не всегда берет верх – с ним можно и подружиться. Если бы мы могли с улыбкой смотреть на свое страдание и принимать его, тогда, наверное, мы были бы друзьями, не сердились и не обвиняли бы, а реализовали бы больше замыслов и делали бы больше замечательных вещей. Было бы больше энергии на хорошие дела и меньше времени на раздражение и злость, которые отравляют все в нашей жизни и заставляют плакать и молить о спасении – спасении, которое не приходит, так как оно уже побывало у нас давным-давно и ушло, незамеченное нами. Может, попросить его вернуться? Может, оно вернется, и мы тогда будем радоваться, полюбим себя, других и Всевышнего. Может, мы еще увидим это, а если не мы, то хотя бы наши дети...

Мой сын приветствует собравшихся и читает отрывок из Торы с выражением и интонацией, как того требуют правила, и все думают, какой он замечательный. Только я знаю, что на самом деле он не читает, а произносит стихи Торы, написанные в его сердце и идущие от сердца. Я надеюсь, что в течение жизни в его сердце будут вписаны и другие слова – о терпении и любви по отношению к окружающим, а главное – к самому себе. Пусть научится принимать с любовью самого себя таким, каков он есть, и не давать своему страданию господствовать над собой и диктовать ему его поступки, мысли и чувства. А все остальное приложится. Я благословляю моего мальчика и знаю, что никакая, даже самая густая решетка не помешает моему благословению дойти до него. Ведь все вокруг – это лишь для вида; весь этот мир с его надуманной сложностью – обманчивая оболочка, и больше ничего.

♌

Архангел Михаэль

«Привет, кто-нибудь меня слышит?»

Я сижу в своем кабинете и отправляю этот вопрос в пространство. Жду ответа несколько секунд и затем отправляю его снова. Ответа пока нет. В кабинете стоит кушетка, напротив нее низкий стол, поверхность которого – прямоугольная медная пластина. На столе в определенном порядке расставлены кристаллы и камни, которые я так люблю. Я сижу на простом, но удобном стуле и отправляю в пространство снова и снова свой вопрос и всякий раз терпеливо жду ответа. Мое сознание тем временем плавно переносится в иные сферы, но я возвращаю его в комнату, в свое тело, к себе самой, в «здесь и сейчас». Если надоест, попробую завтра.

Внизу слышен гомон улицы. Квартира, которую я снимаю, находится на седьмом этаже, дом расположен на шумном перекрестке, и скрип тормозов грузовых автомобилей иногда нарушает атмосферу спокойствия, царящую в комнате.

Во время ожидания ответа я предпочитаю прислушиваться к шорохам, рождающимся в самой комнате – это помогает мыслям не уноситься в другие измерения.

Я слышу шепот кристаллов, переговаривающихся друг с другом, шелест электрического тока, проходящего по проводам в стене, и конечно, скрип тормозов под окнами. Снова спрашиваю: «Слышит ли меня кто-нибудь?» Тишина, никакого ответа. Слышны лишь уже знакомые звуки. Может, попробовать завтра?

Мыслям все-таки удается пуститься в странствие – ведь я сижу в комнате уже много времени. Может быть, сегодня ничего не произойдет. Вдруг я слышу, что все стихло: кристаллы не переговариваются, и даже шум улицы прекратился. Это совсем другая тишина. Может, кто-нибудь «пришел» поговорить со мной? Я вновь задаю тот же вопрос, только на этот раз в моем голосе волнение: «Слышит ли меня кто-нибудь?» И тут раздается ответ: «Да, любимая».

От волнения у меня текут слезы, и я не могу говорить. Мне так хотелось поговорить с кем-нибудь, чтобы спросить о странном происшествии, которое случилось на прошлой неделе, и теперь, когда ангел ответил мне, я не могу облечь свой вопрос в словесную форму. Просто не могу говорить. Может быть, слишком рано? Но я не могу продолжать жить с чувством стыда, которое не отпускает меня с тех пор.

На прошлой неделе ко мне на сеанс пришла Габриэла, моя любимая пациентка. Эта женщина доверяет мне безгранично, и я удостоилась чести помогать ей. Когда-то она спаслась от гибели благодаря операции

«Киндертранспорт»[1] и до сих пор помнит своих стоящих на перроне отца и мать, отправивших ее в Великобританию. Холокост не пощадил ее родителей. Это была веселая, живая девочка, сохранившая эти черты до самой старости.

Когда она впервые оказалась у меня, была суббота. Обычно по субботам я не провожу сеансы, но моя мама попросила за Габриэлу, которая была доброй приятельницей моей тети. Я согласилась и с удовольствием ушла с довольно скучной вечеринки, устроенной в нашем отделе. Габриэла пришла с мужем, и он остался в гостиной, в то время как мы с ней удалились в кабинет. Я сразу начала сеанс, так как она просила ничего ей не объяснять. Она сказала только, что завтра утром ложится на операцию, и поэтому было важно, чтобы я приняла ее сегодня. Я справилась у ее тела, каковы будут его предпочтения, то есть на чем мне следует сосредоточиться во время сеанса. Тело попросило, чтобы я занялась селезенкой. Я не знала, чем страдает моя пациентка, но сообщила ей, что ее тело попросило меня заняться прежде всего селезенкой.

Габриэла лежала с закрытыми глазами. Она была немного взволнована, что, по моему мнению, вполне нормально, когда в первый раз приходишь на сеанс целительства.

Я продолжала работать с ней, изредка комментируя свои действия. На энергетическом уровне я «прошлась» по многим органам, просившим об этом. Затем, когда

---

[1] Операция по спасению еврейских детей из Германии, Австрии и других стран накануне начала Второй мировой войны путем их вывоза в Великобританию.

тело дало мне понять, что сеанс окончен, я помогла Габриэле медленно встать с кушетки и пересесть в кресло. Она взволнованно рассказала мне, что завтра ей предстоит операция по удалению селезенки. «У меня тромбоцитопения, – сообщила она, – я получила уже восемь порций крови с тромбоцитами. Знаете ли, чтобы приготовить одну порцию концентрата тромбоцитов, требуется восемь порций обычной крови, из которых выделяются только тромбоциты. Врачи надеются, что удаление селезенки мне поможет».

Я пожелала ей удачи и поняла, почему она взволнована: несмотря на то, что она не сообщила мне ничего о своей болезни, ее тело попросило меня заняться прежде всего селезенкой. Я знаю, что орган, который должен быть удален (а иногда даже и удаленный орган), все равно просит энергетической работы с ним, так как на энергетическом уровне он по-прежнему существует и несет в себе разные травмы.

Габриэла начала приходить ко мне на еженедельные сеансы. Мы работали в течение долгого времени, и ее состояние постоянно улучшалось.

На прошлой неделе, прямо посреди сеанса, моя пациентка задремала. Я продолжала работать и вдруг почувствовала энергетический всплеск такой силы, что стало трудно дышать. Мне показалось, что я превратилась в персонажа старого голливудского мультика, на которого сбросили огромный камень, превратив его в плоскую монетку. Я присела на табуретку у кушетки и посмотрела на Габриэлу, которая мирно дремала, в то время как я пыталась дышать, совершенно раздавленная волной энергии. Было невозможно думать о чем-то другом, кроме как о дыхании. Надо пытаться дышать. Надо выдержать это страшное давление. Я ничего не видела и уже начала думать, что это ужасное давление никогда не схлынет и мне не удастся сбросить с себя эту тяжесть, как вдруг, постепенно, пришло облегчение. Сидя у кушетки, я наконец-то сумела поднять голову и посмотреть вокруг.

Посреди комнаты стоял кто-то большой и, как мне показалось, могущественный. Он не смотрел на меня, а был занят группой учеников, которые казались маленькими световыми точками. Они воодушевленно шептались между собой: «Вот сам архангел Михаэль, сейчас он проведет урок!» Какое волнение, какая любовь со стороны учеников. Я замерла и замолчала от удивления. Всего лишь две недели назад я спорила с Сэмом Леви, который утверждал, что существуют архангелы. «Какие-такие архангелы, – восклицала я, – неужели ты в самом деле считаешь, что у ангелов есть иерархия? Неужели есть ангелы, которые льстят Всевышнему так сильно, что получают ‘повышение по службе’?» В мире высоких технологий, с которыми работает наша компания, эта иерархия настолько чувствуется, что я не могла допустить мысли о том, что подобная приземленность существует и в высших сферах. Ну уж нет! Я спорила с Сэмом и утверждала, что он точно ошибается. И вот я сижу на табуретке в собственном рабочем кабинете, архангел Михаэль проводит урок для своих учеников, а я счастлива уже только потому, что могу дышать, хотя одно только присутствие архангела чуть не раздавило меня за несколько минут до этого.

Я внимаю учителю и вижу, как он дает поручение каждому ученику работать над отдельной частью тела Габриэлы. Один из ангелочков очень хотел поработать с легкими, однако архангел отправил его к правому бедру. Ангелочек подчинился, хотя было видно, что он разочарован. Время от времени ученики собирались вокруг учителя, получали инструкции и возвращались к работе над моей пациенткой. Инструкций этих я не понимала, поэтому позволила себе пока что пофантазировать. Архангел Михаэль не имел определенной формы, а был скорей чем-то вроде очень яркого, даже ослепляющего сгустка энергии, однако в своем воображении я рисовала себе некий образ. Представила его с огромными белыми крыльями и сама пришла в восторг от того образа, который создала. Но вдруг урок прекратился, архангел прервал работу, обратил на меня свой мощный энергетический взор, посмотрел мне в самую душу и произнес: «Сними с меня, пожалуйста, то, что ты мне приделала в своем воображении!» Это я услышала очень хорошо. Голос архангела был сильным, глубоким и даже немного веселым; он источал тепло, любовь, и казалось, его обладателя забавляет происходящее. Эти слова проникли в каждую мою клеточку, вызвав прилив энергии. Я сразу стерла созданный мной образ, потупила взгляд и покраснела. Было стыдно за то, что я «приделала» ему крылья. Какая глупость! Действительно, откуда вдруг взялись эти крылья? Что он с ними будет делать? Даже мне они не требуются, когда я отправляюсь в другие измерения, так зачем же крылья архангелу?! Какая глупость! «Простите», – прошептала я. Было понятно, что он не сердится, а только забавляется, но мне все равно было стыдно. Так опозориться, да еще и перед всем классом! Все это длилось доли секунды, а затем урок продолжался без помех. Мне, правда, потребовалось немало времени, чтобы успокоиться. Я чувствовала, как в висках стучала кровь. Наконец смущение прошло. Как хорошо, что никто из учеников не обратил на меня внимания – все продолжали заниматься своими делами.

Когда урок закончился, все ученики благословили меня и исчезли. Воздух стал менее плотным, очертания комнаты стали прежними, а Габриэла медленно открыла глаза и посмотрела на меня с улыбкой. Я улыбнулась ей в ответ и через несколько минут рассказала, что здесь был архангел Михаэль, который давал своим ученикам указания о том, как ее лечить, и что я ничего особенного не делала – только сидела и смотрела. Я только не стала ей рассказывать о том постыдном инциденте, так как сама еще не могла спокойно об этом думать.

А теперь я сижу в комнате одна и пытаюсь попросить ангела или любого другого наставника, чтобы они разъяснили мне произошедшее. Прибывший наставник был совершенно невидимым. Его энергия была приятной, без давления. Я чувствовала, как его и мое сознание становится единым целым, и сумела сосредоточиться в достаточной степени, чтобы спросить: «Что это за сила, которой обладает архангел Михаэль?» Наставник помолчал немного, а потом я услышала вопрос, который он создал у меня голове. Вопрос этот меня удивил. Наставник спросил: «Из чего ты сделана?» Эти четыре маленьких слова содержали в себе целый мир. «Ничего себе, – подумала я – какой сложный вопрос! Что же мне ответить?» Все еще чувствовались уколы стыда, и не хотелось снова опозориться. «Из миллионов частичек», – ответила я в трех словах, надеясь, что это правильный ответ. Наставник был удовлетворен моим ответом и через некоторое время создал новый вопрос: «Что для тебя означает развитие?» Я подумала с минуту и ответила: «Возможно, это слияние всех этих частичек? Чтобы их стало меньше, может, несколько сот тысяч?» Новый вопрос, снова из четырех слов: «А что будет дальше?» Подумав, я ответила, что, видимо, если продолжать развитие, то есть слияние, то количество отдельных составляющих будет уменьшаться». Пауза и новый вопрос: «В течение какого времени?» Мне показалось, что этот процесс должен протекать в течение многих реинкарнаций – вряд ли на это хватит одной жизни. «А что же произойдет в конце концов?» – последовал вопрос. «В конце концов? – переспросила себя я, – неужели в конце концов я буду состоять только из одной части?» Может быть, с моей стороны это было несколько самонадеянно, однако такой ответ напрашивался. «Я думаю, что в конце концов буду состоять из одной части», – ответила я, помедлив.

Наставник молчал. Хотя я уже дала ответ, но все равно продолжала его обдумывать и снова пришла к тому же выводу. Это просто неизбежно. «Наверное, я буду чем-то однородным, огромным и невообразимо сильным, – сказала я себе, – представь, каково это – состоять из одной части. Это просто невозможно! Но и иначе нельзя, не получится, да и кто захочет этому помешать? Я пришла в такой восторг, что забыла, что со мной разговаривает наставник – совсем о нем забыла. Успокоившись, я услышала его ответ как бы издалека. Урок закончился, и он прощался со мной, удовлетворенно улыбаясь. «Такой и есть архангел Михаэль», – сказал он. Конечно, я так и думала. Его мощь проистекает из его абсолютной целостности, чистоты. Потому-то он и архангел, а вовсе не из-за того, что подольстился к Всевышнему. Я улыбнулась и подивилась мудрости наставника, который провел меня по пути, состоящем из коротких наводящих вопросов. Четыре вопроса – и я получаю ответ. Какие они умные, ангелы! И какие хорошие наставники!

Меня охватил восторг, и я почувствовала, что у меня в руках оказался лиловый бриллиант неописуемой красоты. «Большое спасибо», – прошептала я, обращаясь к пустой комнате, слишком поздно вспомнив, что забыла поблагодарить наставника, перед тем как он ушел. Я была так занята своими восторгами, что забыла его поблагодарить, но мне кажется, мое «спасибо» до него дойдет. Я аккуратно приподняла ладони, ощущая между ними бриллиант, и прижала их к сердцу. Затем сделала несколько глубоких вдохов и заставила себя вернуться в комнату, вернуться сюда. Сконцентрировалась сперва на ступнях, потом прошлась по всему телу – живот, грудь, шея, лицо, затылок. Ощутила покалывания по всему телу и открыла глаза. В комнате по-прежнему царила тишина. Постепенно до меня начали доноситься звуки множества проезжающих внизу автомобилей.

Наступил вечер. В комнате стало темно. Я покинула ее, вернувшись в обычную жизнь, и стыда больше не чувствовала. Его не осталось. Осталась лишь работа – развиваться, совершенствоваться; позвать домой сына, приготовить ужин, принять душ; подготовить отчет в программе Excel, чтобы подать его завтра утром начальнику. Работа в сфере высоких технологий никогда не прекращается – ни по выходным, ни в вечерние часы. Отчет мой должен содержать данные о том, какие приборы находятся на стадии сборки в разных производственных помещениях, а главное – о том, какова нагрузка на оборудование в стерильной комнате. В этом помещении она всегда должна быть полной, поэтому графики нужно составить соответственно, а также правильно распределить ресурсы. Сколько техников заняты в производственных помещениях, сколько находятся за рубежом, сколько на военных сборах? Когда ожидается окончание сборки для каждого из приборов? Сколько необходимых деталей отсутствует на складе и какое отставание от графика это вызовет? Когда освободится место в стерильной комнате – самом дорогом производственном помещении, чтобы доставить туда из-за границы один из приборов на ремонт? Составление производственных графиков – дело очень непростое. Да и чего можно ожидать от работника такой компании, матери-одиночки и специалиста по холистической медицине в одном лице? Неудивительно, что я «скроена» из миллиона частиц. Архангел Михаэль может заниматься обучением группы ангелов-целителей и быть целостным и чистым, а мне тем временем нужно переделать до завтра десятки дел, не говоря уже о стирке и покупках. Так что чистота подождет. Есть люди, которым необходимо платить арендную плату, растить сына и работать, и я – одна из них. Все хорошо, все получается сделать вовремя, но хорошо, что мне не нужно пытаться достичь чистоты, так как сейчас я просто не в состоянии делать это. Сегодняшний день еще не кончился, а завтрашний приближается семимильными шагами, и чтобы к нему подготовиться мне до отхода ко сну придется еще хорошенько потрудиться.

♌

Озеро любви

Я знаю, что только что лежала в постели, что в моей комнате царит беспорядок, на полу под зеркалом валяется куча грязной одежды. Я знаю, что на мне была домашняя одежда – обычная розовая футболка и черные штаны. Я даже знаю, что моя простыня в цветочек. Цветочки на простыне маленькие, желтые, на голубом фоне, а вокруг каждого – белый кружок. Этот постельный набор купила мне в подарок моя сестра Михаль. Я знаю обо всем этом и помню, что меняла постель всего лишь вчера. Однако вот она я – стою, босая, на берегу озера. Под ногами чувствую комки земли – не песок, не камни, а именно землю, красно-черную, влажную и, судя по всему, очень плодородную. Своими босыми ногами ощущаю приятную рассыпчатую фактуру. Вместе с тем я также понимаю, что сейчас я лежу на кровати, на которой постелена голубая простыня в желтый цветочек. Наверное, меня снова «выбросило» в другую реальность, как это нередко, без предупреждения происходит со мной в последнее время. Земля, которую я ощущаю под ногами, гораздо более осязаема и реальна, чем кровать, на которой я лежу и ощущение которой все дальше куда-то «уплывает». Чувствую рядом с собой присутствие друзей-спутников. Они просят меня войти в воду. Ладно, но только на глубину заходить не буду – боюсь, когда мои ноги не касаются дна.

Захожу в прохладную приятную воду – сперва по щиколотки, затем все глубже и глубже. Вода будто смеется и, похоже, очень добра ко мне. Я бросаюсь в нее с головой, чувствую влагу всем своим телом. Вода будто обволакивает и любовно поглаживает меня, касаясь каждого уголка и заполняя каждую скрытую полость. Могу ли я ответить ей взаимностью? Возможно ли обнять озеро, каждая капля в котором призвана дарить любовь?

Я смеюсь и наслаждаюсь и давно уже забыла о цветастой простыне. Все это далеко, так далеко отсюда... Эта вода необычна. Озеро, на первый взгляд, вполне обыкновенное, но на самом деле это не так. Я чувствую, как каждая его капелька касается меня с любовью, благодарит меня. За что?.. Не понимаю. Рядом со мной – мои друзья-спутники. Их трое. Они придерживают меня и понемногу тянут вниз. Не знаю, что происходит, а они не объясняют. Даю им увлечь себя и чувствую, что вода дошла до подбородка, затем скрыла губы, нос, глаза, лоб... Когда волосы тоже оказываются в воде, мои спутники останавливаются. Я не задыхаюсь и не ощущаю страха. Невероятно!

Я смотрю вверх из-под воды и вижу свет. Но как же я могу находиться под водой, дышать и не ощущать никакой тревоги? Теперь спутники постепенно начинают движение в обратном направлении, и я столь же медленно поднимаюсь над поверхностью. Я настолько занята вопросом о том, как возможно столь нелогичное положение вещей, что не замечаю ничего вокруг себя и ничего не могу с собой поделать.

Мои спутники тем временем вновь осторожно увлекают меня под воду, и мне определенно начинает нравиться то щекочуще-приятное ощущение, вызываемое постепенным погружением. Вода «перебирает» части моего тела снизу вверх, скрывая его все больше и больше, и хотя ее действия предсказуемы, чувство бесстрашия в такой ситуации в новинку для меня. Дыхание не прекращается, несмотря на то, что любящая вода обволакивает меня всю – на поверхности ничего не остается. Но вот погружение закончилось, и мы снова поднимаемся вверх. Не помню, сколько раз мы проделали этот путь; в конце концов, мой разум перестал бороться с очевидной нелогичностью ситуации, и я отдалась наслаждению расслабляющих погружений и подъемов. Не спеша, но и не медля, мои спутники не останавливались ни на минуту, и все мы проделывали эти циклические движения снова и снова – вверх-вниз, вверх-вниз – пока я не стала получать от этого удовольствие, отбросив все вопросы. Только чувствовать и наслаждаться! Чувствовать свое дыхание, прикосновение прохладной и любящей воды, которая приятно и мягко поглаживает меня дарит спокойствие, поднимается вверх и нежно окутывает лицо...

Только окончательно успокоившись, я начинаю замечать, что происходит вокруг меня. Мои спутники – белого цвета; лиц у них нет. Они полны терпения и доброжелательности по отношению ко мне. Во время одного из подъемов я различаю на поверхности воды, вдалеке от нас, какой-то большой яйцеобразный предмет. Внутри этого плавающего, перекатывающегося на поверхности предмета, похоже, кто-то есть, хотя я в этом не уверена. Начинается очередное погружение, а я уже жду подъема, чтобы разглядеть этот предмет получше.

И вот мы поднялись. Направляю взгляд на «яйцо» и рассматриваю его в деталях. На поверку оно оказывается пузырем, в котором действительно находится человек. Его друзья-спутники пытаются погрузить его в воду, но тщетно: всякий раз, когда кто-нибудь из них нажимает на пузырь, он «выворачивается», оставаясь на поверхности. Это происходит даже тогда, когда они все, втроем, объединяют усилия. Тем временем мы снова погружаемся. Мое спокойствие сменяется заботой: надо им помочь. Поднявшись, я снова смотрю на того человека и его провожатых, чьи нескончаемые попытки опустить воздушный пузырь в воду никак не могут увенчаться успехом. Человек в пузыре спит. Он не знает, сколько прилагается усилий, чтобы он почувствовал прикосновение любящей воды. Он продолжает оставаться в своем пузыре.

Я обращаюсь к своим спутникам и говорю: «Нужно помочь. Я-то уже в порядке, это понятно, а он никак не может погрузиться. Помогите, пожалуйста, его спутникам». Но они лишь смотрят на меня с любовью и нежностью, никто из них не двигается, никто не сопереживает мне. Они не понимают, что такое нахлынувшее волнение. Им доступно спокойствие, любовь. Они могут радоваться за меня. Но сейчас я плачу, погружаясь в воду сама, и говорю им сквозь слезы: «Видите? Я могу сама, ничего страшного. Спасибо вам большое, но и другим может понадобиться помощь. Нужно помочь разбудить того человека в пузыре, чтобы он мог почувствовать ту уверенность в себе, которую дает любовь, почувствовать благословенное прикосновение воды». Но мои спутники по-прежнему не двигаются с места. Видимо, это не входит в их обязанности. Я же очень взволнована и никак не могу успокоиться. Постепенно я начинаю ощущать свои руки. Но они касаются не воды, а скорей ткани. Да, оказывается, это простыня, а под ней – матрац. Открываю глаза, полные слез, прикасаюсь к кровати и плачу. Это по-прежнему голубая простыня с рисунком в виде желтых цветочков в белых кружках. Я в своей комнате, грязная одежда тоже никуда не делась. Однако щемящее чувство не прошло, оно наполняет мои глаза слезами. Странная ситуация: мое тело, вернее, его внешняя оболочка, кожный покров, радуется, помня о нежных прикосновениях воды. А в сердце и окружающем его пространстве – от ребер до спины и плеч – царит паника, осознание того, что нужно срочно помочь, но как? Да и кому? Не всегда можно найти ответ на вопрос. Иногда нужно просто успокоиться, поблагодарить за все, что испытала, и прийти к пониманию того, что я не могу видеть картину происходящего во всей ее полноте. Может быть, потом я буду знать больше. Иногда нельзя сразу получить всю информацию.

Несколько месяцев спустя. Габриэла, моя любимая пациентка, лежит передо мной на кушетке в рабочем кабинете. Как всегда, ее лицо излучает спокойствие и уверенность в себе. Эта женщина благословенна, и благодаря ей, благодаря возможности лечить ее, благословенна и я. Всякий раз я говорила ей «спасибо» за эту восхитительную возможность, чем приводила ее в недоумение. Она отвечает мне, что я, мол, ничего не понимаю, что это она должна меня благодарить и что она ни за что не перестанет приходить ко мне на сеансы. Я давно перестала смущать ее таким образом, но неподдельное чувство благодарности осталось у меня навсегда.

Габриэла лежит на кушетке. Она ничего не чувствует – ни энергию, которая ее окружает, ни тепло, посылаемое ей Вселенной и изливающееся на нее во время сеанса. Она не видит разноцветных солнечных зайчиков, пляшущих вокруг нее. Однако сердце ее полно доверия и любви.

Мне показалось, что она стала маленьким камешком. Удивительно. Почему? Во время одного из сеансов я уже видела ее девочкой, маленькой проказницей с вьющимися волосами в красном платьице в белый горошек, перетянутом белым пояском. Я описала ей увиденное, и она сразу признала в этой девочке себя. «Да, да, это я», – взволнованно крикнула она, улыбаясь. Это привело ее в восторг. Однако что я скажу ей сейчас? Что она превратилась в камешек? Как я скажу ей такое? Наверное, лучше ничего не говорить. Посмотрим, как будут развиваться события.

Надо узнать, что находится вокруг этого камешка. Оказывается, его омывают потоки воды. Мне захотелось увидеть все это в другом ракурсе, забравшись повыше. Но где это мы? Ага, понятно. Сверху я вижу камешек, лежащий в маленьком ручейке, на берегах которого растет трава, волнуемая ветром. Вода ручейка прозрачна и чиста, и на его дне лежит камешек-Габриэла, лежит и улыбается мне. Я вернулась к ней и продолжила сеанс, делаю необходимые пассы. Вижу ее и камешком в ручье, и в обычном виде у себя на кушетке. Делая пассы, я спускаюсь все ниже, мои руки двигаются вдоль тела моей пациентки. Двигается и камешек в ручье, давая воде перекатывать себя, тащить вниз по течению. Я остаюсь рядом. Глаза Габриэлы закрыты, и я не мешаю ей своими историями, а только слежу за камешком, сопровождаю его вдоль дна ручья, который тем временем становится рекой, все более широкой и полноводной. Камешек счастлив; он смеется, перекатываясь, и будто бы обнимает меня. А вот он скатывается ниже – русло реки становится более глубоким. Я немного испугалась и справилась о настроении камешка, но, похоже, у него все было в порядке. Мягко и медленно он опускается все ниже, двигаясь между других камней. Путешествие окончено. Воцаряется спокойствие.

Я смотрю вверх и вижу, как солнечные лучи проходят сквозь водную поверхность. Снова прошу изменить ракурс, чтобы сверху увидеть окружающий нас пейзаж. Ракурс меняется, и от восхищения я перестаю дышать. С большой высоты видно, что это озеро, в которое впадает несшая камешек река. «Кстати, где Габриэла? – подумала я, но, не успев как следует испугаться, снова оказалась рядом с ней. Ее камешек улыбается мне и ничем не обеспокоен. Габриэла, как всегда, преисполнена любви, и я вижу, как растет в ней это чувство. Вода помогает ей в этом, и камешек-Габриэла начинает излучать свет. Лучи света несут в себе любовь, приумножаемую водой, и все озеро наполняется внутренним светом. Солнце сверху посылает озеру тепло, а камни в воде распространяют свет и любовь. Чистая, прозрачная вода наполнена этим чувством. У меня на глазах слезы...

По окончании сеанса я от усталости не могу стоять. Присаживаюсь на стул, кладу руки на кушетку рядом с Габриэлой и опускаю на них голову. Габриэла, почувствовав движение, просыпается и нежно гладит меня по голове. «Что случилось?» – спрашивает она мягким голосом. Я улыбаюсь ей и, немного придя в себя, рассказываю обо всем. «Нет ничего лучше твоих сеансов, – произнесла она, – нет, не вставай, не провожай меня, я знаю, где выход».

Встать я действительно не могла. Было слышно, как Габриэла вышла в гостиную и поприветствовала своего верного мужа, который всегда ждал ее там. Оба направились к выходу, и до меня донеслись слова Габриэлы, объяснявшей мужу, что я отдыхаю и что меня не нужно тревожить. Как трудно подняться со стула! Продолжаю сидеть у кушетки, положив голову на руки. Жду, пока все тело ощутит, что я вернулась.

В тот момент я еще не знала, что Габриэле суждено приходить ко мне на сеансы в течение не более полугода. Да, всего лишь через шесть месяцев она будет призвана для высших предначертаний и продолжит свой путь в иных измерениях. Теперь, когда я это знаю, думаю, что все равно была права: это мне нужно было ее благодарить – за ту замечательную возможность помогать ей своим умением. Возможности, которые нам даются, никогда не повторяются в том же виде, как ни один из сеансов не похож на другой. Посылаю Вам свою благодарность, Габриэла, туда, где бы Вы ни находились. Спасибо, что были со мной, что принимали меня такой, какая я есть – со всеми моими странностями, обнаруживая при этом непоколебимую веру в успех. Спасибо за Ваше величие и за ту любовь, которую Вы излучали. Я знаю, что Вы делаете замечательную работу и в тех сферах, в которых сейчас пребываете. Если можете, передайте воде мою любовь.

♌

Прозрачные люди

Обычный летний вечер. Я сижу на кровати, вытянув ноги перед собой. Опираюсь на стену, подложив под спину мягкие подушки. Мои руки покоятся на одеяле, укрывающем меня до пояса. На мне футболка с длинными рукавами.

Я в ожидании. Наставник ДаБен должен явиться и отправиться со мной в путешествие. Все эти приготовления необходимы, чтобы после выхода из тела мне было, куда вернуться. Перед такими путешествиями нужно обо всем как следует позаботиться. Необходимо поддерживать тепло своего тела, пока я не в нем. Сегодня я чувствую, что готова к прослушиванию следующей кассеты курса «Разбуди тело света» Санайи Роуман и Дуэйна Пакера, посредством голоса которого наставник ДаБен обращается к своим ученикам. Материал можно осваивать самостоятельно; курс состоит из 36 кассет, к которым прилагаются брошюры. На каждой стороне кассеты – тридцать минут записи, но видимо, для меня существует особая программа: иногда проходит два-три часа, прежде чем ДаБен возвращает меня в «земное измерение». Каждую из кассет мне необходимо прослушивать как минимум по три раза, чтобы хотя бы один раз услышать, что на ней записано. Интересно, какое «учебное» путешествие ждет меня сегодня, какой материал выберет ДаБен для урока.

В отличие от прошлых опытов, когда выход из тела пугал меня, нынешние путешествия осуществляются только с учебными целями. Учеба и приятные ощущения в соответствии с указаниями находящегося рядом наставника. Нет страха и паники – только спокойное, радостное ожидание. Как будто должен прийти давний приятель, мудрый и добрый.

Наступает тихий вечер. Солнце постепенно удаляется от нас, поцеловав на ночь. Оно отправляется светить другим, будить их, вдохновляя на новый рабочий день. Мой же день подходит к концу. Сын отправился к товарищу – я знаю, что ДаБен тщательно подбирает время для посещений. А когда мне нужно будет встретить сына, я вернусь – уверена в этом.

Я медленно дышу, прислушиваясь к каждому вдоху и выдоху. Улыбаюсь, внимая своим мыслям. Где же ДаБен? Неужели не придет? Неужели я неправильно интерпретировала его знак, который он подал мне в преддверии нашего путешествия? Нет, я не ошиблась. Вот оно, начинается. Воспроизведение включено, слышна мелодия. ДаБен здесь, и мы отправляемся в путь. Первым делом нужно заняться дыхательными упражнениями, затем – визуализацией. Мелкие мышцы напрягаются разом; ощущаю уверенность в себе, поддержку и уже знакомое мне глубокое спокойствие – ведь ДаБен уже рядом. Чувствую, что тело обмякло, в то время как бодрость духа усиливается. Наступает ощущение невероятного расширения сознания, я чувствую вокруг себя волны. Тела нет, а есть только они, волны, число которых бесконечно множится. У них нет ни начала, ни конца; они расширяются и двигаются как горизонтально, так и вертикально. Путешествие началось.

ДаБен увлекает меня в другое измерение, где нас ждут друзья. Мне кажется, что мы пробираемся сквозь сложную систему разветвленных каналов и попадаем в измерение, где люди прозрачны, но вполне видимы. Мой наставник знакомит меня с одним из них. Он и будет моим гидом в этом мире. Я чувствую благодарность; мое лицо выражает приветливость и вежливость, однако все еще стою в стороне, пребывая в некотором смущении. Мой прозрачный гид деликатен и мил, и я чувствую, что он улыбается мне. Вдруг справа подходит другой прозрачный человек. Он и гид приветствуют друг друга, а потом, к моему величайшему изумлению, они сливаются. Они слились на мгновение, а потом разошлись, каждый – сам по себе. Сзади приближается еще кто-то. Я уже приготовилась к тому, что и он пожелает слиться, однако этого не произошло: тот лишь коснулся моего гида, который объяснил мне, что путем слияния у них происходит «ввод в курс дел». Я все еще не понимаю: в курс каких дел? И почему тогда этого не произошло при встрече со вторым человеком? Мой провожатый рассмеялся и пояснил, что у второго не было никаких новостей, потому не было и слияния. Его удивляет, что я не понимаю таких простых вещей. «А могу ли я на себе почувствовать, что означает этот 'ввод в курс дел'?» – спрашиваю я. «Конечно», – отвечает он и необъяснимым образом воспроизводит в моем сознании слияние, которое только что произошло. И вдруг я понимаю. Им не нужны слова, вообще не нужны какие-либо средства, чтобы посвящать друг друга в дела, о которых они хотят сообщить. Если есть новая информация или даже новое ощущение, о котором хочется рассказать другому, то нужно просто слиться. После того как двое расходятся, новые данные переданы. А поскольку у того, кто подошел сзади, не было никаких новостей, они с моим провожатым только соприкоснулись для приветствия.

«Ничего себе, – думаю я и чувствую, как мои глаза от изумления чуть не вылезают из орбит, – вот это да! Даже лучше, чем положить под подушку книгу и проснуться наутро, зная ее близко к тексту, – мечта любого студента. Ведь у них это занимает всего секунду!» «Пойдемте, – поторапливает мой проводник, – у нас еще много дел». Да, интересное начало! Думаю, мне уже стоит привыкнуть к тому, что когда я чему-то очень удивляюсь, то открываю рот, забывая потом его закрыть.

Следую дальше за гидом и чувствую себя какой-то неуклюжей по сравнению с ним. Скольжу вперед, как и он, но затрудняюсь двигаться в том же темпе. Он замедляет свой, как только замечает это.

Видим перед собой группу прозрачных людей. Я останавливаюсь, сохраняя дистанцию, которая кажется мне уместной в данном случае. Мой гид приближается к ним, и все они в одночасье сливаются друг с другом.

Думаю, что их там было по меньшей мере пятеро. Как только произошло их слияние, я снова пришла в восторг, однако почувствовала себя как-то отстраненной. В голову пришла не очень умная мысль: а вдруг мой провожатый забудет обо мне? И что если он оставит меня здесь одну? Однако уже в следующую секунду он оказывается рядом со мной, преисполненный любви. Чувствую, что он обнимает меня и удивляется той панике, которую я испытала, и тому чувству отстраненности. «Не понимаю, – говорит он мне, – если Вы почувствовали себя 'не с нами', то почему не подошли и не слились?» Снова широко открыв глаза от удивления, отвечаю ему, что не знаю как, тем более что неизвестно, могу ли я. Может, не дай Бог, причиню им вред, если присоединюсь? Эта мысль приводит меня в еще бо́льшую панику. Уверена, что ДаБен привел меня сюда не для того, чтобы я хоть как-нибудь кому-нибудь навредила. Поэтому, может, лучше и не пытаться?

Провожатый проявляет терпение, пока я озвучиваю ему свои сумбурные мысли. Выслушав меня, он решает, что позитивное мышление – единственно возможный подход в случае с такой растерянной гостьей, как я.

– Не страшно, – говорит он мне, – пойдемте дальше, у нас есть еще, чем заняться. Сегодня состоится сверхучеба.

– Что это такое? – естественно, спрашиваю я.

– Сверхучеба – это когда очень много людей учится вместе. Мастер передаст нам сегодня знания. Это большое событие.

– Мастер? Вы имеете в виду такого мастера, как ДаБен?

– Нет, ДаБен – мастер, работающий в разных измерениях.

Я говорю о мастере из нашего измерения. Он похож на меня, но только гораздо, гораздо шире. Мы все этого ждем и все придем на урок. Учеников будут тысячи, а мастер – только один. Что, неужели у вас таких людей не бывает?

– У нас есть такие, которые только называют себя мастерами, – неуверенно отвечаю я, – а есть и такие, которые в самом деле считают себя мастерами, но сама я не очень понимаю, что же такое «мастер».

– Как же вы тогда учитесь? – с удивлением вопрошает мой собеседник.

– Не знаю, похоже, что учеба дается нам очень трудно. Наверное, у нас просто все по-другому.

– Что ж, – помедлив, спрашивает он с такой интонацией, будто он уже больше ни в чем не уверен, – так Вы хотите пойти на урок?

– Да, да, конечно, пожалуйста! Я очень хочу! – отвечаю я с большим воодушевлением, нисколько не колеблясь, желая развеять те сомнения, которые посеяла в сердце моего гида. Тот приободряется, и мы скользим вместе, радуясь оттого, что приближаемся к месту всеобщей встречи.

Тысячи человек стекаются сюда из разных мест; и их волнение действительно велико. Похоже, что все хотят сконцентрироваться и подготовиться. Я замечаю, что каждый из прибывших сюда находится на одинаковом расстоянии от соседа – непонятно, как такое возможно. Вспоминаю, что тоже сегодня подготовилась. Хотя я здесь, среди всех, но все-таки ощущаю себя сторонним наблюдателем. Не знаю, чему, по мнению ДаБена, я должна здесь научиться. Может, мне не удастся поучаствовать в этой «сверхучебе»? Очень хочется увидеть мастера. Будет ли он таким же, как и мастера в моем измерении? Очень важный и самодовольный? Будет ли показывать всем, какой он умный или щедрый? Продемонстрирует свои способности или даже какой-нибудь замечательный талант? Станет для всех «путеводной звездой», от созерцания которой никто не сможет оторваться? Очень интересно.

И вот над всеми поднимается прозрачный человек, и всеобщее внимание оказывается прикованным к нему. Я вдруг начинаю ощущать то же, что и он. На первый взгляд кажется, что это женщина. Наши чувства тождественны. Она смотрит на всех и наполняется любовью и радостью. Вдруг я понимаю, что здесь быть мастером для женщины – это настоящее самопожертвование. И конечно, призвание. Ее устремления направлены на высочайшие чувства и глубочайшую мудрость, которые она делает доступными для других путем слияния. Я взволнована и уже влюблена в нее; начинаю волноваться за нее – как же она сможет передать знания тысячам прибывших? Не растворится ли она в слиянии? Сумеет ли не «потеряться» бесследно? «Ш-ш-ш! – произнес провожатый, повернувшись ко мне и прервав ход моих мыслей, – не волнуйтесь! Не все получают одно и то же. Каждый получает при слиянии то, что ему нужно, и мастер точно знает, что и кому передать».

Однако я волнуюсь теперь еще больше. Как это понять — «Мастер точно знает, что и кому передать»? Откуда она узнает, что нужно каждому из тысяч присутствующих? Тогда мой провожатый подходит, обнимает меня, и я успокаиваюсь, сама не понимая почему.

— Так-то лучше, — говорит он мне, — сейчас нужно только соблюдать тишину, готовиться, медленно дышать и слушать — больше ничего. Это не очень сложно, не правда ли?

— Да, конечно, — отвечаю я, немного смутившись, оттого что создаю «проблемы».

Постепенно я успокаиваюсь. Это действительно нетрудно – похоже на ожидание ДаБена. Дышу медленно, веду себя тихо. И вот начинается слияние. Я ощущаю, будто переношусь куда-то, и уже нет тысяч прозрачных людей вокруг. Рядом со мной только провожатый, а мастер стоит передо мной, преисполненная любви, а неподалеку — еще три-четыре прозрачных человека, среди которых замечаю ДаБена. Других я не знаю. Они наблюдают за происходящим со стороны. Мастер произносит: «Спасибо, что посетила нас. Спасибо за ту любовь, которую ты принесла».

Думаю, что это слишком большой комплимент. Мне далеко до них – я еще не настолько полна любви. Вот провожатый – другое дело. Он похож на мальчика, любит играть, смеяться и радоваться. В нем столько же любви, сколько и в мастере.

ДаБен подсказывает мне спросить у мастера, есть ли что-нибудь, что я могла бы сделать для этих людей. Я подчиняюсь, немедленно поворачиваюсь к мастеру и задаю этот вопрос. Ее лицо освещается, и, извинившись, она отвечает:

– Да, я была бы рада, если бы Вы смогли сделать для нас одну вещь.

– Конечно, – отвечаю я, – скажите мне, пожалуйста, что нужно сделать.

Мастер указывает на поверхность под нами, и я вижу, что там лежит сверток. Мастер спрашивает меня, смогу ли я взять его с собой. «Дело в том, – поясняет она, – что один человек оставил этот сверток здесь. Не могли ли бы Вы передать его по назначению?»

Я заколебалась всего на долю секунды, однако тут же взяла себя в руки. Конечно, я буду рада сделать это, помочь этим людям, даже если поручение предполагает какие-нибудь жертвы с моей стороны. Это была первая моя мысль, и, больше не медля, я приблизилась к свертку и взяла его.

В тот же момент я будто бы взорвалась изнутри и почувствовала, что стала излучать еще больше света; усилилось и ощущение легкости. Сверток был полон радости и наслаждения, которые захлестнули меня. Удивление, смешанное с удовольствием читались на моем лице; я улыбалась. Все, кто наблюдал эту сцену, включая мастера и обычно серьезного ДаБена, хохотали.

– Почему ты колебалась? – спросила меня мастер, – неужели ты думала, что я попрошу тебя сделать для нас что-нибудь, что потребует каких-нибудь жертв с твоей стороны? Когда кто-то просит тебя об одолжении, это обязательно означает, что он забирает у тебя что-либо? Разве не может быть так, что то, о чем тебя просят, в сущности, для тебя?

Глаза мастера наполнены слезами не только из-за того, что я заставила ее так смеяться; это еще и слезы сострадания и любви. Она обнимает меня и целует.

– Прими нашу любовь, – говорит она, – пусть это и будет твой нам подарок.

– Большое спасибо, – отвечаю я.

– Вот и произошло твое слияние. Твой сегодняшний сверхурок состоялся.

– Я поняла.

Подхожу к своему гиду и обнимаю его.

– Большое спасибо за гостеприимство и любовь. Прошу прощения за сложности, которые возникли у Вас из-за меня.

Чувствую, что ДаБен уже ждет. Присоединяюсь к нему, машу на прощанье своим новым друзьям, и мы удаляемся в узкой лодочке. Я сижу в передней ее части, ДаБен – на веслах. Он высокий и выглядит таким солидным и серьезным, но я знаю, какой это мягкий человек, и улыбаюсь. Обратный путь пролегает через ту же разветвленную систему каналов, похожих на ветви дерева. Или на кровеносные сосуды – возникает вдруг странная мысль. Меня охватывает восторг, и я смотрю на ДаБена с любовью. Спасибо за путешествие!

И вот я уже в кровати. Ощущаю свое тело и думаю, как было бы здорово сейчас укрыться с головой и поспать.

«Да, было бы здорово, – отвечаю сама себе, – но это еще не все на сегодня».

Уже стемнело. Смотрю на часы – оказывается, путешествие мое продлилось три часа. Получасовая кассета давно закончилась. А где же мой м а л ь ч и к ? Нахожу в себе силы встать с кровати, а встав, удивляюсь такому мощному, как мне кажется, воздействию гравитации. Это всякий раз удивляет меня по-новому.

Свет в квартире включен. Янив уже большой мальчик, скоро ему исполнится четырнадцать лет. Если мама заперлась в спальне, он знает, что нужно приготовить себе еду самостоятельно. Он поел и уже успел задремать перед телевизором, издающим громкие звуки. Входная дверь не заперта. Делаю последние приготовления перед сном, целую Янива в лобик – и вот я уже снова в постели. Теперь спать – просто спать, без путешествий. Спокойной ночи всем, кто, возможно, еще не спит.

♌

Пятница

Это была обычная пятница. Я еще не вставала с кровати. Но, как и в любой другой день, сделать это необходимо, а я никогда не умела делать это быстро. Как овладевают этим искусством энергичные женщины? А остальное человечество?

Телефонный звонок. Я уже знаю, что сейчас услышу мамин голос, решительный и бодрый. Он заставляет меня встать и поскорей начать и без того короткий день.[1] Какое странное выражение – «короткий день»!

Нужно постараться разбудить себя до необходимой степени бодрствования. Телефон все звонит, а я не могу найти в себе силы ответить. Глаза мои открыты, но я не вижу ничего, кроме водоворота красок, обычно не доступных взору большинства людей. Когда я смогу, окончательно проснувшись, начать нормально функционировать, я тоже перестану их замечать. А пока что я хочу еще немного полюбоваться этими водоворотами, продлить ощущение легкости утреннего полусна, будто отгораживающего от меня пеленой тумана повседневные

---

[1] По законам иудаизма любой день начинается и кончается вечером, поэтому вследствие необходимости приготовлений к субботе пятница в Израиле – короткий и, как правило, нерабочий день.

заботы. Телефон звонит снова, и я снова не отвечаю – еще не готова. Этот короткий день для меня еще не начался. Постепенно гравитация овладевает моим телом, и я ощущаю прикосновения простыни и одеяла. Солнечный свет вовсю прорывается сквозь маленькую занавеску, прогревая доступные ему участки кровати. Действительно пора вставать.

Наиболее убедительные причины встать с кровати – это голод и жажда. И вот подъем состоялся; умываю лицо и одеваюсь. Идеальный день начинается с кофе и легкого завтрака в спокойной атмосфере. Ее снова пытается нарушить телефонный звонок, но я по-прежнему не отвечаю, все дела – только после завтрака. А пока время еще не пришло, мир для меня еще не начал существовать.

Заканчиваю пить кофе и снова умываю лицо. Два сообщения в ящике голосовой почты терпеливо ждут, когда я обращу на них внимание. Мама сообщений не оставила, но ясно, что среди звонивших была и она. Набираю ее номер.

– Наконец-то ты соизволила мне перезвонить! – говорит она, немного задыхаясь и повышая тон, – я с трудом успела добежать, – звоню тебе с самого утра, а ты не отвечаешь!

Когда речь идет о детях, наверное, любая мать хорошо знает, с кем имеет дело, даже когда «ребенку» уже почти сорок.

– Я тут с ума схожу, звоня тебе, а ты валяешься в постели и не отвечаешь! – продолжает она свою тираду.

– А ты зачем звонила? – спокойно спрашиваю я, но, похоже, это еще сильнее заводит мою гиперактивную маму.

— Я страшно волнуюсь! — отвечает она, и дальше все продолжается на одном дыхании, — эта твоя сестричка просто сведет меня с ума! Она сейчас взяла и сняла своей дочке гипс только потому, что ей так захотелось! Я спросила ее, повезла ли она девочку к врачу, а она с полным равнодушием отвечает мне, что, мол, нет. Я и сама знала ответ. А потом я спрашиваю ее, свозила ли она кота к ветеринару, и представь, она отвечает, что свозила, так как он, видите ли, плохо себя чувствовал. Я знала, знала, что кота она любит больше собственной дочери! Я сейчас лопну от злости! А Дорис, моя подружка, позвонила и сказала, что ее соседка упала и что теперь ей трудно дышать. А я отвечаю: «Ну, а что я-то должна делать? Я что, скорая помощь? Пусть вызовет неотложку!» Но нет, она не хочет. «Почему?» — спрашиваю я. Оказывается, денег жалко, мол само рассосется. А раз я медсестра, то должна бежать и осматривать ее. Ну, и что ты об этом думаешь? Они что, с ума все посходили?! И что с того, что я медсестра? Поэтому мне придется бежать осматривать ее соседку? А соседка эта только что новую машину купила. Дом и хозяйство она передала сыну, дочкам достались все квартиры, кроме двух — эти-то она себе оставила, чтобы сдавать в аренду и жить с этого. Потому-то дочки на нее и дуются — хочется им и эти две квартиры к рукам прибрать. Так я, понимаешь ли, должна бросить все и в пятницу мчаться проверять, что у нее там с дыханием, потому что, видите ли, ей жаль денег на скорую помощь. А Барух выкорчевал у меня в саду лимонное сорго — думал, что сорняк. Говорила я ему не трогать его, но какое там! Ужасно раздражает, что я должна находиться рядом с ним, когда он работает. Так вот, вместо того чтобы присматривать за Барухом, я должна была бежать к этой соседке, которой трудно дышать! Пока я до нее добиралась, ей стало лучше, так что я ей чуть пощечину не залепила!

Мама все говорила, а я уже перестала слушать, потому что меня разбирал смех. Я смеюсь уже во весь голос, не будучи в силах сдержаться. Мама, услышав мой смех, злится, конечно, еще больше.

— Ах вот ты как?! Смеешься! Думаешь, это смешно, да? Так знай, я сейчас положу трубку на пол — вот тебе! Смейся в пол! Я не слушаю, — кричит она действительно откуда-то издалека, — смейся, сколько угодно, пол тебя хорошо слышит!

Постепенно я успокаиваюсь и зову ее:
— Мама, мама!
Приходится кричать, чтобы она меня услышала:
— Мама, ты слышишь?
— Ну что, посмеялась вдоволь?
— Но мама, это же действительно смешно!
— Нет, ну вы слышали? Я бужу ее с самого утра, чтобы спросить, нужна ли ей машина, а она смеется! Обе машины стоят во дворе, так я хотела узнать, можно ли взять одну из них — у меня масса дел!
— Конечно, мам, я уже говорила с Михаль. Сегодня я возьму ее машину. Мне только в супермаркет за продуктами съездить.

– Отлично, – произносит моя мама, пытаясь отдышаться после длинной речи, – тогда я поехала. Вернусь после двенадцати, приходи, пообедаем.

– Хорошо, мамочка, спасибо за твою заботу.

– Спасибо... Отвечать надо на звонки! А еще, когда пойдешь, захвати эту штуку – чтобы прочистить забившийся сток. И таз для стирки.

– Хорошо.

– Что «хорошо»? Ты все это запомнишь? Ты же ни за что не запомнишь! – отвечает она на собственный вопрос.

– Я запомню. Честно-честно!

Этот телефонный разговор наконец заканчивается, и дома вновь воцаряется такая знакомая и приятная тишина. Я пытаюсь обрести утраченное спокойствие путем дыхательных упражнений, однако всякий раз вспоминаю наш разговор и взрываюсь от хохота. Какое счастье, что я не ответила на звонок, пока нежилась в постели, а то мне точно потребовалась бы медицинская помощь. Я собрала грязные тарелки, вдохнула запах, источаемый тлеющими ароматическими палочками, зажженными еще до завтрака, произнесла несколько простых утренних молитв, поблагодарив Бога за этот чудесный день, за счастье и любовь, за солнце и землю, за небо, деревья, цветы, животных и птиц. Что ж, теперь можно начинать этот короткий день.

Вспомнился небольшой ритуал, который я провела на прошлой неделе. Сидя в рабочем кабинете, я зажгла свечу и сообщила Богу о своем жизненном предназначении. Дело в том, что согласно индейским верованиям, Бог ждет, когда мы сообщим ему о том, что хотим делать в жизни, чтобы знать, что нам посылать. Это полностью противоречит нормам западной культуры, согласно которым человеку нужно отправиться на поиски своего предначертания. Это уже не первый раз, когда я замечаю, что индейцы верят в нечто, совершенно противоположное основам западной мысли.

Во время своего ритуала я подумала, что если бы я встретила Бога и он спросил бы меня, в чем цель моей жизни, мне хотелось бы иметь готовый ответ, а не выглядеть дурочкой, как это часто со мной бывает. И тогда я поняла, что, наверное, ответила бы ему, что моя цель – это служить людям мостом в духовный мир.

Дав этой мысли «вызреть» в течение как минимум четырех дней, чтобы убедиться, что это действительно правильный ответ, я решила устроить ритуал на следующий день, в четверг. И вот я подтвердила Богу, что свою цель вижу в том, чтобы открывать людям путь в их духовный мир. Я стану для них мостом. Закончив передачу сообщения, я не почувствовала ничего особенного. Глас божий не раздался, чтобы сказать мне что бы то ни было. Никакой реакции, ничего. Правда, в этом сообщении не было приглашения к разговору, только своего рода декларация. Добавила, что настоящим даю свое согласие на использование себя в случае необходимости для целительства или другого высшего блага людей, нуждающихся в помощи.

Сегодня я почему-то снова вспомнила о своем маленьком ритуале и немного удивилась тому, что не получила никакого ответа и что с тех пор не произошло ничего из ряда вон выходящего.

Я вышла на улицу и направилась к маминому дому. На краю двора стоит маленький домик, в котором живут Михаль и Николь. У нас две машины на троих, что приводит к необходимости постоянно координировать свои поездки, правда, все равно не всегда удачно. Выйдя на улицу, я решила пройти пешком короткое расстояние, разделявшее наши дома. Увидев забор маминого дома, я вспомнила, что действительно забыла взять с собой вещи, о которых она меня просила. Ничего, может быть, удастся юркнуть к Михаль, оставшись незамеченной мамой. Это почти удалось: крадучись, держа в руках ключи от машины, я уже направлялась к парковке, когда она заприметила меня. Сидя в другой машине, она громко позвала кого-то, стоявшего на другом конце улицы: «Шем-Тов, подойди, у меня для тебя письмо!» Потом, повернувшись ко мне: «Эйлат, доченька, принеси, пожалуйста, коричневый конверт из дому». Я кивнула и вошла домой к маме, а она уехала.

Какое счастье, буря пронеслась мимо. Я нашла письмо и передала его Шем-Тову, который терпеливо ждал на улице. Это был тихий и приятный человек, который когда-то снимал у мамы жилье.

Наконец-то я в машине. Вставляю ключ в замок зажигания и пытаюсь вспомнить, куда мне нужно было ехать и зачем. Так, без паники, я обязательно вспомню. Двигатель включен, и я выезжаю с парковки задним ходом. Но куда же мне ехать? А-а, вспомнила! Мне же нужно за покупками. Для этого нужно повернуть налево в конце улицы, затем опять налево, а потом направо. Доехала до светофора, красный свет. Дети возвращаются из школы домой – наверное, уже действительно поздно. Симпатичная девочка стоит на тротуаре справа от меня, ожидая зеленого света, который вот-вот включится. Я смотрю на нее и вдруг понимаю, что не могу отвести от нее взгляд. На ней белая блузка, за плечами – красный школьный ранец. Полновата, волосы собраны в косичку, длинная челка спадает на лоб. Она подпрыгивает на месте от нетерпения и выглядит веселой. А я не знаю, почему не могу перестать смотреть на нее. Более того, я ни голову не могу повернуть, ни руками пошевелить – будто окаменела. Девочка смотрит на меня, улыбается и не понимает, почему я не улыбаюсь ей в ответ. А у меня выражение лица очень серьезное, и изменить его я не могу. Девочка чувствует себя неловко и перестает подпрыгивать. Наконец включается зеленый свет, и она переходит дорогу – медленно, не переставая смотреть на меня. Похоже, пытается вспомнить, видела ли она меня где-нибудь. Потому что в противном случае странно: почему взрослая женщина так пристально смотрит на нее. Я понимаю, что все это действительно очень странно. Смотрю, как она начинает пересекать проезжую часть. Она проходит мимо моей машины, но я по-прежнему не могу оторвать от нее глаз. Правда, теперь голова моя в состоянии поворачиваться, чтобы следить за ней взглядом.

Когда девочка оказалась практически передо мной, по другой стороне дороги вихрем пронесся красный автомобиль. От неожиданности девочка отпрыгнула назад, и тут меня «отпустило», я смогла оторвать от нее взгляд. Попыталась разглядеть автомобиль, пронесшийся явно на красный, но безуспешно. Судя по всему, тот водитель хотел проскочить на желтый и прибавил газу перед перекрестком, но не успел. Когда он подъезжал к пешеходному переходу, девочка уже пересекала дорогу на зеленый, и если бы я не задержала ее взглядом, она наверняка погибла бы на месте. А так она дошла до тротуара на противоположной стороне и беззаботно побежала вприпрыжку дальше.

Включился зеленый свет, и я должна продолжить движение. Но как это делается? Ага, вспомнила, нужно плавно отпустить педаль сцепления, а другой ногой плавно нажать на педаль газа. Получается. Поворачиваю налево. «Собственно, ничего страшного не произошло, – говорю я себе, – ведь я пообещала Богу, что буду в его распоряжении. Пообещала, что когда буду нужна, то можно воспользоваться моими услугами, не спрашивая разрешения. Что же во всем этом необычного?» Пожалуй, все как обычно, только рот мой сух, как пустыня Негев, мне трудно дышать и очень хочется добраться до супермаркета, чтобы осушить там бутылку первого попавшегося напитка. Да, а еще хорошо бы, чтобы руки не дрожали, когда держишь ими руль. Главное – думать, что все как обычно – очень полезная мысль. Но одно дело – так думать, и совсем другое – ощущать, как горло пересыхает и будто натягивается, как если бы оно было веревкой, на которой висит закрепленное прищепками белье. Сухость невероятная!

Наконец-то супермаркет. Припарковаться без паники, взять голубую тележку для продуктов. Вот и холодильник с молочными продуктами, холодный напиток мокко – вкусно, подойдет. Содержимое маленькой бутылочки проглочено залпом, но горло не отпускает. Еще одна – все равно мало. После третьей вздохнула с облегчением. Прищепки с горла сняты.

Три пустых бутылочки валяются в тележке. Очень люблю этот напиток, но на этот раз даже не ощутила его вкуса. Ничего себе! Полтора литра молочного напитка – только чтобы отпустило. И даже никакого удовольствия! Слишком калорийные последствия за добро – надо было бежать к бутылкам с минеральной водой. Глупости какие! Но с другой стороны, могла и не добежать, так что все я правильно сделала.

Итак, что же я хотела купить? И как вспомнить, чего не хватает в домашнем холодильнике? Да, люди организованные преуспевают чаще. Вот, например, мужчина со списком. Наверное, жена его отправила в магазин, и он выглядит очень целеустремленным. Почему же у меня нет такого мужчины? Или хотя бы списка? И как можно заранее узнать, что готовит нам день грядущий? Выходя из дома, я помнила, что нужно купить, а через несколько минут все перевернулось с ног на голову, мировой порядок на некоторое время словно бы перестал существовать; все было понятно, но в одночасье стало непостижимо. Ладно, неважно, что куплю – то и будет, день-то все равно короткий, во второй раз я в магазин в любом случае уже не попаду. Если что-нибудь забуду купить – не страшно, тем более, что не в первый раз. А будь у меня список, знала ли бы я, куда его положила? А если бы я его и нашла, разве обязательно там фигурировало бы все, что мне нужно? Так что все эти списки – только так, для вида. На самом деле они вовсе не имеют значения.

А что же важно? «Только на мгновенье представь, – говорю я себе, – что ты не стала нежиться в кровати и спокойно заниматься своими делами. Спаслась бы тогда эта девочка? Были бы настроены мои каналы общения с высшими сферами? В любом ли случае я смогла бы стать орудием спасения? Что ж, может быть именно сегодня меня «подтолкнули» к тому, чтобы я все делала не спеша, спокойно. Что же мне делать с этой жизнью? А что она делает со мной? Влияют ли мои действия на что-либо? Важны ли они? И если нет, то что же тогда важно?» Все это я говорю себе, выбирая огурцы, но ответа нет. Стоит взять и помидоры. Что там еще нужно для салата? Может быть, важно просто жить и чувствовать каждое мгновенье? Наслаждаться им по возможности? Как приятен наощупь этот помидор – круглый и мягкий. Желтый болгарский перчик тоже призывает меня прикоснуться к нему, пройтись пальцами по всем бугоркам и ложбинкам на его теле. А еще я люблю кориандр – его запах возвращает меня на землю, где жизнь. Ага, вспомнила! Мне нужны яйца и сахар. А еще кукуруза для Янива, субботняя хала и творог. Вот и все, похоже, ничего не забыто.

Я смотрю на заваленные продуктами полки супермаркета и говорю Вселенной «Спасибо!» Я благодарна за все это изобилие, у нас действительно нет недостатка в продуктах. Пожалуй, есть даже переизбыток. Нам так много не надо. Я желаю детям всего мира возможность почувствовать, что такое изобилие. Пусть будет много всего у всех – так, наверное, можно устроить. Может быть, хоть когда-нибудь? А я буду покупать только то, что мне действительно необходимо – не более того. Может быть, важно именно это? Думаю, что да. Хотя это мелочь, пустяк, но сегодня я чувствую, что ответ на вопрос именно здесь. Это действительно важно – покупать только то, что нужно, и с большим уважением относиться к каждому продукту, который кладешь в тележку. Не воспринимать ничего как само собой разумеющееся. Каждый товар, продаваемый в этом супермаркете – это дар матери-земли, а не «Кока-колы» и «Данон». Благодарить нужно мать-землю. Спасибо тебе! Спасибо за все это изобилие, за все дары, которыми ты осыпаешь меня. Большое тебе спасибо!

♌

Зима

Моему сыну всегда требуется помощь в учебе. Только когда он учился в шестом классе, уже к концу учебного года, я сумела найти специалиста, которая правильно определила, в чем источник его проблем. А ведь найти такого специалиста я пыталась, еще когда он был в первом классе, и на это ушло немало денег и сил. Мне не смогли помочь даже в Израильской ассоциации помощи детям с пониженной обучаемостью. Специалист «нашелся» только за сумму, втрое превышавшую обычный в этом случае гонорар. Эта специалист провела с Янивом шесть встреч (а не одну короткую, как делали ее предшественники) и составила подробный отчет, включавший указания для школьной администрации относительно необходимых послаблений в учебе. Мне, правда, казалось, что в дополнение к специальным упражнениям по улучшению остроты зрения, терапевтической верховой езде и прочим видам помощи ему просто нужен кто-то, кто объяснял бы ему школьный материал и делал бы с ним уроки. Поэтому я отправилась к Давиду, который жил в том же районе, где еще девочкой жила моя мама. Это был открытый и радушный человек, инвалид от рождения, у которого было маленькое тело и только один глаз. Многие дети, жившие неподалеку, часто сторонились и боялись его, однако Янив знал его с детства, и на примере Давида я приучала его уважать людей такими, какие они есть. Давид помогал Яниву, когда тот был еще маленьким, и вот сегодня мне снова нужна его помощь.

Этот человек жил очень скромно и даже не мог позволить себе телефон. Чтобы поговорить с ним, нужно было просто прийти к нему домой. Не застав его, я оставила записку.

В доме напротив живут мой дядя Давид с женой Ривкой. Я зашла к ним на минутку, чтобы поздороваться. «Ривка уж точно будет дома», – подумала я, и точно: она радостно поприветствовала меня, когда я, толкнув незапертую дверь, вошла в немного темную гостиную.

– Какая радость, что ты пришла! Садись, я сейчас приготовлю поесть. У меня сегодня был немного напряженный день.

– Напряженный? Почему? – поинтересовалась я.

– Из-за твоего дяди. Мы с ним договариваемся о чем-то, что-то решаем, а потом он идет и делает все наоборот. Ну что ты на это скажешь? Что тут поделаешь? Может, ты могла бы помочь? Почитай, пожалуйста, что написано в этих бумагах, а то я не очень хорошо вижу. Пришло какое-то письмо, и я не понимаю, чего от нас хотят. Сейчас, сейчас поищу.

Тетя говорит без умолку, а тем временем я пытаюсь понять, в чем проблема. Наверное, скоро пойму.

– Ты же знаешь, твой дядя инвалид, поэтому Институт национального страхования должен платить ему специальное пособие. Я ему сказала, да и дети тоже – не продавай машину, пока не решим, какую новую покупать. И что ты думаешь, он сделал? Пошел и продал! Да еще и продешевил! Я еще три месяца назад нашла агента, сказала ему, чтобы он не вздумал продавать Давиду машину, если с ним не будет сына. Но что поделаешь, он хочет показать всем, что еще может, понимаешь? А сам идет и роняет бумаги, которые в руках держит. Рука-то у него не очень работает, но ему же лишь бы показать, что он еще о-го-го! Что тут поделаешь? Посмотри, пожалуйста, чего они в этой конторе от нас хотят. Я не знаю, чего тут не хватает. Завтра там принимает служащая по имени Эти – к ней-то мы и пойдем. Она как раз занимается такими случаями инвалидности, так посмотри, пожалуйста, какая бумажка им еще нужна. А еще мы в салоне машину новую заказали, но она только через месяц придет. А пока что делать? Твой дядя, ты же знаешь, дома сидеть не может, ему нужно обязательно быть на улице. Машина для него – как ноги. А теперь у него целый месяц ног не будет – он с ума сойдет. Он же теперь каждый день в иешиву ходит – с тех пор как он на минуточку решил удариться в религию. А я по субботам теперь гуляю. Вот, к маме твоей сходила. А он спрашивает: «Чего тебе нужно от моей сестры? Зачем ты туда все время ходишь? Что ты там потеряла?» А я ему отвечаю: «По пути к твоей сестре я могу навестить свою племянницу, а еще и свою дочь, так что если одна не дома, то я к другой зайду, а если и той нет, так и к твоей сестре загляну. Все равно по пути».

Потом тетя Ривка понижает голос и тоном заговорщицы сообщает мне:

— А зимой, знаешь, бывают очень холодные дни, а у него в иешиве два огромных кондиционера, так что хорошо, что он там греется. А мне, чего мне-то нужно? Не буду же я весь дом только ради себя одной обогревать. И однажды, знаешь, у меня руки прямо в ледышки превратились, когда я газету читала. Ну и что? У твоей мамы или у других всегда тепло — и погреюсь, и поболтаем, пообщаемся, похихикаем — чем плохо? Вчера вернулись домой на такси марки «Шкода» с дизельным двигателем.

Тут тетя Ривка неожиданно сделала маленькую паузу и, картинно воздев руки к потолку, произнесла:

— Вот и решено! Он, твой дядя, решил, что хочет именно такую машину. «Но ведь мы уже заказали в автосалоне другую!» — говорю я ему. Ничего не помогает. Он собрался отправиться в автосалон «Фольксваген» на другом конце города. Они ведь еще и «шкоды» экспортируют. И как он теперь туда доберется? Еще и кучу денег потратим, потому что именно в этом месяце всюду нужно ездить, да еще и на такси! Я уже купила мяса и рыбы к субботе, но на рынке еще не была. Очень волнуюсь: твой дядя вышел из дому без плаща, да еще и трость свою забыл, а вон уже накрапывает!

Она волнуется, и от этого ее руки все время в движении. Тем временем мы убедились, что все документы, необходимые для похода в важную инстанцию, на месте.

— Ривка, так давайте я Вас подвезу в иешиву, заберем дядю, — предлагаю я.

– Что ты! Можно? У тебя есть на это время? Ой, ты прямо ангел! Поехали!

Ехать до иешивы было недолго, и вскоре тетя Ривка зашла в здание, чтобы найти мужа. Однако вскоре вышла, вся взволнованная:

– Он уже ушел домой, мы разминулись! Мне сказали, что он был чем-то очень, очень озабочен.

Лицо Ривки позеленело от волнения.

– Его обязательно нужно найти! Давай поедем в этот автосалон, может, он уже там? Может, его кто-нибудь туда подбросил?

Мы поехали, и через некоторое время Ривка взволнованно закричала: «Остановись, пожалуйста!» Лицо ее расплылось в улыбке, а в ее голосе послышалась радость. «Вот он, на автобусной остановке!» – показала она рукой. Я остановилась, и при виде нас мрачноватый дядя Давид, высокий человек с эффектной внешностью, радостно улыбнулся, обнажив красивые белые зубы. Мне всегда было трудно разобрать его слова, так как он говорил с тяжелым акцентом выходцев из Йемена. Вот тетю Ривку с ее правильной речью я всегда понимала хорошо.

Как только мы остановились, он весело стал помогать ей выбраться из машины, торопя ее и покрикивая: «Ну, выходи, выходи уже! Дай сесть! Как вы меня нашли?» Ривка пересаживается на заднее сиденье, и Давид занимает ее место рядом со мной.

– Давид, Эйлат зашла нас навестить, и мы сразу отправились тебя искать, – сообщила мужу тетя Ривка.

– Какая удача, – отвечал он, – а то этот дождь с ветром меня извели, моя голова будто вся иглами исколота.

В автосалоне нам объяснили, что малолитражек с автоматической коробкой передач и дизельным двигателем у них нет, поэтому мы поехали в другой автосалон, а по дороге тетя попросила высадить ее у рынка. «Только верни мне его домой, пожалуйста, – попросила она, – нечего ему под дождем разгуливать! А сумки с рынка я сама дотащу, ничего страшного. У меня и автобус через час – как-нибудь справлюсь. Главное, чтобы Давид был в порядке». А дядя, конечно, и виду не подает, будто ему нужна какая-нибудь помощь – вот еще! Но ее забота не знает границ.

Наконец-то я расстаюсь с родственниками и начинаю заниматься своими делами. Мне же сегодня еще нужно отметиться в бюро по трудоустройству. Да, несколько месяцев назад меня «ушли» – перевели в недавно созданный плановый отдел. Мой новый начальник попросил меня заняться проектом, который мне совсем не подходил. Я получила два предупреждения, после чего меня могли уволить. Я могла бы исправиться и начать делать проект, который был мне совершенно неинтересен, но не стала, хотя и знала, к чему это приведет. Поэтому «меня ушли» – самое уместное в данном случае выражение. Так наконец и прекратилась моя трудовая деятельность в сфере высоких технологий.

Сижу в очереди перед стойкой, за которой сидит служащая. Передо мной пять человек. Интересно, есть ли у кого-нибудь из них такая же любовь, как между дядей

Давидом и тетей Ривкой? Может ли любовь скрываться в обычных делах, например, в покупках? Сегодня я мельком увидела, какая любовь может скрываться в рутине, как она освещает обыденную жизнь.

Выйдя из офиса, я направляюсь в коридор, затем подхожу к лифту. Рядом со мной стоит религиозная женщина. Здороваюсь с ней, однако она оставляет мое приветствие без ответа. Неподалеку, на лестничной площадке, стоит мужчина, громко разговаривающий по мобильному телефону. И тогда я замечаю, что и женщина рядом со мной тоже что-то говорит. Зайдя вместе со мной в лифт, она здоровается со мной и слегка наклоняет голову в знак приветствия. «Простите, что не смогла ответить Вам раньше, я как раз произносила благословение» – сообщает она. «Ничего страшного, – отвечаю я, – это наверняка важнее, чем говорить по мобильному телефону». «Это уж точно, – соглашается она, – никогда не попадаешь на автоответчик, линия всегда свободна. Он, благословенно имя Его, всегда слышит меня, хотя Ему и не надо – ведь Он знает обо мне больше, чем я сама. И Вам я желаю удачи, благослови Вас Бог!» Спасибо, – ответила я, – удачи и Вам!»

Тороплюсь домой – сегодня должны еще прийти из химчистки и забрать ковры. Прихожу, двигаю мебель и сворачиваю ковры. Вот и парень из химчистки. Оказывается, я напрасно их свернула. Он разворачивает их, внимательно изучает и потом дает мне подписать какие-то бланки. Пока я их подписываю, он изучает мои ноги в обтягивающих джинсах и просит меня принести ему стакан воды. Как неудобно! Надо было самой предложить. «Может, хотите апельсинового сока?» – спрашиваю я. «Да, было бы неплохо», – отвечает он, и я наполняю два стакана. Юноша нежно смотрит мне в глаза, касается своим стаканом моего и произносит: «Будем здоровы!» «Будем, – отвечаю я. «Кто с Вами живет в этой квартире, – интересуется он, – только Вы одна?» «Нет, у меня есть сын. Как здорово, что Вы забираете ковры – попрошу его помочь мне с уборкой». Парень на секунду замолкает, а потом с удивлением вопрошает: «Как?! Неужели у Вас есть сын? Сколько ему лет?» «Почти пятнадцать», – отвечаю я, усиливая удивление собеседника. «Что Вы говорите! А я был уверен, что Вам не больше двадцати семи!» «А мне скоро тридцать девять». «Поверить не могу! А я уже собирался начать за Вами ухаживать!» Это я заметила, однако вслух сказала другое: «Спасибо за комплимент, но я для Вас старовата». Уже у лифта он немного опомнился и попытался сделать второй «заход»: «Так как, может, выпьем по чашечке кофе, когда я верну Вам ковры?» Я восхищена его способностью гнуть свою линию, несмотря на проигрыш, и понимаю, что он не хочет упускать в жизни ни одной возможности. Ему уже ясно, что я не собираюсь с ним встречаться, но он не унывает и все еще рассчитывает уговорить меня, хотя бы только на голый секс – безо всякой романтической «шелухи». Я уклоняюсь от ответа, и дверь лифта скрывает несостоявшегося ухажера. Он не затронул в моем сердце ни одной струны. Да и стиля у него нет. Я вспомнила о любви тети Ривки к дяде Давиду, свидетельницей

проявления которой я стала. Давид всегда был для Ривки
тем единственным мужчиной, о котором были и есть все
ее помыслы, и это было видно даже в самой обыденной
обстановке. Да, видно, такую любовь не купишь. Она –
как прекрасный плод, вызревающий на ветке в течение
долгих лет. А когда наступает его зрелость, он становится
почти невидимым. Для любящих сердец любовь эта
подобна воздуху, который никто не видит, однако все
знают, что он есть и воспринимают его как нечто само
собой разумеющееся. Сторонние же наблюдатели, такие,
как я, видят только то, что обрамляет такие отношения –
обыденные дела вроде приготовления пищи, уборки или
похода в Институт национального страхования и прочие
инстанции. Мне кажется, я должна поблагодарить тетю
Ривку. Один ненароком брошенный взгляд прохладным
зимним утром – и я стала свидетельницей проявления
редкой красоты. А может, не такой уж и редкой? Может,
она существует вокруг нас, прикрытая бытовыми делами?
Может быть, ее можно встретить, если присмотреться, на
автобусных остановках, в магазинах, просто на улице?
Должно быть, в мире есть много любви, которую нам
увидеть не дано.

Мое сердце наполняется радостью, и я продолжаю
заниматься домашними делами. Нужно вымыть посуду
и пол, приготовить еду – наверное, в этот холодный
дождливый день будет приятно съесть на обед тарелку
горячего супа, бóльшую часть ингредиентов для которого
я купила вчера. Если нас окружает любовь, то в таком
мире стоит жить. При этом неважно, на кого направлена

эта любовь. Главное, что она существует – уже здорово! Когда я мою посуду, меня всегда посещают странные мысли.

Я просто уверена, что мир полон любви, и не только благодаря мужчинам, павшим во имя высоких целей, но и благодаря женщинам, принесшим себя в жертву на алтарь семьи. Чувствую в себе прилив сил, и хотя я лентяйка и не очень-то похожа на жертву, благодарю Всевышнего за то, что сотворил меня женщиной.[1]

---

[1] Намек на произносимое по утрам еврейское благословение, текст которого неодинаков для мужчин и женщин. Мужчина благодарит Бога, за то что тот *не* сотворил его женщиной; женщина благодарит Бога, за то что сотворил ее «по своей воле».

Личное Обучение

♌

Детство

Учеба – дело непростое. Иногда, правда, учиться очень приятно, а иногда – совсем тяжело. Но всегда полезно. Я помню себя маленькой девочкой; мне годика четыре, я сижу вместе с мамой на одеяле, разостланном на траве позади дома, и мама рассказывает мне о цветах, бабочках и пчелах. Мама всегда считала необходимым проводить со мной разъяснительную беседу всякий раз, когда я кого-нибудь обижала. Она просила меня поставить себя на место того, кого задели мои слова, и почувствовать, каково ему.

Мне кажется, что поскольку я была первым ребенком, родители не жалели сил, чтобы развивать во мне положительные качества. Они пробовали на мне и на Михаль, втором ребенке, разные педагогические теории, популярные в то время. К нашему счастью, среди этих теорий не было учения доктора Спока. Правда, нас заставляли бегать по травке у дома голышом, чтобы чувствовать себя раскрепощенными; мы ели руками, чтобы чувствовать себя независимыми; мы играли в воде и в грязи и ходили в многочисленные походы, чтобы развивать в себе любопытство, учиться получать

272

удовольствие и развлекать себя. Родители даже брили нам с Михаль головы, чтобы потом, когда мы вырастем, новые волосы были бы здоровые и крепкие.

На Нирит, нашей младшей сестричке, ничего такого уже не испытывали, поэтому ее детство, как мне кажется, было совсем другим. Когда ей исполнилось два с половиной года, мы всей семьей переехали в США. Ей уже не давали подержать шланг для полива, по которому под напором проходила вода, чтобы она как следует поплескалась. Ей не брили голову и не заставляли ее есть руками. Ее вообще трудно было кормить. Мама, бывало, часами сидела с ней у дома, терпеливо давая ей ложечку за ложечкой, а мы с Михаль развлекали ее вовсю – только бы согласилась открыть ротик. Если мама выходила, мы съедали не только свою еду, но и еду маленькой Нирит, которая при этом смотрела на нас совершенно невозмутимо.

Со временем выяснилось, что у Нирит, как, наверное, и у всех девочек и мальчиков ее возраста, есть детские страхи. Когда мы жили в Швейцарии и Нирит было четыре года, она постоянно спала в одной кровати с Михаль, потому что боялась совы, которая «смотрела» на нее с картинки на стене.

Когда мы все выросли, то мы с Михаль стали снимать квартиру вдвоем, а Нирит с мужем жила неподалеку. Когда муж Нирит отправлялся на военные сборы, мы с Михаль по очереди ночевали с нашей младшей сестрой, которая по-прежнему боялась оставаться одна. Со временем стало ясно, что Нирит выстроила для себя вполне нормальную жизнь, в то время как моя жизнь и жизнь Михаль, наполненная самыми разнообразными и удивительными событиями, далеко не всегда была легкой. Не знаю, что лучше, а просто констатирую факты и не собираюсь искать преимуществ в том или ином пути. Наверное, все-таки хорошо, что хоть одна из нас живет достаточно нормальной и вполне обеспеченной жизнью, чтобы иногда помогать нам материально. Далеко ходить не надо: эта самая книга, которую ты, читатель, сейчас держишь в руках, была издана благодаря помощи Нирит и моего отца.

Сдав последние экзамены на аттестат зрелости, мы с моей подругой Ципи отправились в поездку по Европе. Мы попутешествовали по Великобритании, а потом поехали в Париж и в Базель. В течение всей поездки мы останавливались у знакомых моих или ее родителей. Через месяц Ципи вернулась в Израиль – ее ждал призыв в армию. У меня было время до января, и я решила продолжать путешествие самостоятельно. Родители купили мне европейский железнодорожный проездной, которым я начала пользоваться в Цюрихе после отъезда Ципи. Я смотрела на поезда без малейшего понятия, куда же мне хочется ехать. Плана у меня не было. Я решила сесть на поезд, который понравился мне больше всего, и только потом спросить, куда он идет. Так я путешествовала довольно долго, ночуя в молодежных хостелах и наслаждаясь отсутствием планов и посещением разных мест по чистой случайности.

Через некоторое время мне захотелось поиграть в другую игру: я садилась на поезд и проверяла, сколько времени смогу проехать, не спрашивая других пассажиров, куда, собственно, идет этот поезд. Мой рекорд составил шесть часов. Так я оказалась на Французской Ривьере, откуда решила отправиться в Испанию, а потом через Нидерланды в Норвегию. Наконец, оттуда я поехала в Грецию, где взяла билет на самолет в Израиль. Я познакомилась с большим количеством интересных людей со всего мира, в том числе с парой из Австралии, которые, будучи работниками ООН, два года провели в йеменской деревеньке Дамт, где когда-то родился мой дед. Они рассказали мне, как там живется, и это было очень интересно.

Моя сестра Михаль была гораздо смелей, чем я. Родители согласились отправить ее на каникулы в Австрию кататься на лыжах, когда ей было пятнадцать лет. Однако кататься на лыжах ей быстро надоело, и когда мама позвонила в гостиницу, где она должна была находиться, ей сказали, что «фрейлейн съехала». Мама была человеком сообразительным и стала читать письма, полученные Михаль из-за границы от молодых людей, с которыми она познакомилась в Эйлате. В письме, отправленном Михаль одним швейцарским парнем, был указан номер телефона, по которому был сразу сделан звонок. Призвав на помощь все свои невеликие знания немецкого, мама узнала от поднявшей трубку женщины, что у них действительно гостит, опять-таки, «фрейлейн». Гостью позвали к телефону, и ею, конечно, оказалась Михаль. Она и не подумала сообщить родителям, что решила выехать из гостиницы и отправиться на попутках в Швейцарию, чтобы посетить своего друга по переписке. Это лишь одна из многих историй о приключениях нашей средней сестрички.

Я думаю, что усилия, которые наши родители приложили, воспитывая нас с Михаль, вполне увенчались успехом, хотя у этого своя цена. Она выражается, например, в том, что и ей, и мне трудно закончить начатое, если это только «для галочки» или «для корочек». Если начинание «не в кайф» и если оно не имеет большого значения, то закончено оно не будет – такие уж мы.

♌

Скауты

Испытав так много ощущений, связанных с духовным миром, я уже не очень опасаюсь знакомиться с жителями или инструкторами из других измерений. Связь с ними служила, главным образом, для учебных целей. Если я чувствую, что кто-нибудь заинтересован наладить со мной связь для каких-нибудь других целей, я не соглашаюсь. Так, например, во время четвертого этапа семинара ВАТ на один из уроков пришло десять человек, в том числе Сэм Леви и Шанти Робинзон. Прямо посреди урока за спиной Джеффа Левина, нашего наставника, я вдруг увидела сгусток розовой энергии. Это облако постепенно приняло более четкие очертания, и я увидела фигуру мужчины, подражающего Джеффу. Это меня рассмешило. Вначале я улыбалась и не могла сосредоточиться на словах Джеффа, который демонстрировал местоположение точек казуальных тел. Из-за розового человека вместо «казуальных» мне послышалось «казуарных», и с этого момента каждое движение Джеффа страшно меня смешило. Я описала, как выглядит розовый человек, остальным участникам занятия: у него деревянная нога, вытянутое лицо и усы. А еще он постоянно мне подмигивал. Шанти объявила, что знает, кто это. «Это матрос Джордж. У него была деревянная нога, он жил в двенадцатом веке». Однажды, когда она принимала участие в сеансе целительства, появился этот Джордж и влюбился в нее. С тех пор он, видимо, ищет возможность наладить с ней связь.

Розовый человек прилагал все усилия, чтобы меня насмешить. Не контролируя себя, я согнулась пополам от смеха и, не выдержав, крикнула ему: «Хватит, прекратите!» Хотя другие участники занятия пытались убедить меня в том, что он уже умер, я продолжала кричать, чтобы он прекратил паясничать. Мне показалось, что он пытается заставить меня лечь на пол, однако у него ничего не выходило. Я поняла, что он хочет воспользоваться моим телом, хочет поуправлять им, слегка меня «подвинув». Я ни за что не соглашалась и только просила его прекратить. Противостояние продолжалось долго, и у меня уже болел живот, оттого что я все время складывалась пополам от смеха. Наконец-то он отстал и исчез, слава Богу. Не думаю, что стоит соглашаться на все предложения, исходящие из духовных сфер. Не всякая встреча с представителями этих сфер может помочь моему росту. В этом случае, как мне показалось, розовый человек действовал только в своих интересах, тем более что не я была инициатором этой встречи, которая состоялась не во время выхода из тела. У меня существуют четкие рамки дозволенного относительно вмешательства в мою жизнь, когда я нахожусь в своем измерении.

Несколько месяцев спустя я снова встретилась с Джеффом Левиным. На встречу пришло немало других учеников. Было приятно поприветствовать людей, с которыми я не виделась несколько месяцев. Обычно Джефф приезжает в Израиль два раза в год, и тогда для всех, кто практикует технику ВАТ, устраивается большая встреча. С некоторыми из участников я поддерживаю тесный контакт, а с некоторыми вижусь только несколько раз в году. Как бы то ни было, такая встреча – всегда радостное событие, однако сегодняшний вечер посеял сомнения, которые никак не оставляют меня. Мне захотелось узнать ответ на мучающий меня вопрос, и не стоило даже пытаться заснуть, не получив желаемой информации.

Я с комфортом уселась на зеленый диван, приготовилась и попросила наставника помочь мне. Мне казалось, что он рядом, но ждет, когда я задам свой вопрос. Пытаюсь сформулировать его попроще, без эмоций, так как на эмоционально заряженный вопрос трудно получить четкий ответ. Вопрос касался Ревиталь, одной из нас. Представив ее в своем сознании и отправив ей свои приветствия, я рассказала наставнику, что произошло сегодня на нашей встрече. Ревиталь возбужденно рассказывала всем, кто только готов был ее слушать, о «чудесной, невероятно мощной новой технике», которую она начала изучать. На прошлой встрече, а также на двух предыдущих, Ревиталь так же взволнованно рассказывала о чудесных техниках, всякий раз новых. Я смотрела на нее и думала, что не понимаю, зачем ей все время метаться от одной техники к другой, прилагая так много усилий. Мне показалось, что это неправильно. Однако потом я посмеялась над собой: кто сказал, что нужно практиковать все время одну и ту же технику? Мой путь верен для меня, но может быть, у нее свой? Может быть, я думаю, что ее путь неправилен только вследствие своей собственной зашоренности?

Я уверена, что мне еще есть куда расти в той технике, которую я практикую; еще есть профессиональная литература о медицине и о духовном развитии, которую мне очень хочется прочесть, и я ни за что не стала бы, не доучившись, заниматься чем-то другим. Мне это не подходит, но кто сказал, что правилен именно мой путь? И вот я спрашиваю своего давнего наставника, который называет себя «Белый волк», о том, что же верно, и не ошиблась ли я, решив, что постоянно восхищаться какой-нибудь новой техникой неправильно.

Задав вопрос, который, как я надеялась, не нес в себе никакого эмоционального заряда, я подождала, пока в моем сердце воцарится тишина. Я слышала свое сердцебиение и ощущала любовное притяжение матери-земли, закрыв глаза. Мое тело пребывало в состоянии покоя, полной расслабленности всех мышц. И вот ко мне поступает ответ, я слышу голос наставника: «Знаешь ли ты о молодежном движении скаутов? Знаешь ли, почему это движение называется именно так?» Вопрос застал меня врасплох. Причем тут скауты? Не понимаю. Я точно слышала вопрос наставника в своем сердце, а не в сознании, поэтому я уверена, что его задал именно Белый волк. Наверное, это все моя порочная практика – пытаться понять самой, не прося о помощи. Так не годится. «Просто ответь на вопрос», – сказала я себе.

– Нет, я не знаю, почему это движение так называется, – ответила я наставнику.

– Тогда закрой глаза, и я тебе покажу.

Я закрыла глаза. Увидела группу ребят, идущих по высохшему руслу реки, на обоих берегах которой громоздятся высокие утесы. Ребята бодро продвигаются вперед. Подойдя к устью, они стали осматриваться, однако поле зрения было ограничено холмами – пейзаж изменился. Ребята не могли решить, куда им идти дальше, и поэтому трое из них отправились на разведку. Разведчики взобрались на разные холмы, чтобы получше изучить местность.[1] Когда они вернулись к основной группе, каждый из них рассказал, что он увидел на горизонте. Один был очень воодушевлен тем, что́ рассмотрел в восточном направлении. Было принято решение идти на восток, так как все остальные поддались этому воодушевлению. Все были рады тому, что решение принято, и шагали энергично и весело.

Постепенно картинка растаяла. Голос Белого волка произнес: «Дорогая моя, рассматривай эту группу как одного человека. Если, идя по жизненной дороге, он всякий раз отправляет скаутов на разные холмы, те могут вернуться к нему с восторженными рассказами о том, что видели на горизонте. Если человек после этого не развивается в том направлении, которое выбрал, ты права

---

[1] Английский глагол to scout означает, среди прочего, «высмотреть», «разведать».

– это бесполезная трата энергии и времени. Человек этот просто топчется на месте и только отправляет скаутов на новые холмы, чтобы ощутить воодушевление, но не более того. При этом хочу сказать, что воодушевление очень полезно для здоровья, однако необходима также его реализация, достижение прогресса на избранном пути. В своем нынешнем положении ты, Эйлат, не можешь с точностью сказать, продвигается ли вперед тот или иной воодушевленный человек. Только сам человек знает это наверняка. Тебе видно только воодушевление, и во время такой короткой встречи, как сегодняшняя, у тебя нет никакой возможности понять, принесет ли это воодушевление какие-нибудь плоды. Я бы посоветовал тебе быть более терпимой и помнить, что первое впечатление может быть обманчивым. Это отличная возможность научиться не торопиться с выводами. Прими Ревиталь такой, какая она есть, не подгоняя увиденное под заданные рамки, так как это помешает тебе увидеть правду. Поспешные выводы и рамки – это повязки на глазах, которые мешают тебе увидеть пейзаж. А ведь он красив, этот пейзаж, так зачем тебе нужны эти повязки?» «Ты совершенно прав – ответила я – прошу прощения и благодарю за урок. Мне нужно попить воды».

После встречи с наставником меня всегда мучает жажда. Что ж, попью и спокойно отправлюсь спать, потому что вопрос снят: в этой сфере не может быть «правых» и «заблуждающихся», я поняла. Спасибо тебе, Белый волк, и спокойной ночи!

♌

От стакана к ванне

Почему некоторым людям так трудно жить в нашем мире?

Почему другим людям жить легко?

Почему есть люди, которые с легкостью находят любовь?

Почему есть люди, которые с легкостью зарабатывают на жизнь?

Почему есть люди, у которых есть невероятные трудности?

Почему есть люди, которые не умеют мечтать?

Почему мир такой разный для каждого из нас?

Почему так трудно помогать одному и так легко — другому?

Почему в некоторых случаях я не преуспеваю, хотя прилагаю те же усилия?

Почему мне неизвестно заранее, увенчается ли успехом мое начинание?

Почему я, ничего не зная, иногда думаю, что может быть, это не так?

Почему мне так тяжело, когда я не могу помочь кому-нибудь избавиться от страданий?

Почему, во имя всего святого, некоторым людям,

таким, как я, не гарантируется любовь, процветание, развитие, сколько бы усилий они ни прилагали? Почему это не работает? Зачем существуют страдания? Почему некоторые не выздоравливают? Почему терпят фиаско? И что нужно делать в этом случае?

Что нужно делать, когда твой пациент страдает и страдания его не кончаются, хотя духовный прогресс и рост самосознания налицо? Почему иногда невозможно помочь? Ладно, все, кончились отговорки. Я хочу знать. Пожалуйста, ответьте! Я жду. Мне нужна помощь, чтобы разобраться. Это так трудно, что иногда я пла́чу. Это помогает, но ненадолго, и мучительные вопросы снова предстают передо мной. Я хочу познать природу страдания, хочу знать, почему оно возникает. Почему невозможно помочь, несмотря на все мои усилия и усилия пациента? Я жду ответа и заранее благодарна за помощь. Я жду спокойно: если не будет спокойствия, не будет и ответа, я просто его не услышу. Итак, успокоиться и получить ответ. А пока – тишина. Просто успокоиться. Закрываю глаза и откидываюсь на спинку стула. Чувствую, как мои руки, лежащие на коленях, делаются тяжелыми, очень тяжелыми. Понемногу возникает радостное ощущение, оттого что сейчас, наверное, получу ответ. Надеюсь, что пойму его. Но если буду продолжать думать об этом, то никакого ответа я не получу. Нужно успокоиться и не думать о том, что́ сейчас произойдет. Не опасаться того, что не пойму. Нельзя надеяться на тот или иной ответ. Успокоить мысли и чувства. Отбросить ожидания, напряженность и непринужденно ожидать дара.

Тишина. Я, диван, мое тело, комната, ковер, кушетка для проведения сеансов, книжные шкафы по обе стороны. Светильники из соли, свечи, камни, лежащие на полках, фотографии на стенах – все они смотрят на меня с любовью, и любовь эта все сильнее. Не я ее источник, не я порождаю ее в своем сознании. Это чувство, возникающее вне меня, повсюду вокруг меня, а я его поглощаю. Любовь наполняет меня, как вода наполняет губку, и мне кажется, что от этого я становлюсь все тяжелее. Чувство тихой радости усиливается во мне. Эта добрая радость все больше и больше наполняет все мое существо, успокаивая меня. Начинаю охватывать собой диван, а потом и другие предметы. Охватываю ковер, книжные шкафы. Я заполняю собой окружающее пространство, так что все вокруг становится частью меня. Охватываю собой все вокруг. Грусть отступает. Пытаюсь вспомнить, о чем был мой вопрос. Помню, что их было несколько. Пожалуй, их было даже много.

Откидываю голову назад, закрываю глаза. Ощущаю теплую, приятную наполненность. Улыбаюсь. Мне хорошо, мне приятно. Никаких ожиданий, никаких просьб. Все понятно. Просто я задала вопрос и не помню, о чем он. Важно ли это? Может быть. Еще больше откидываюсь не спинку, смакую мгновение полного отсутствия мыслей – даже о вопросе или вопросах, которые были заданы. Только ощущать это спокойствие.

Огромное пространство открылась прямо передо мной – пространство, наполненное любовью. Вижу перед собой дух девочки, пришедшей поговорить с Богом. Поговорить с Богом? Странно. Бог выглядит сперва добрым дедушкой; потом он меняется, и вот он уже похож на доброго отца. Снова меняется: теперь он учитель, потом – мудрая женщина. Образы постоянно меняются перед глазами. А девочка пришла поговорить с Богом. Глаза ее закрыты. У нее есть просьба: «Бог, помоги мне, пожалуйста, вырасти». После этого она замолкает и тихонько сидит, не собираясь уходить, пока Бог не ответит.

Бог смотрит на нее с любовью и отвечает:

– Девочка моя, я могу исполнить твою просьбу, но ты же знаешь: чтобы вырасти, нужно родиться в мире, испытав боль.

– Я знаю, – отвечает девочка.

– И ты уверена, что хочешь испытать эту боль, чтобы вырасти?

– Да, я уверена.

– Девочка моя, окончательно ли ты уверена, что хочешь стать большой?

– Да, окончательно.

– Хорошо, и насколько же ты хочешь вырасти?

– Я хочу стать в десять раз больше, чем сейчас, – с уверенностью отвечает малышка.

– В десять раз? – спрашивает Бог и с удивлением смотрит на девочку, – почему именно в десять? Это очень больно. Может, тебе хватит и меньшего увеличения?

Девочка не отвечает.

– Может, увеличим тебя вдвое? – снова спрашивает Бог и смотрит на девочку, но его вопрос по-прежнему остается без ответа.

Наконец, маленькая просительница собирается с духом и снова говорит, что хочет вырасти в десять раз и что все будет в порядке – она вынесет боль. Она непоколебима в своем желании и хочет вырасти немедленно, причем не чуть-чуть.

Бог требует к себе наставницу девочки. Появляется наставница, тоже красивая девочка.

– Дорогие мои, – сообщает им Бог, – очень трудно вырасти в десять раз. Это очень больно и совсем нелегко. Хорошо ли вы все взвесили?

– Да, Бог, именно этого я и хочу, – отвечает девочка, а ее наставница кивает в знак согласия.

– Знаешь ли, дорогая моя, решать тебе, и я желаю тебе всяческого успеха, но это невероятно тяжело. Знаешь ли ты, что гораздо лучше вооружиться терпением и расти спокойно и понемногу?

– Да, Бог, я это знаю и тем не менее хочу вырасти в десять раз прямо сейчас.

– А твоя наставница готова взять на себя ответственность по обучению тебя в условиях такой боли?

– Да, Бог, я готова, – отвечает наставница.

– Стало быть, да будет так!

Обе девочки взволнованно покидают пространство, которое вдруг начинает удаляться от меня все быстрее. А может быть, это я удаляюсь от того места, где только что наблюдала эту сцену?

Не знаю, почему началось это движение, но я «отплывала» все дальше и дальше, пока наконец снова не оказалась на диване, в своем рабочем кабинете с деревянными стенами. Мой наставник здесь же, терпеливо ждет моего возвращения. Мне тяжело дышать. Миллион вопросов роится в голове, но ни один из них никак не получается четко сформулировать.

— Белый волк, — обращаюсь я к наставнику по имени, — почему Бог сказал, что рост сопряжен с болью?

Наставник выжидает немного и отвечает вопросом на вопрос:

— Любовь моя, а что такое «расти»?

— Расти — значит наполняться все бо́льшим содержанием, — отвечаю я.

— Каким содержанием? — спрашивает Белый волк.

— Любовью.

— А вот подумай: как сосуд величиной в стакан может вырасти и достичь размеров ванны? Ты помнишь урок о творении согласно индейской мудрости?

— Да, помню. Человек — это материал. Если он сух, то нельзя его изменить. Он не будет расти. Если мы погрузим сосуд из этого материала в воду, он вберет ее в себя, и его можно будет изменить; тогда он сможет расти.

— А что это за вода, в которую мы погрузим сосуд?

— Это вода нашей жизни — слезы и пот.

— Что же это значит? — продолжает наставник задавать наводящие вопросы.

— Это значит, что мы должны дать себе почувствовать боль, чтобы плакать, так как влага слез позволит нам расти. Пот — это наше участие, наши обязательства. Мы не должны быть равнодушными; нам нужно много трудиться, чтобы продолжались начинания, в которые мы эмоционально вовлечены, в которые заложена частичка нас самих. Вот мы и потеем. Влага пота поможет нам вырастить самих себя, развить в себе способность наполняться все бóльшим содержанием.

– Все правильно. И что же все это значит?

– Это значит, что мы должны прилагать усилия, несмотря на возможные фиаско, должны позволить себе почувствовать боль, не отдаляясь, не отгораживаясь, не становясь затворниками. Если мы не добудем влагу жизни, будем отгораживаться от возможных неудач и ударов судьбы и не позволим себе страдать, то не извлечем ни слез, ни пота и не сможем увеличить свой сосуд, чтобы вместить в себя больше.

– А сколько слез и пота нужно, чтобы вырасти в десять раз?

– Огромное количество!

Как я могла забыть этот урок? Увидев встречу девочки с Богом, я не вспомнила материал и не смогла осознать увиденного.

– Белый волк, а что случится, если у нее не получится? Что будет, если она не достанет влаги? Если не сумеет приложить необходимых усилий, несмотря на неудачу и потерю?

– А ты как думаешь?

– Тогда она не вырастет, несмотря на всю боль, которую она испытала?

– Да, дорогая моя, она не вырастет, если не добудет слез и пота. Она вернется в высшую сферу той же девочкой, какой была до своей просьбы вырасти.

Я почувствовала, что волнуюсь за эту девочку.

– Белый волк, а как узнать, получилось ли у нее? Ты знаешь что-нибудь об этом?

– Нет, душа моя, этого знать невозможно. Все зависит теперь только от нее.

– А что будет, если у нее получится?

– Тогда она вырастет, окончит ту жизнь, о которой просила, и вернется обратно в высшую сферу. Если она не будет отгораживаться от боли, ее дух вырастет в десять раз, и она будет содержать в себе больше любви. В духовном мире существует бесконечная любовь. Емкость духовного сосуда соответствует величине духа.

Я замолчала. Вопросов у меня не осталось, но Белый волк еще не покинул комнату. Мне казалось, что он ждет от меня дополнительных вопросов, но я не знала, о чем спрашивать.

Тогда он прервал молчание своим вопросом:

– Дорогая моя, а ты помнишь те вопросы, которые задала в начале нашей встречи?

Я попыталась их вспомнить, но не смогла.

– Нет, не помню, – ответила я.

Что он имеет в виду? Когда началась эта встреча? В голове моей пусто. Я не помню ничего.

– Ты спросила меня, почему у тебя не получается помочь некоторым людям облегчить их страдания.

Воцарилось молчание. Прошло немало времени, прежде чем я смогла вспомнить те ощущения, которые причинили мне столько волнений, заставив меня задать вопрос о своей пациентке, которой я не могла помочь. Действительно, почему у меня получается помочь только некоторым, а для других я не в состоянии изменить ничего? Картина проясняется.

– Белый волк, ты намекаешь на то, что у меня и не должно получаться облегчать страдания этих некоторых? Что их страдания – нечто, о чем они просили до своего рождения, чтобы вырасти? Но ведь я специалист по альтернативной медицине. Я должна помогать людям, а получается, что я должна позволить им страдать? Мое сознание противится этому и выдумывает массу всяческих отговорок.

Наставник молчит, ждет, пока схлынет эта «волна человечности» и я смогу отключить обычные мысли, рождающиеся в голове, и начну думать душой. Постепенно ужас, вызванный обычным мышлением, проходит, воцаряется молчание. Я успокаиваюсь и умиротворенно смотрю на Белого волка, который своим нежным взглядом передает мне свою любовь. Теперь я могу вобрать в себя эту любовь и дать ей распространиться по всему телу.

– Я понимаю, спасибо, – продолжаю я, – мне нужно помогать людям *не* отгораживаться от боли, не быть глухими к ней, не бежать от нее, не ныть из-за нее и не обвинять в ее возникновении кого бы то ни было. Я должна помочь им позволить боли жить в них, позволить им плакать, пользоваться этой болью, чувствовать ее и не избегать ее. Боль вызовет слезы, которые смягчат их материал, и они смогут расти. Только тогда боль достигнет своей цели, то есть цели тех, в ком она живет. Если цель не будет достигнута, боль превратится в страдание, которое невозможно будет излечить. Если человек страдает, значит он не дает себе чувствовать боль. Не нужно сопротивляться ей – нужно ее испытать, а вместе с ней придут слезы, и растает страдание. Нельзя отгораживаться! Стало быть, моя задача – помогать людям в этом?!

– Да, дорогая моя, это твоя задача. Не лечить, не прогонять страдание, чтобы дать человеку почувствовать себя лучше, а пройти вместе с ним весь путь к боли и слезам.

– Это больно.

– Да, любовь моя, больно, но именно этого ты и просила.

– Я просила?!

– Да, ты, моя хорошая.

Какой глупый вопрос! Конечно же, просила я – кто же еще? Глаза наполняются слезами, а потом сразу смеюсь:

– Что ж, я плачу – наверное, это хорошо?

– А ты сама как считаешь?

– Я считаю, что и сама убежала от боли. Не хотелось чувствовать боль неудачи. Моя пациентка не выздоравливает, и я начинаю задавать вопросы, что-то вроде «В каком мире я живу?» «Что за безобразие?» «Почему у меня не получается, несмотря на все мои усилия?» А ведь это, в сущности, обвинение. Я избегаю таким образом настоящей боли – боли поражения. Белый волк, так что же мне делать?

– Вот ты мне и скажи.

– Я понимаю, что должна чувствовать боль неудачи, должна признать, что первое впечатление может быть обманчивым; помнить, что я сделала все, что могла, и пожелать ей скорейшего выздоровления, даже если не смогу ей в этом помочь. Испытывать боль, не обвиняя, но и не отчаиваясь.

– Это ты хорошо сказала.

– Ведь действительно, обвинять куда легче, чем признать поражение! Мне удается помочь большинству своих пациентов. Означает ли это, что я стала высокомерна? Забыла, что я не всегда могу исцелить? Ожидаю ли результатов как чего-то, само собой разумеющегося, забывая о том, что всякий раз это чудо? Трудно ли мне поэтому принять неудачу? Вижу ли я в ней поражение?

– Дорогая моя, ты не знаешь, что такое настоящее поражение, и со своего места ты не можешь увидеть всю картину.

– Верно, я и забыла. Спасибо, что напомнил мне об этом, Белый волк, и прости за обвинения. Спасибо, что ты со мной. Спасибо за твою любовь и за все мои успехи в исцелении людей, которые обратились ко мне. Спасибо за твою помощь.

– Спасибо и тебе, дорогая моя.

♌

Яма

Джефф Левин снова в Израиле, и вот я еду на встречу с ним – к Роману, где мы всегда собираемся. У Джеффа много учеников. Разработанную им технику, которая когда-то помогла ему исцелить себя самого, он преподает во многих странах мира. Нам выпала честь учиться у него здесь, в стране Бога и хумуса.

Сегодня я ассистирую Джеффу, и моя задача – помогать ученикам, пришедшим изучать материал, который я давно прошла.

Дома у Романа мы занимаемся в подвале, куда нужно спуститься по крутым ступеням и войти через выкрашенные белой краской ворота в просторное, залитое светом помещение с такими же белыми стенами. Почти весь пол занимает большой матрац, состоящий из соединенных между собой матрацев обычного размера; подушки всех цветов радуги лежат у стен. У матраца стоит стол для проведения учебных сеансов; Джефф вызовет одного из участников и продемонстрирует на нем свою технику, что окажет влияние также на всех присутствующих. Что ж, потому-то сеанс и называется групповым.

Демонстрируемая техника носит персональный характер, однако история «подопытного» пациента так или иначе касается всех тех, кто здесь находится, а иногда и не только их. Как-то раз такой сеанс касался всех поселенцев, живущих за «Зеленой чертой», потом – всех самоубийц, а потом – палестинцев. Однажды мы провели сеанс для самой матери-земли; был сеанс для всего еврейского народа. Мы никогда не знаем, на кого будет направлена целительная сила и кто будет тем «пациентом», через которого всем будет передана энергия.

Когда Джефф приезжает в Израиль, мы начинаем наши встречи с объятий, хотя вернее сказать, что эти объятия – продолжение предыдущих. Так и нужно встречаться друг с другом. Очень не рекомендуется начинать семинар, который продлится целый день, без того, чтобы каждый из участников не обнялся с другими хотя бы раз пятьдесят. Вот люди, которых я давно не видела – объятие, поцелуй, прикосновение. Почувствовать энергию, улыбнуться, поприветствовать, проявить любовь... Как хорошо, что мне это нравится. Людям, которые сторонятся таких отношений, видимо, здесь не место. Наверное, поэтому они и не здесь.

Итак, садимся, успокаиваемся. Сидим, облокотившись на стены и вытянув ноги. После продолжительной подготовки Джефф ищет подходящего кандидата для демонстрационного сеанса. Его маятник качается туда-сюда в поисках предпочтительного участника. Готово, выбрана моя приятельница Нира. Я знала, что ей доведется сегодня испытать нечто замечательное, и очень рада за нее.

Смотрю по сторонам и спрашиваю себя, кому сегодня понадобится моя помощь, которую я оказываю в качестве ассистента Джеффа. Иногда во время сеанса некоторые присутствующие испытывают сильнейшую «встряску», и задача ассистентов – помочь таким людям, если это потребуется. Но сейчас я вижу, что все чувствуют себя нормально, все неотрывно смотрят на Джеффа, наблюдают за его действиями. Никто не отправляется в «персональное» странствие. Стало быть, я тоже могу понаблюдать за нашим учителем, который занимается Нирой, которая ощущает себя в далеком прошлом. Она видит себя лежащей на носилках; ее несут в какую-то пещеру, и в процессии участвует вся ее деревня.

Вдруг я чувствую, как меня одолевает сильная слабость. Мне хочется прилечь, вытянувшись на матраце, что я и делаю. Закрываю глаза и продолжаю слушать Ниру, которая рассказывает, что она ощущает в то далекое время. Пытаюсь повернуться, чтобы лучше видеть ее, но вдруг обнаруживаю, что сделать этого не могу, как и вообще пошевелиться. Открываю глаза и понимаю, что я вообще не в подвале у Романа, в знакомом мне помещении, а в комнате с темными земляными стенами. Касаюсь рукой стены и ощущаю влагу. Пахнет сыростью земли, как и следовало ожидать. Наверху находится очень слабый источник света. Смотрю вверх и понимаю, что я на дне глубокой ямы, края которой заросли травой. Еще выше виднеется верхушка дерева, слабо покачивающегося на ветру. Начинаю исследовать стены ямы, обходя ее по периметру. Ее ширина – такая же, как у обычной комнаты.

Обнаружены два земляных выступа, напоминающие скамейки. Опускаюсь на один из них, сижу, касаясь ногами пола. Может быть, еще кто-нибудь придет? Никто не разговаривает со мной, и это неудивительно: кроме меня, здесь никого нет.

Что ж, надо выбираться отсюда – наверное, есть какой-нибудь способ. Начинаю искать, прыгаю, ощупываю все стены, насколько могу дотянуться, и даже пол – может быть, в нем есть какая-нибудь дверь? Нет ничего, что было бы похоже на выход. Может, удастся найти корень дерева? Может, нужно покопать? Пожалуй, начну раскапывать стену справа – возможно, наткнусь на корень дерева, по которому сумею выбраться. Пытаюсь копать, однако земля слишком неподатлива. Думай, Эйлат, думай! Это не обычная яма – ведь понятно, что я лежу сейчас в подвале у Романа! Зачем же тогда копать? Наверное, найдется другой способ выбраться отсюда. Спокойно сажусь на выступ и начинаю думать о приятных вещах, например, о красивом пейзаже там, наверху. Может быть, если я буду думать о пейзаже наверху, то и окажусь наверху? Представляю себе, как иду по земле, по траве, влажной от росы: думаю о солнце, которое согревает все вокруг, о красивых деревьях, о птицах, которые свили на них гнезда. Однако даже сидя с закрытыми глазами, я знаю, что запах сырой земли никуда не девался и я по-прежнему в яме. Что ж, неплохая попытка, но неудачная.

А может, если просто сидеть здесь и ничего не делать, кто-нибудь появится? Может, стоит громко позвать этого кого-то? Но кого? И как это вообще будет выглядеть?

Может, прокричать: «Эй, кто-нибудь! Спасите меня!» – и все будет в порядке? Хорошо, зову – на иврите, по-английски, на других известных мне языках. Мне отвечает только эхо. Сначала это смешно, а потом – вовсе нет.

Я сижу на выступе и смотрю на земляной пол. Слезы начинают течь по щекам. Чувствую себя одинокой, покинутой и никому не нужной. Кто-то переправил меня сюда, но его не видно и не слышно – он оставил меня здесь одну. Слезы текут все сильнее, я вытираю их рукой, думая о том, как пригодилась бы мне сейчас салфетка. Но у меня ничего нет.

Я еще поплакала, а потом успокоилась и сразу почувствовала чье-то присутствие. Подняв голову, действительно увидела этого кого-то. Он сидел напротив. Я очень обрадовалась, улыбнулась ему и даже почувствовала, что неплохо бы извиниться за то, что я не верила в его появление или за то что плакала и чувствовала себя оставленной на произвол судьбы. Это старый индеец и выглядит он очень респектабельно. Он не такой как Свист-на-Горе, которого я знаю – тот приходит ко мне по утрам и преподает мне материал, которому я потом, вечером того же дня, обучаю своих учеников. Почтенный индеец, сидящий передо мной, не улыбается. Постепенно улыбка исчезает и с моего лица. Я становлюсь серьезной, как и он, но мне нужно что-то сказать, так как я чувствую себя неловко: передо мной сидит пожилой человек весьма почтенного вида, забросивший меня в эту тюрьму, и молчит. Но что мне ему сказать? Выгляжу я, должно быть, не лучшим образом, после того как поплакала.

Руки, которыми я вытирала слезы, запачканы в земле, которая теперь, наверное, и на лице. А индеец все молчит. Я смущенно приветствую его, а он не отвечает. Очень странно! Он наверняка пришел, чтобы вызволить меня отсюда, но не похоже, чтобы он сильно торопился. Не вызволяет меня, да еще и сидит молча. Я снова начинаю чувствовать себя никому не нужной, правда, теперь я хотя бы не одна. Но пока эта мысль проносится у меня в голове, индеец встает и исчезает. Он ушел, не остался со мной! И даже словом не обмолвился! Что же происходит? Чем я заслужила такое отношение? Какой урок я должна выучить? И как я его выучу, если индеец меня ничему не научил?!

День постепенно сдает свои позиции, уступая место ночи. Смотрю наверх и понимаю, что скоро в яме станет совсем темно. Ползучий страх постепенно начинает овладевать мной. Не помню, чтобы я когда-нибудь *так* боялась. Опасалась за сына, бывала разочарована, чувствовала себя невостребованной, одинокой – это да. Но сейчас мне уже действительно очень страшно. Оказывается, в этом состоянии не плачется. Страх парализует. Я слышу свое дыхание и говорю себе, что не умру, так как моя физическая оболочка находится в подвале у Романа, а Джефф в это время проводит сеанс с Нирой... Но что же мне делать, если я не смогу отсюда выбраться? Какие еще сюрпризы мне уготованы? Что принесет с собой ночь? «Успокойся, – говорю я себе, – может именно ночью и придет спасение».

В яме уже кромешная темнота, а никакое спасение не приходит. Я сижу одна, мне холодно и грустно. Слышу шум, который доносится издалека, из глубины леса. Мне кажется, что в этой ситуации лучше всего вести себя как можно тише. Не стоит привлекать внимание каких-нибудь хищников к своей персоне – не хочется стать их добычей или что-нибудь в этом роде. Во всем этом нет никакой логики, но очень страшно. Может, мне поспать?

Снова беспрестанно текут слезы, теперь уже не такие частые. Я ослабеваю. Я больше не могу. Сейчас лягу и буду здесь спокойно себе плакать – а что еще можно делать? Постепенно воцаряется абсолютная тишина, и я понимаю, что она никак не менее страшна, чем шум, доносившийся из леса. Чувствую, что вся дрожу. Открываю глаза и вижу перед собой на земляном выступе белый человеческий скелет. Хриплый крик ужаса вырывается из моего горла. Скелет не двигается, а я продолжаю кричать. У меня истерика. «Успокоиться! Успокоиться!» – пытаюсь я приказывать себе. Через некоторое время я беру себя в руки, и крик сменяется всхлипыванием. Скелет не меняет своего местоположения и не двигается. Разумная часть меня взывает к логике, предлагая подумать, как же он может двигаться, будучи скелетом. Ведь мышц у него нет – так уж они устроены, эти скелеты. Они могут только лежать и не двигаться. Так что же плохого может сделать мне этот скелет? Мне, конечно, хотелось быть вместе с кем-то, но скелет – не очень уж славная компания. Но видимо, чем богаты...

Скелет по-прежнему сидит без движения, и мне безумно страшно. Я уже, правда, не кричу; мне кажется, что скелет – это символ моего страха, страха смерти. Ведь я боюсь того, что так и умру здесь, в этой яме. Завороженно смотрю на скелет, не осмеливаясь отвести взгляд. Мне очень страшно, дышать стало трудно, а из груди время от времени продолжают вырываться всхлипы. Почему же я не могу дерзнуть отвести взгляд? Что будет? Что такого может сделать скелет? «Спокойно, – говорю я себе, – возьми себя в руки». Наверное, мне просто надо преодолеть страх. Может, для этого я здесь и оказалась?

Только бы пересилить страх! Надо не воспринимать скелет враждебно. Я просто приму тот факт, что он здесь, смирюсь с этим и успокоюсь. Продолжаю смотреть на него, но уже не плачу и не всхлипываю. Кроме нас, здесь нет никого. Я завороженно смотрю на скелет, и время будто бы останавливается. Чувствую сильную усталость и постепенно проваливаюсь в сон.

Утром меня будят голоса птиц, и я собираюсь улыбнуться, как делаю это каждый день, однако сразу вспоминаю, где я, и резко открываю глаза. Нет никакой ошибки – я по-прежнему в яме. Скелета нет. Ощущение страшной пустоты овладевает мной. Даже скелет меня покинул. Никому я не нужна. Чувство жалости к самой себе и усталости от жизни захлестывает меня с новой силой, и я в совершенном упадке сил бездумно смотрю вниз.

В этот момент я снова ощущаю чужое присутствие. Поднимаю глаза и вижу перед собой почтенного старца.

Он сидит напротив и курит трубку. Странно: я совершенно не чувствую дыма. Похоже, что старец совершенно меня не замечает. Может быть, он из другого измерения? Не успела я обдумать эту мысль, как старец поднял голову и посмотрел мне в глаза. Понятно, он меня видит. Но что мне с того? Во мне уже нарастает злость. «Зачем Вы вообще меня сюда перенесли, – кричу я на старца, – зачем было меня так пугать? У меня в жизни было достаточно поводов бояться. Я боялась, когда у сына случались эпилептические припадки, когда я разводилась, поняв, что мужу стало на меня наплевать. Разве я не боялась, когда ушла с постоянной работы, не зная, что меня ждет? Разве не боялась в детстве, когда родители без конца ссорились? Разве этого недостаточно? А теперь еще Вы тут со своими ямами и скелетами полностью игнорируете мои чувства?!» Старец хранит молчание. Это уже просто несправедливо! Вскакиваю на ноги, пытаюсь подбежать к нему, но он просто исчезает. «Даже и не думайте, – кричу я ему, – даже и не думайте, что если Вы исчезли, то я замолчу! Никому в мире, в том числе, и Вам, не позволено так обращаться со мной! Я не позволю – Вы слышите? – никому не позволю запугивать меня. Вам это не удастся!» – громко кричу я, а эхо усиливает мой крик во много раз. Я и подумать не могла, что из меня может вырваться такой крик. Обычно я веду себя очень тихо.

Но меня все равно никто не слышит. Здесь просто никого больше нет. Для кого я надрываюсь? Ну ничего, подумаешь – покричала немного! Мне можно! Это очень правильно и вполне оправдано. Так что, если я покричала?

Я могу еще сильней: «Вам меня не запугать, слышите?!!!»

Тишина. Больше кричать я не могу. Усаживаюсь на земляной выступ. Где-то там, наверху, время идет своим чередом. Чирикают птицы. В общем, все как обычно, и только я застряла здесь, в яме. Может, мне суждено остаться здесь навсегда? Может, именно это и происходит с человеком, когда он окончательно сходит с ума? Моя физическая оболочка находится в подвале у Романа, а я здесь, и никто не собирается меня отсюда вытаскивать.

Сил больше нет. Лежу, не двигаясь. Что же мне делать теперь? Неужели я уже не смогу вернуться к нормальной жизни, неужели навсегда останусь здесь без всякой помощи? А может, именно этого я еще не сделала – не просила о помощи? Джефф всегда говорил, что просить о помощи – это как раз то, что мы часто не умеем делать. Так может, мне стоит только попросить – и помощь придет, меня сразу извлекут из этой ямы? Я тут тихонько полежу, а когда вновь появится почтенного вида индеец, то попрошу его о помощи. Пожалуй, я буду его о ней даже молить. Я готова на все – только бы вернуться в свою обычную жизнь.

Улегшись, я почувствовала себя немного лучше – появилась надежда, появился смысл ждать. Теперь я знаю: когда появится старец, я просто попрошу его о помощи.

Под вечер он снова появился – просто возник напротив меня, сидя на втором земляном выступе. В руках он держал какую-то травку, которой потом начал набивать трубку, готовясь закурить. Я посмотрела на него и заговорила тоном, подчеркивавшим, что я полностью осознаю, что я в его власти: «Позвольте попросить у Вас прощения за то, что кричала на Вас и дала выход своему гневу. Пожалуйста, извините меня. Я нуждаюсь в Вашей помощи». Я пыталась и дальше говорить с ним, хотя он не обращал на меня никакого внимания. Про себя я подумала, что очень невежливо игнорировать человека, который с тобой говорит, и не удостоить его даже взглядом, не прекращая заниматься своим делом. С моей стороны, возможно, не очень вежливо отрывать его от такого важного занятия, как набивание трубки, но у меня нет выбора. Я не знаю, когда он снова пожелает исчезнуть, а ведь обязательно нужно успеть попросить его о помощи. «Прошу Вас, – продолжала я, – вытащите меня отсюда! У меня ведь есть жизнь, есть много людей, которым нужна я и которые нужны мне. Я должна выбраться отсюда и вернуться к себе. Пожалуйста, помогите мне!» Слезы снова текут у меня по щекам, но старик и в ус не дует, а продолжает заниматься своим делом, так и не удостоив меня взглядом. Ни один мускул не дрогнул на его лице. Рыдая, продолжаю умолять его: «Ну пожалуйста, мне очень нужна Ваша помощь! Самой мне отсюда не выйти, помогите!» однако старик встал и исчез. Помощи ждать неоткуда. Все, что у меня есть, – это яма. А больше нет ничего. Только эта яма. Лежу в ней и больше ничего не делаю. А что мне еще делать? «Только яма у меня и есть, только яма у меня и есть...» Никак не могу отвязаться от этого предложения. Мой мозг повторяет его, как проигрыватель, игла которого скачет из-за царапины на заезженной пластинке. «Только яма у меня и есть, только яма у меня и есть...» Я плачу, а предложение все прокручивается в мозгу без остановки, иногда с вариациями: «Только яма у меня и есть, яма – вот и все, что у меня есть, яма, выкопанная в земле, есть у меня, только яма у меня и есть...»

Прокручивая все это у себя в голове, я обратила внимание, что перестала плакать. Я теперь просто лежу и слушаю свою заезженную пластинку. «Яма, яма есть у меня...» Вариациям нет конца, но чувствую, что это «воспроизведение» меня успокаивает.

Наступила ночь. В яме опять совершенно темно. Соответственно, количество вариаций продолжает увеличиваться. «В моей яме наступила ночь, в моей яме стало темно, в моей яме темно, потому что наступила ночь, только яма у меня и есть...» Улыбаюсь, чувствую себя немного лучше. Может быть, я смогу заснуть? У меня был тяжелый день...

Укладываюсь на земляной выступ и думаю, что их у меня даже два. Стало быть, если захочу, то могу сменить постель. Что ж, у меня есть яма. Завтра я подумаю, что мне с ней делать, с этой моей ямой. Засыпаю. Мне снится еда, костер, шелест ручья, завернутые в фольгу картофелины в золе. Кто-то положил на мою картофелину, разрезанную пополам, немного сливочного масла и соли. Как же это вкусно! Кто-то подбросил в костер пару стебельков шалфея, и вокруг сразу стал распространяться замечательный запах. Как прекрасен мир!

Однако проснувшись утром, я почувствовала все тот же запах влажной сырой земли. Приняла сидячее положение. «Здравствуй, моя яма!» Закрываю глаза и чувствую себя прекрасно. Открываю их и вижу перед собой почтенного индейского старца. Выпрямляюсь и приветствую его. Говорю ему, что он гость в моей яме и я рада его видеть. При этом я не чувствую никакого смущения, а чувствую, что владею пространством этой ямы и с почтением отношусь к появлению в ней старца. «Приходите почаще, — говорю я ему, — могу ли я что-нибудь для Вас сделать?» Ведь он навещает меня здесь, так может быть, ему что-нибудь нужно? «Да», – ответил он, и я улыбнулась: это был первый раз, когда я услышала его голос. «Я хотел бы, чтобы мы прогулялись по этому лесу», – продолжил он. «С удовольствием», – ответила я. В следующее же мгновение мы оказались вне ямы. Мне показалось, что нет ничего более естественного, чем прохаживаться с почтенного вида индейцем по траве, на которой все еще поблескивали капельки росы. Солнечные лучи пробивались сквозь кроны высоких деревьев.

Во время прогулки индеец показал мне красивые места, в которых он вырос, участки леса, где лучше всего охотиться, а также прозрачный ручей и скрытый от глаз родник. Мы ходили по ручью, ощущая под ногами гальку и наслаждаясь прохладой бежавшей куда-то воды.

— Я уже много лет учу людей, – сообщил мой спутник.

— Вы отличный наставник, – сказала я.

— Благодарю. Твоя картошка была очень вкусная.

— Спасибо, – ответила я и подумала, что было бы логично получить комплимент относительно приготовленной во сне еды тоже во сне. А вообще кулинария – не моя специализация. Здесь мой спутник засмеялся, засмеялась и я.

– Такую картошку я ела в детстве, – сообщила я

– Да, дорогая моя. Места, где мы сейчас прогуливаемся, – тоже из твоего детства.

– Правда? – удивилась я.

– Да. Твои родители взяли тебя и двух твоих сестер на автомобильную прогулку по нашим землям, которые вы теперь называете Соединенными Штатами Америки. Ты была тогда маленькой девочкой лет десяти. Посмотри вокруг. Здесь ты впервые увидела меня и попросила, чтобы я помог тебе вырасти. Ты просила меня, потому что твои родители постоянно ссорились. Твой отец – очень нервный человек, переживший ужасы войны. Иногда они «всплывают». Он тогда кричит на твою маму, а она плачет. Нелегко тебе пришлось в детстве, и ты уже давно поняла, как воссоединяться со своим сакральным пространством. Тебе понадобилось только небольшое напоминание, моя дорогая.

Я сижу вместе со старцем на траве у берега ручья и вспоминаю. Действительно, автомобиль марки «Додж», на котором мы путешествовали, был голубого цвета, сидения – из белого кожзаменителя. Тогда мы припарковались недалеко отсюда. Десятилетней девочкой я стояла на гальке в такой же прохладной воде ручья и просила у камушков помочь мне пережить все это. О том же я просила и у этих высоких деревьев, у ветра, травы и даже у далеких гор. Просила и у воды в ручье. Ссоры и крики моих родителей могли привести к взрыву в любую минуту.

Страх завтрашнего дня, страх следующей ссоры между ними подрывал мои силы и наполнял меня чувством одиночества; мне казалось, будто я живу в потемках.

— И это были Вы — спросила я и увидела, как мой спутник улыбается в ответ.

— Да дорогая моя, я. Я — это галька, трава, вода, ветер, деревья и даже те далекие горы.

— И что же, я выучила свой урок? — спросила я, немного помедлив, — я знаю все, что должна?

— Иногда ты немного забываешь, но в основном, да, ты все это знаешь. Пространство вокруг тебя сакрально, и ты можешь с легкостью вспоминать об этом, когда тебе это будет необходимо. Ни одно существо не вступит в это пространство, если ты его туда не позовешь. Ты контролируешь и сакральное пространство внутри себя и свое непосредственное окружение.

Мы сидим молча, я перекинула ногу на ногу. Мягкий ветерок шевелит листья деревьев, рядом спокойно течет вода. Птицы щебечут на им одним понятном языке. Мне захотелось прилечь здесь, в траве, и почувствовать ласкающее тепло солнца. Откидываюсь назад, трава, двигаясь от дуновений ветра, слегка щекочет меня. Нежное прикосновение травы и солнца, шелест воды, пение птиц... Я могла бы остаться здесь навсегда. Постараюсь запомнить это ощущение.

Сажусь и понимаю, что мой наставник уже не рядом со мной. Наверное, вернулся домой — к гальке, воде, деревьям, траве, птицам и тем далеким горам. Спасибо Вам, наставник. Большое спасибо. Передаю ему свою любовь и чувствую, что меня зовут из моей обычной жизни. Снова ложусь на траву и понемногу начинаю чувствовать под собой матрац в подвале у Романа. Слышу голос Джеффа. Три ученика по его просьбе помогают мне вернуться, и он спрашивает у них, нормально ли я себя чувствую. Они не знают, но я киваю, лежа с все еще закрытыми глазами. Сеанс с Нирой, видимо, закончился – в противному случае, Джефф не стал бы спрашивать обо мне. Мои помощники продолжают свои нежные попытки помочь мне вернуться сюда, на матрац, в подвал к Роману. Да, возвращаться нелегко. Но это необходимо. «Какая странная жизнь», – думаю я и улыбаюсь. Сейчас, когда я уже здесь, мне кажется, что возвращаться тяжело, а ведь только что я молила о возвращении, говорила, что у меня есть жизнь, что есть люди, которым я нужна, и так далее. Да, все это правильно, в моей жизни есть такие люди, но ведь и я у себя есть!

Не могу перестать улыбаться, подумав обо всем этом, но глаза не открываю. «Она улыбается, – сообщают Джеффу люди, окружившие меня. «Хорошо, – говорит он, – ее наставники уже занимаются ею, вам не о чем беспокоиться».

Что верно, то верно. Открываю глаза, вижу комнату. Здесь горит свет, однако он совсем не такой яркий, как солнце у ручья, где я только что лежала.

– С возвращением, добро пожаловать! – говорят люди, собравшиеся вокруг меня. Они улыбаются.

– Рада вас видеть, – отвечаю им и улыбаюсь в ответ,

чувствуя в себе то сакральное пространство, о котором говорил наставник.

Урок близится к завершению. Я не знаю, что произошло с Нирой и что она испытала, но она выглядит полной сил. Все присутствующие подходят к ней, обнимают ее. Видно, что их глубоко тронуло то, что она рассказывала, лежа на столе. Джефф подходит ко мне, чтобы убедиться, что я излучаю положительную энергию.

– Ты нормально себя чувствуешь? – спрашивает он.

– Замечательно. Мир такой красивый! – отвечаю я ему, и он улыбается в ответ.

– Конечно, красивый. Очень хорошо. Ну что, они свое дело знают?

– Да, – отвечаю я, – они там, наверху, знают свое дело, а мир очень красив. Спасибо!

♌

Сделаем и будем постигать¹

Реджина, моя подруга из Нижней Галилеи – талантливая целительница. Это субтильная женщина без возраста, очень добрый человек и прекрасная рассказчица. Разговаривает она медленно, певучим чувственным голосом, в котором слышится испанский акцент, а также любовь, нежность, восторг и надежда. Однако сегодня я услышала в ее голосе и разочарование. Сидя в очереди в банке, я терпеливо слушала ее замечательный рассказ о сеансе, во время которого ее пациент, лежа на кушетке, извивался и дрожал, страдал от судорог, однако в конце концов получил от Реджины мощную энергетическую чистку. Пациент почувствовал на себе всю целительную силу сеанса точно так же, как его чувствовала сама Реджина, неторопливо рассказывавшая мне эту историю во всех подробностях по мобильному телефону, в то время

---

¹ Цитата из книги Исход (24:7), один из ярчайших символов иудейской веры. По преданию, так сказали евреи в ответ на предложение им Всевышним Торы, тем самым согласившись безоговорочно соблюдать все установления и заповеди, еще не зная, в чем они заключаются, и только потом постигать их смысл. У данной фразы несколько толкований; приведенный здесь перевод, следующий одному из них, не совпадает с синодальным переводом Библии (ср.: «сделаем и будем послушны»).

как передо мной в очереди к банковскому служащему было два человека.

— Понимаешь, — говорила она мне, — я должна была выкачать из него яды через пупок, поэтому я взяла пригоршню очистительной голубой энергии, сделала все, что нужно, зная, что сам пациент при этом стоял за моей спиной и помогал мне, в то время как его тело лежало передо мной на кушетке. Когда он пришел в себя после сеанса, то описал мне в точности все то, что я видела сама. Когда его тело сотрясали судороги, мне показалось, что потребуется дополнительная помощь, поэтому я позвала из гостиной мужа и попросила, чтобы и он – в буквальном смысле – приложил руки. И представляешь, после того как этот пациент прошел несколько сеансов, его жизнь изменилась до неузнаваемости. Какой это замечательный человек! Работа с ним – большая честь для меня. Более того, сейчас он часто звонит мне и рассказывает, чем занимается, а ведь до серии сеансов он ни о чем таком и не думал.

Я слушала все это и не понимала, почему у моей подруги слышны в голосе нотки разочарования, было непонятно, в чем же тогда проблема, если все так хорошо.

— Видишь ли, — разочарованно продолжала Реджина, — я все еще не совсем уверена в себе, не знаю, все ли я делаю правильно, несмотря на отличные результаты моих действий. Чувство неуверенности в себе никак не проходит! Я надеялась, что Джефф Левин, наш общий наставник, сумеет помочь мне, но этого не произошло. Потом я надеялась, что мой следующий учитель внушит мне это чувство, но и здесь я потерпела неудачу. Почему это происходит все время? Я постоянно сомневаюсь в правильности своих действий! Скоро поеду в Лондон — там пройдет недельный семинар духовных практик, и я возлагаю на него большие надежды. Может быть, у тамошнего учителя получится развеять мои сомнения!

И в этот момент я все поняла. Меня словно осенило! Правда, тотчас же подошла моя очередь. Я направилась к окошку и именно в эти секунды поняла, что на меня снизошло озарение — решение проблемы Реджины было получено.

— Дорогая, подошла моя очередь, но у меня для тебя кое-что есть. Можно я перезвоню тебе попозже?

Достаточно было беглого взгляда в дневник, чтобы понять, что освобожусь я только в десять вечера, причем мне может потребоваться час, чтобы объяснить Реджине все, что мне было сказано относительно нее за долю секунды.

— Конечно, — ответила она, — я совершенно свободна! Всего-навсего пакую чемодан.

В десять вечера я позвонила, и Реджина первым делом извинилась за свое «нытье» и даже за некоторое удовольствие, которое она испытала, выплескивая на меня свои жалобы.

— Реджина, дорогая, того, что ты ищешь, попросту не существует, — начала я объяснять, — по крайней мере, в этом деле. Ни у кого из практикующих нет полной уверенности в правильности его действий, даже если тебе кажется, что это не так. Полная уверенность в себе в этой сфере – просто иллюзия. Если ты будешь продолжать стремиться к этому, потратишь силы зря. А все потому, что то, что тебе хочется получить, противоречит принципам нашего существования на земле. Твои сомнения по поводу своих способностей как целительницы и правильности своих действий в отношении того или иного пациента во время того или иного сеанса никогда не рассеются, и так оно и должно быть! Ни один целитель и ни один врач не могут быть полностью уверены в том, что то, что они делают, чтобы помочь конкретному человеку, является абсолютно правильным и нужным. В этом суть нашей жизни на земле!

Некоторым людям трудно с этим жить, и они выдумывают себе разные маски, напускают на себя уверенный вид. Но даже если они разговаривают с ангелами, даже если они практикуют проверенные и эффективные методы, даже если их статистика говорит сама за себя, они лишь получают определенную помощь, не более того – даже если речь идет о врачах или ученых. Никто из них не знает – и никогда не будет знать – правильные ли действия они предпринимают, и в этом суть нашей жизни на земле!

Однако они не могут принять этот простой факт, так как не могут до конца осознать истинный смысл нашей знаменитой фразы «сделаем и будем постигать». А смысл ее вот в чем: хоть мы и не знаем и никогда не будем уверены, все равно «сделаем». А «постигать» будем по прошествии определенного периода, долгого или короткого. Насколько долгого или короткого – опять-таки, не узнаем, и это нам тоже придется принять, причем принять изначально! Иногда это совсем непросто, но в этом суть нашей жизни на земле!

Есть разные целители, разные методики и даже разные ангелы; есть разные пласты, разные измерения и разные статистические данные. Все это внушает чувство иллюзорной безопасности некоторым из нас, и такие люди иногда даже верят, что они действительно *знают*. На самом же деле, вполне вероятно, что это просто бегство – от сомнений, от самой жизни. Очень жаль. Мы сможем хорошо прожить эту жизнь, если сумеем полностью, безо всякого эскапизма, отдать себе отчет в том, что́ на самом деле значит «сделаем и будем постигать». И уж конечно, дорогая моя, не стоит прекращать работать – это уж никуда не годится. Пожалуйста, начни искать наиболее оптимальный для себя путь, идя по которому ты могла бы вобрать в себя смысл мудрого высказывания. Это единственное, что тебе сейчас нужно найти. Если путь отыщется в Лондоне, в этом не будет ничего плохого. Желаю тебе приятно провести там время и поскорее вернуться домой. Благодарю тебя за этот замечательный урок, причиной которого ты стала. Обнимаю тебя, родная! Помни о своей *неуверенной в себе* подруге, которая, вполне вероятно, останется такой навсегда в этой жизни.

♌

Длинные ложки

Пятница, жаркий летний день, однако в моем рабочем кабинете приятно. Неяркое освещение не располагает к чтению, и книга постепенно выскальзывает из рук. Не хочется напрягать глаза и лень встать, чтобы зажечь свет поярче. Отшумел трудный рабочий день, наполненный страданиями пациентов, обратившихся ко мне за помощью, – чтобы помочь как можно большему количеству людей, по пятницам я работаю до самого вечера. Нега ничегонеделанья овладела мной: тишина внутри и снаружи, никаких мыслей, никаких чувств, в общем, ничего, что заставило бы меня беспокоиться. Меня окутывает тишина, умиротворяюще действует интерьер комнаты – деревянные стены, оранжевый диван, картина с изображением плывущего кита. Не рай ли это? Наверное, все-таки нет. Для рая здесь все-таки жарковато. Закрываю глаза и сразу немного их приоткрываю. Ощущаю чье-то присутствие в комнате. Кто-то ждет, пока я обращу на него внимание. Прислушиваюсь и понимаю, что знаю кто это. Меня ждет наставник. Сколько у него терпения! Если я захочу с ним «побеседовать», то вот он, в моем распоряжении. Если не захочу, то он не заговорит со мной. Улыбаюсь и делаю глубокий вдох.

– Добрый вечер, Белый волк!

– Добрый вечер, дорогая моя!

– Твой приход – большая честь для меня. Какой урок ты приготовил мне сегодня, – спрашиваю я в предвкушении.

– Ты спросила, не рай ли здесь?

– Да, и буду рада поучиться на эту тему.

– Ты ведь помнишь каббалистическую притчу о ложках с длинными ручками?

– Да, помню. Это история об умершем человеке, которому предложили выбрать, где он хочет находиться – в раю или в аду. Тогда он попросил посмотреть, как выглядят оба места, чтобы легче было выбрать. В аду он увидел людей, сидящих вокруг стола, уставленного разными яствами. Все они были голодны. У каждого была ложка с очень длинной ручкой, и только при помощи этой ложки можно было дотянуться до еды. Однако из-за слишком длинных ручек еду ко рту подносить не получалось, и попытки этих людей насытиться были совершенно бесплодны.

– Совершенно верно, дорогая, а как выглядел рай?

– Это просто, – радостно сообщила я, – в раю стоял такой же стол, однако люди вокруг него были сытые и довольные, хотя у каждого из них было по такой же ложке, что и у тех, кто в аду. Разница заключалась лишь в том, что люди здесь кормили друг друга, а не себя. Это и есть рай, мне все понятно.

— Так-то оно так, дорогая моя, но все-таки ты еще далека от истинного понимания. Не хочешь ли урок на это тему?

— Конечно, Белый волк, чего же я еще не знаю?

— Что ж, представим, что ты сидишь за столом в раю. Тебе нужно накормить сотрапезников. Как тебе это сделать?

Неужели Белый волк задает мне вопрос с подвохом?

— Это же просто, — отвечаю я, — нужно зачерпнуть ложкой еду и поднести ее ко рту соседа. Что же здесь неясного?

— А если твой сосед не любит еду, которую ты ему предлагаешь? Что если ему нужно что-нибудь другое? Ты думаешь, что достаточно просто его покормить или может, лучше все-таки разобраться, что действительно может его насытить? Если ты все время будешь давать ему тахини, он, по-твоему, будет доволен? Тебе-то будет легко кормить его все время чем попало, но для него это место раем не будет. Как следствие, оно перестанет быть раем и для тебя, так как он может отплатить тебе тем же...

— Что же, по-твоему, мне нужно делать?

— Эйлат, когда ты ответственна за чье-нибудь питание, ты просто обязана подробно изучить чувства и мысли своего подопечного, понять его душу, узнать, что его насытит. Тогда для него это место превратится в рай, и ты, конечно, захочешь оказаться в таком же раю. В противном случае это не будет раем ни для кого из вас.

— Да, но я всегда обращаю внимание на нужды других людей! Я занимаюсь этим каждый день! Человек приходит ко мне на сеанс, и я первым делом выясняю, что ему поможет, за что нужно взяться в первую очередь, что облегчит его страдания... Я очень стараюсь, чтобы каждый пациент получил именно то, что ему нужно для выздоровления.

Говоря все это, я ощущаю в себе недовольство тем, что Белый волк, похоже, недооценивает те усилия, которые я прилагаю, чтобы «накормить» всех своих пациентов наилучшим образом. Белый волк не отвечает. Конечно, не отвечает. Если я ропщу, он будет молчать, пока я не успокоюсь. Ворчливых никто не учит.

– Ладно, успокаиваюсь. Я немного обиделась, но нужно сделать скидку на то, что я здесь, на земле. Ты ведь знаешь, мы иногда обижаемся, может быть, чаще, чем в высших сферах. Да и крылья у меня еще не выросли, стало быть, я еще не ангел (хотя я, конечно, знаю, что у ангелов их нет).

Окончательно успокаиваюсь.

– Дорогая моя, ты прекрасно «кормишь» людей, которые приходят к твоему «столу». Но можно ли назвать это раем?

– Думаю, что нет, но не знаю почему.

– «Кормят» ли тебя другие? Сколько «питания» получаешь ты относительно «питания», которое предоставляешь другим?

– Это сложный вопрос.

– Вопрос не сложный. Возможно, он тебе не нравится просто потому, что тебе не нравится ответ?

– Что ж, да, мне не нравится ответ, который ты, конечно, и сам знаешь. Нет, я не получаю «питания» в той же мере, в которой «кормлю» других.

– Тогда это рай?

– Нет, не рай.

– А что тебе нужно сделать, чтобы другие тебя «кормили»?

– Мне кажется, я прежде всего должна быть готова получать от них «питание», нуждаться в нем.

– Вот поэтому ты пребываешь не в раю, а в спокойствии. Уже немало, но еще не рай.

– Белый волк, ты считаешь, что я должна научиться получать помощь от других? Нуждаться в такой помощи?

– Более того, дорогая. Когда ты «кормишь» других, тебе необходимо хорошенько присмотреться, чтобы узнать, что им нужно, однако тебе будет гораздо легче, если между вами наладится двусторонний контакт, если они еще и будут говорить, что им нужно, позволив тебе «накормить» их именно тем, о чем они просили. И разве ты не должна помогать «кормящим» тебя подобным же образом, то есть, говоря им о своих нуждах?

– Но Белый волк, ты не понимаешь! Я просто не могу так. Я не могу сказать слово «нуждаюсь» без того, чтобы меня не зазнобило – даже в самый жаркий день. Нуждаться – это ужасно. Мне ничего не нужно!

Чувствую, что снова «съехала» на ропот, но слишком уж многого он просит. Я не могу стать настолько «совершенной», чтобы испытывать в чем-либо нужду. Для меня это страшное слово. Копаясь в ужасных ощущениях, связанных с ненавистным словом, чувствую, что «нырнула» обратно в свой рабочий кабинет – не ад, но и не рай. Я уже неспокойна, не нахожу себе места.

Белый волк уже не со мной. Я погрузилась слишком глубоко в трясину липких приземленных ощущений, поэтому небесный наставник уже не мог оставаться рядом. Я люблю свой рабочий кабинет, однако не нахожу здесь убежища от своих мыслей. Я знакома с техникой восстановления душевного равновесия, но мне не добиться райского спокойствия – того, что существует само по себе, без мощной защиты, без напряжения, без силовых приемов, без необходимости сокрушать внутренних «драконов». Райского спокойствия здесь нет. Оно могло бы возникнуть, если бы я позволила себе быть уязвимой, нуждаться в поддержке в той же степени, в которой я ее предоставляю другим, знать, что нужно моим друзьям и что нужно мне, не примеряя при этом никаких масок и не играя никаких ролей. Райское спокойствие – это способность получать помощь в той же степени, что и быть способной ее оказывать, нуждаться в ней без стеснения, без необходимости оправдываться, без ощущения собственной слабости; нуждаться из позиции любви, давая возможность другим питать себя; нуждаться без содрогания при мысли о собственной слабости; нуждаться, осознавая, что нужда эта будет в полной мере удовлетворена с райской любовью и нежностью реальными людьми, питающими меня в той же степени, в которой они сами нуждаются в помощи, оказываемой с любовью.

На глаза наворачиваются слезы. Я не предполагала, что трудный рабочий день закончится таким образом. О чем таком я просила? Немного спокойствия... Что ж, это еще не райское спокойствие, и я не знаю, когда я его достигну, но буду стараться.

Мысль эта пробудила во мне воспоминания о киносаге «Звездные войны», в частности – о духовном учителе Люка Скайуокера, Йоде, который сказал своему ученику: «Нет! Не старайся! Просто делай или не делай! 'Старания' не существует». Йода, я поняла. Я начну делать. Н а ч н у нуждаться, а не «постараюсь» пойти по этому пути. Надеюсь, что не упаду. Надеюсь, что на пути этом не будет слишком много ухабов и крутых подъемов. А вот и мои «драконы», прибывшие, чтобы запугать меня, идущую по новому пути.

– Хорошо, Белый волк, спасибо тебе. Думаю, что положено начало нового пути. Сообщишь мне, преуспела ли я?

Получить ответ я не ожидала, поскольку отошла слишком далеко от того состояния духа, которое необходимо для встречи с наставником. Тем не менее Белый волк сумел передать мне ответ, и я услышала звук его голоса в своем сознании:

– А это ты поймешь сама, дорогая моя.

♌

Эпилог

Когда мы становимся родителями, на нас возлагаются обязанности, связанные с воспитанием и защитой нашего ребенка. Это жизненный период, когда мы получаем возможность чувствовать любовь, проявлять заботу, испытывать глубокую эмоциональную связь. Все это делает нас уязвимыми, но у каждого из нас есть разные методы защиты. Не всегда эти методы эффективны и не всегда они приводят к прогрессу или приносят положительные плоды.

Став матерью, я поняла, что больше не могу закрывать глаза на то, что мне мешает, или относиться к этому беззаботно, так как отныне ответственна за благополучие сына. Эта ответственность не раз заставляла меня делать выбор, который требовал смелости и решительности и порой направлял жизнь по новому руслу. Забота о здоровье сына заставила меня начать знакомство с качественно иными подходами в медицине. Традиционная медицина не смогла облегчить состояние моего сына, страдавшего от тяжелых эпилептических припадков, так как все обычные в этих случаях лекарства положения не улучшили. Я знала, что все, что мне известно и считается «нормальным», не может ему помочь, и тогда я поняла, что буду искать средства в сфере медицины альтернативной. Я занялась индейскими методами врачевания и техникой, которую я практикую и сегодня – Body Alignment Technique («техника 'настройки' тела») или Life Alignment («гармонизация жизни»), сокращенно – BAT. Выбор этого направления и неотступное следование его принципам в течение продолжительного времени не только принесли желаемые плоды, но и в корне изменили мою жизнь: я стала практиковать эту технику и для заработка. Со временем, благодаря технике BAT, предполагающей духовное развитие, мое мировоззрение полностью изменилось, поскольку физическое здоровье напрямую связано с душевным и эмоциональным состоянием. Я должна была найти объяснение тому, каким образом столь нематериальный метод дает реальные результаты. Как получается, что у моего сына отступает эпилепсия, после того как я работаю с лежащей на кушетке схемой, на которой лежит его локон? Мое мировоззрение должно было измениться, так как изменился собственно мой мир, и нужна была концепция, которая объясняла бы те впечатляющие результаты, которых мне удалось добиться. Разумеется, эти результаты никак не вписывались в систему традиционного образования и воспитания, которое дали мне родители.

В течение первых шести лет жизни Янива, моего мальчика, я насчитала около ста тяжелых эпилептических припадков, а ведь было еще немало припадков меньшей степени тяжести. После этого – не помню почему – я перестала считать, однако частота его припадков по-прежнему была определяющим фактором нашей жизни. Когда я начала лечить его и припадки прекратились, ему было девять лет. В течение всего этого времени он продолжал принимать обычное лекарство, однако когда ему исполнилось десять, он решил от него отказаться. С моим сыном нельзя, а вернее, не стоит спорить, поэтому я не противилась – постепенно снижая дозу, мы прекратили прием. Тяжелых припадков больше не было. Был один легкий, когда ему исполнилось одиннадцать, и еще один, совсем незначительный, когда в двенадцатом классе он с утра до ночи готовился к экзаменам на аттестат зрелости. После этого, благополучно пройдя медкомиссию, он призвался в армию и был отправлен на курс молодого бойца.

По прошествии трех недель он позвонил мне и попросил, чтобы я приехала и забрала его с военной базы. «Что случилось?» – спросила я. «Мама, приезжай – и узнаешь». Янив очень не любит долгих телефонных разговоров. Разумеется, я немедленно отменила все планы и отправилась на учебную базу, где он проходил курс. Мой красавец-сын в военной форме уже ждал меня у ворот.

– Что же произошло? – спросила я.

– Командир отделения отправил меня в поликлинику при базе, она у нас располагается в нескольких палатках, – начал он свой рассказ, – я вошел в палатку к врачу, который даже на меня не посмотрел, а только сказал: «Рядовой, насколько я знаю, Вы принимаете лекарство от эпилепсии?» Я отвечаю: «Нет, господин военврач».

Тогда он оторвался от своих бумажек, поднял голову и долго смотрел на меня, а потом сказал: «Рядовой, как это понимать?» Я ответил, что так и понимать, что ты, мама, меня лечишь. Он опять помолчал и опять спросил: «Что значит 'мама лечит'?» А я сказал, что то и значит.

Я была поражена вольным поведением Янива. Такие речи молодых военнослужащих совсем не приняты на курсе молодого бойца и чреваты неприятными дисциплинарными последствиями. Я знаю, что мой сын уверен в себе и даже иногда дерзок, но не знала, что до такой степени.

– И что же ты ответил, – поинтересовалась я.

Мой сын широко улыбнулся и ответил, что подробно описал врачу, как я его лечила:

– Я ему говорю: «Моя мама кладет на схему мои волосы, начинает энергетический сеанс по методу ВАТ – и припадков нету». У этого врача физиономия сделалась совсем глупая. Он смотрел на меня, а я прямо слышал, как у него мысли в голове так и забегали, но не было ни одной подходящей. И тогда он встал, указал мне рукой на выход и проорал: «Быстро в госпиталь!» Теперь мне нужно туда тащиться, и я не смогу участвовать в церемонии окончания курса, а ведь я был лучший в отделении, а может, даже во всем взводе. Но после этого они не дали мне пробыть на базе даже несколько дней!»

В центральном военном госпитале Янив получил увольнительную «до выяснения обстоятельств», а тем временем меня попросили подъехать для разговора с армейским неврологом. Это опять неприятно меня

удивило. Я-то была уверена, что мне больше не придется
вступать в дискуссии с официальными лицами вроде
директора школы, который вызывал меня, бывало, из-за
проделок моего гиперактивного сыночка. И вот – на тебе!

Армейский невролог пытался меня запугать и убеждал
повлиять на Янива, чтобы тот возобновил прием лекарств.
«Сколько у Вас детей?» – спросил он меня и, получив
ответ, задал следующий естественный вопрос: «И Вы
готовы подвергнуть опасности единственного сына? Эта
болезнь может быть смертельной!»

Я убеждена, что он всеми силами пытался сделать как
лучше – по его мнению, но мои-то взгляды изменились
очень сильно, и я знала наверняка, что никаких лекарств
моему сыну не нужно и что никаких припадков у него
больше нет. Пожалуй, то, что он описывал врачу на
учебной базе, я не делала с ним уже давно. Иногда только
он звонит мне и просит, чтобы я «сделала что-нибудь на
расстоянии», потому что у него напряженная ситуация,
но и это бывает редко.

Мое духовное развитие проходило параллельно с
теоретическими и практическими занятиями. Временами
я думала, что нельзя однозначно установить, излечился
ли мой сын именно благодаря сеансам, которые я ему
проводила. Но я уверена, что мой мальчик послан мне,
чтобы научить меня чему-то. С тех пор как он родился,
я постоянно была занята поисками лечения для него, а
теперь, когда я занимаюсь тем же, но ради других людей,
мой сын избавил меня от своей болезни, которая уже
выполнила свое предназначение. Мой сын превратил

меня в человека-поликлинику и теперь может найти себе
другое применение, вместо того чтобы быть моим главным
пациентом. Поэтому он теперь «не обязан» болеть. Я знаю,
что это толкование – всего лишь одно из возможных и
что на самом деле все может быть гораздо сложнее. Я
уверена, что свою порцию чуда я получила благодаря
выбору такого направления в жизни, которое позволило
мне духовно развиваться и вместе с тем потребовало
большой самоотдачи, временны́х и финансовых затрат.
В конечном итоге могу сказать, что была вознаграждена
за этот выбор сторицей.

В течение многих лет наряду с обычными событиями
в моей жизни происходили события духовного плана,
которые вначале меня очень пугали, однако потом стали
неотъемлемой частью моего существования. Произошло
это после того, как я начала рассматривать эти события
как часть своего развития, а не как болезнь, которую
необходимо лечить и скрывать от других, чтобы не
оказаться в каком-нибудь медицинском учреждении.

В апреле 1995 года, через четыре месяца после того как
я начала изучать технику ВАТ, в Иерусалиме состоялся
второй съезд Международной ассоциации духовной
психиатрии. Были приглашены девять лекторов; часть
из них – доктора медицинских наук, другие – доктора
наук в смежных областях. Когда подошло время вопросов
из зала, одна из присутствующих спросила: «В чем
разница между человеком, переживающим определенный
духовный опыт, то есть видящим образы и слышащим
звуки, не воспринимаемые большинством окружающих, и

человеком, страдающим шизофренией?» Приглашенные специалисты единогласно решили, что человек, который по утрам чистит зубы, отправляется на работу и вообще ведет обычный образ жизни, относится к первой категории – в отличие от человека, который не в состоянии заниматься повседневными делами. В дополнение к этому «посыл», получаемый больным шизофренией, как правило, часто опасен для самого больного и для его окружения.

Через два года после съезда, на одном из семинаров по технике ВАТ, Джефф Левин устроил демонстрационный сеанс с моим участием. По окончании сеанса целитель всегда проводит «разбор рекомендаций», который мы на своем жаргоне называем «домашнее задание». Таким образом, Джефф выяснил, что мне нужно писать, причем не просто вести дневник или, скажем, писать письма – вовсе нет! Мне нужно написать книгу. Джефф посмотрел на меня, лежащую перед ним на кушетке, и спросил: «Какую книгу?» Я в ответ посмотрела на него так, будто он с Луны свалился (что, впрочем, не исключено), не понимая, о чем вообще он говорит. «Что ж, это и есть твое домашнее задание», – сообщил Джефф. Я попыталась узнать, о чем должна быть эта книга и на каком языке, но ответа не получила. «Не могу тебе сказать, – сообщил мне Джефф, – тебе просто нужно будет написать книгу – вот и все!»

Я встала с кушетки и решила не придавать значения услышанному. Я вообще никогда не готовила уроков, поэтому не случится ничего особенного, если я в очередной раз не сделаю того, что мне говорят. В течение двух лет я не вспоминала о написании книги, но потом мой наставник вернулся к этой теме. «Знаешь ли ты, что у тебя есть домашнее задание, которое ты и не начинала делать?» – спросил он. Как ни пыталась я увильнуть, все было напрасно. В конечном итоге наставник спросил у меня, уверена ли я в том, что духовный опыт, который у меня был, принадлежит мне. Я была поражена. Конечно, мне – как же иначе! Ведь я испытала все это, оно запечатлено в моем сердце, да и домашних заданий было немало! «Да, но является ли все это твоим достоянием?» Я не знала, что и сказать. Наставник, Белый волк, пояснил, что все, что я испытала, лишь прошло через меня, однако принадлежит тому, кто захочет этим воспользоваться. Мой духовный опыт принадлежит всем людям, а не только мне. Поэтому, если я не передаю его дальше или если пишу «в стол», я отбираю у других то, что по праву принадлежит им.

С тех пор прошло двенадцать лет. Книга выходит в свет к моему пятидесятилетию, и мне потребовались огромные усилия, чтобы решиться на это. Видимо, должно пройти пятьдесят лет, прежде чем человек может встать и сказать: «Это мое детище, и я им горжусь!»

Я записывала свой духовный опыт в течение долгих лет. Я надеюсь, что избранный материал, вошедший в эту книгу, обогатит всех тех, кто решит разделить этот опыт со мной.

Всего самого доброго, дорогие мои!

Ваша,
Эйлат Хаймович

www.ingramcontent.com/pod-product-compliance
Lightning Source LLC
La Vergne TN
LVHW051223080426
835513LV00016B/1380